上海市重点图书

JIN RONG

ZHI LI

YU

JIN RONG

LUN LI

金融治理与金融伦理

褚红素

黄文君

郑虹

主编

图书在版编目(CIP)数据

金融治理与金融伦理 / 褚红素,黄文君,郑虹主编. —上海:立信会计出版社,2021.10
ISBN 978-7-5429-6938-5

Ⅰ.①金… Ⅱ.①褚… ②黄… ③郑… Ⅲ.①金融管理—研究②金融学—伦理学—研究 Ⅳ.①F830.2 ②B82-053

中国版本图书馆 CIP 数据核字(2021)第 191643 号

策划编辑　王艳丽
责任编辑　王艳丽

金融治理与金融伦理
JINRONG ZHILI YU JINRONG LUNLI

出版发行	立信会计出版社	
地　　址	上海市中山西路 2230 号	邮政编码　200235
电　　话	(021)64411389	传　　真　(021)64411325
网　　址	www.lixinph.com	电子邮箱　lixinaph2019@126.com
网上书店	http://lixin.jd.com	http://lxkjcbs.tmall.com
经　　销	各地新华书店	
印　　刷	浙江临安曙光印务有限公司	
开　　本	710 毫米×1000 毫米　1/16	
印　　张	16.5	
字　　数	237 千字	
版　　次	2021 年 10 月第 1 版	
印　　次	2021 年 10 月第 1 次	
印　　数	1—1 100	
书　　号	ISBN 978-7-5429-6938-5/F	
定　　价	49.00 元	

如有印订差错,请与本社联系调换

前　言

中共十九届四中全会审议通过《中共中央关于坚持和完善中国特色社会主义制度　推进国家治理体系和治理能力现代化若干重大问题的决定》，自此，推进国家治理体系和治理能力现代化成为我国重要的改革方向之一。推进国家治理体系和治理能力现代化是一个复杂而系统的工程，金融治理是国家治理体系和治理能力现代化的主要内容之一。

治理是指运用一定的手段和方式，对特定的事物加以管理、调整、改造，使其达到有序状态并符合一定要求的活动和过程。治理体系是指参与和实施治理的全部要素、手段、方式、环境、条件的总和，即体系化的治理结构和要素。治理体系包括制度体系，政党、团体、政权机构、公众等治理主体，道德、观念、权威等软性规范，以及治理制度赖以运行的保障条件等内容。伦理是指人伦关系及其内蕴的条理、道理和规则，是从概念角度上对道德现象的哲学思考。它不仅包含人与人、人与社会和人与自然之间关系处理的行为规范，也深刻地蕴含着人们在处理相互关系时应遵循的价值判断与行为取向。因此，我们需要以伦理的思维开展治理，使特定事物符合一定要求并达到有序状态。

金融是国家重要的核心竞争力，金融安全是国家安全的重要组成部分，金融制度是经济社会发展中重要的基础性制度。鉴于金融在经济社会发展中的重要地位和作用，金融治理必须融入国家治理体系和治理能力现代化的大局。金融治理涵盖金融机构、金融市场、金融监管以及金融制度建设等多方面内容，是一个相互衔接、相互支撑的系统。由于金融治理涉及价值判断问题，国家应从金融伦理视角开展金融治理，以维护金融体系的安全和稳健。金融伦理是指金融活动参与方在金融交易中表现出的价值取向及遵循的道德准则和行为规范。广义的金融伦理主体包括金融制度、金融市场、金融机构和金融从业者等,而狭义的金融伦理主体是指金融机构和金融从业人员。

财经类高校学生应学好本领,报效祖国,有效融入国家战略发展格局,推进金融治理,促进我国金融体系有序、安全、稳定、协调发展。鉴于此,编者在充分调研的基础上编写了本书。本书可以作为财经类高校学生的教材,也可供相关从业人员参考使用。

本书包括导论、金融企业制度、金融供给、金融市场约束、金融科技、绿色金融、普惠金融、金融危机、金融安全、金融监管共十章内容。第一章为导论,包括金融概述、治理与金融治理、伦理与金融伦理,重点介绍了金融的概念、特征、构成要素以及金融治理与金融伦理的具体内涵。本章通过对金融、治理与伦理的介绍,使学生具有运用金融治理和金融伦理判断、分析、处理问题的能力。第二章为金融企业制度,包括金融企业概述、金融企业制度、我国金融体制改革,重点介绍了国有金融企业机制改革中的关键问题。本章通过对国有金融资本管理的介绍,使学生理解我国国有金融体制改革的重要性,思考和分析国有金融体制改革的思路和对策。第三章为金融供给,包括金融供给概述、金融业供给侧结构性改革、加快发展直接融资,重点介绍了以权益融资为代表的直接融资。本章通过对科创板的介绍,使学生充分了解多层次资本市场体系。第四章为金融市场约束,包括市场约束概述、市场约束运行机制、信息披露,重点介绍了《巴塞尔协议》。本章通过对《上市公司信息披露管理办法》的解读,使学生掌握金融市场运行约束机制。第五章为金融科技,包括金融科技概述、人工智能及其在金融中的应用、大数据技术及其在金融中的应用、区块链技术及其在金融中的应用,重点介绍了金融科技的发展和应用。本章通过对大数据、区块链知识的介绍,使学生掌握金融科技的应用原理。第六章为绿色金融,包括绿色金融概述、绿色金融主要产品和服务、我国绿色金融的发展现状和未来展望,重点介绍了绿色金融主要产品和服务。本章通过介绍绿色金融发展的现实意义,使学生了解金融业转型发展的方向。第七章为普惠金融,包括普惠金融概述、普惠金融发展历史及模式、我国普惠金融的发展及面临的问题、全球普惠金融的发展趋势。本章通过对普惠金融的介绍,使学生了解国家发展普惠金融的意义。第八章为金融危机,包括金融危机概述、金融危机理论、金融危机预警系统,重点介绍了金融危机预警系统。本章通过对历次金融危机的解读,使学生了解金融危机的防范和治理措施。第九章为金融安全,包括金融安全概述、金融安全网、我国金融安全面临的挑战与对策,重点介绍了金融安全网。本章通过对金融安全的介绍,使学生树立金融安全的意识。第十章为金融监管,包括金融监管概述、我国金融监管体制改革的演进路径、我国金融监管体制面临的挑战与改革建议、我国金融监管的探索与发展,重点介绍了我国金融监管体制。本章通过对金融监管体制改革的解读,使学生明晰金融监管的意义以及金融监管措施在实践中的应用。

本书由上海立信会计金融学院褚红素、黄文君、郑虹担任主编,褚红素负责设计编写思路和内容框架;由上海市人民政府参事、上海金融科技研究中心主任顾晓敏和上海立信会计金融学院科研处、学科建设处处长陈霜华担任顾问。具体编写分工如下:前言由褚红素编写;第一章由褚红素、顾正云编写;第二章、第三章、第四章由黄文君编写;第五章由朱亚楠编写;第六章由卢庚宿编写;第七章由陶敏、褚红素、朱凯编写;第八章、第九章、第十章由郑虹、顾正云、李星星编写。此外,在本书的编写过程中,浙商银行股份有限公司上海分行业务发展部副总经理戴赟和中国邮政储蓄银行股份有限公司上海分行徐汇区营业部客户经理吴启鸣对金融企业制度、普惠金融等内容进行了指导,上海立信会计金融学院2018级学生王开元参与了本书编写前期的资料整理和书稿校对工作,编者在此一并表示感谢。

限于时间和作者的水平,书中可能存在疏漏和不妥之处,恳请广大读者批评指正,不吝赐教。

编　者

2021年5月

目 录

前 言

第一章 导论 ………………………………………………………… 1
  第一节 金融概述 ……………………………………………… 2
    一、金融业的起源与发展 …………………………………… 2
    二、金融和金融活动 ………………………………………… 6
    三、金融活动的基本特征 …………………………………… 6
    四、金融活动的构成要素 …………………………………… 7
    五、我国金融业的发展 ……………………………………… 7
  第二节 治理与金融治理 ……………………………………… 9
    一、治理 ……………………………………………………… 9
    二、金融治理 ………………………………………………… 12
    三、全球金融治理 …………………………………………… 15
  第三节 伦理与金融伦理 ……………………………………… 17
    一、伦理 ……………………………………………………… 17
    二、经济伦理 ………………………………………………… 19
    三、金融伦理 ………………………………………………… 20

第二章 金融企业制度 ……………………………………………… 23
  第一节 金融企业概述 ………………………………………… 24
    一、金融企业的含义 ………………………………………… 24
    二、金融企业分类 …………………………………………… 25

第二节　金融企业制度 ················· 26
　　　一、企业制度起源 ··················· 26
　　　二、现代企业制度概述 ················· 26
　　　三、我国国有金融企业制度的特征 ············ 29
　　第三节　我国金融体制改革 ················ 31
　　　一、我国国有金融企业的困境 ·············· 31
　　　二、国有金融企业机制改革的关键问题 ·········· 35

第三章　金融供给 ······················ 46
　　第一节　金融供给概述 ·················· 48
　　　一、金融供给的概念 ·················· 48
　　　二、金融供给方式 ··················· 49
　　　三、我国金融供给现状 ················· 53
　　第二节　金融业供给侧结构性改革 ············· 54
　　　一、我国金融供给侧现状 ················ 54
　　　二、现阶段我国金融供给侧的结构性问题 ········· 56
　　　三、我国金融供给侧结构性改革的主要任务 ········ 59
　　　四、我国金融供给侧结构性改革的目的 ·········· 60
　　第三节　加快发展直接融资 ················ 67
　　　一、我国社会融资现状 ················· 68
　　　二、发展直接融资的路径选择 ·············· 70
　　　三、科创板的设立和发展 ················ 72
　　　四、提升科创板对国家创新驱动发展战略的推动力 ····· 75

第四章　金融市场约束 ···················· 77
　　第一节　市场约束概述 ·················· 80
　　　一、市场约束的含义 ·················· 80
　　　二、市场约束的形式 ·················· 80
　　　三、市场约束的意义 ·················· 81
　　　四、市场约束的积极作用 ················ 81
　　第二节　市场约束运行机制 ················ 82

一、银行业市场约束机制的演进 …………………… 82
　　二、市场约束机制的运行原理 ……………………… 82
　　三、市场约束机制发挥作用的前提条件 …………… 83
　　四、《巴塞尔协议》………………………………… 84
　　五、《巴塞尔协议》和中国 ………………………… 88
　第三节　信息披露 ……………………………………… 90
　　一、信息披露概述 …………………………………… 90
　　二、完善信息披露的途径 …………………………… 91
　　三、我国《上市公司信息披露管理办法》………… 95

第五章　金融科技 …………………………………… 98
　第一节　金融科技概述 ………………………………… 100
　　一、金融科技的起源与发展历程 …………………… 100
　　二、金融科技的内涵 ………………………………… 102
　　三、金融科技的特征 ………………………………… 103
　　四、金融科技的影响 ………………………………… 104
　　五、金融科技风险 …………………………………… 106
　第二节　人工智能及其在金融中的应用 ……………… 107
　　一、人工智能的含义 ………………………………… 107
　　二、人工智能的发展历程 …………………………… 108
　　三、人工智能的现状及发展趋势 …………………… 109
　　四、人工智能在金融领域中的应用 ………………… 110
　第三节　大数据技术及其在金融中的应用 …………… 115
　　一、大数据的发展历程 ……………………………… 115
　　二、大数据的含义与特征 …………………………… 116
　　三、大数据技术的内涵 ……………………………… 117
　　四、大数据技术在金融领域中的应用 ……………… 120
　第四节　区块链技术及其在金融中的应用 …………… 121
　　一、区块链技术的概念 ……………………………… 121
　　二、区块链技术的发展历程 ………………………… 122
　　三、区块链技术在金融领域中的应用 ……………… 123

四、区块链技术存在的问题 ·········· 126
　　五、区块链技术的发展前景 ·········· 129

第六章　绿色金融 ·········· 131
第一节　绿色金融概述 ·········· 132
　　一、绿色金融的内涵 ·········· 132
　　二、绿色金融的理论基础 ·········· 135
　　三、绿色金融、气候金融和可持续金融的关系 ·········· 138
第二节　绿色金融主要产品和服务 ·········· 139
　　一、绿色信贷 ·········· 139
　　二、绿色债券 ·········· 143
　　三、绿色保险 ·········· 146
　　四、碳金融 ·········· 149
第三节　我国绿色金融的发展现状和未来展望 ·········· 152
　　一、我国绿色金融发展现状 ·········· 152
　　二、我国绿色金融发展中存在的问题 ·········· 154
　　三、我国绿色金融的特点 ·········· 155
　　四、我国绿色金融发展展望 ·········· 155

第七章　普惠金融 ·········· 158
第一节　普惠金融概述 ·········· 159
　　一、普惠金融的定义 ·········· 160
　　二、普惠金融的内涵和发展目标 ·········· 160
　　三、普惠金融的特点 ·········· 161
　　四、普惠金融的意义 ·········· 162
第二节　普惠金融的发展历史及模式 ·········· 163
　　一、普惠金融的发展历史 ·········· 163
　　二、国际普惠金融模式借鉴 ·········· 164
第三节　我国普惠金融的发展及面临的问题 ·········· 167
　　一、我国普惠金融的发展 ·········· 167
　　二、我国普惠金融发展面临的问题 ·········· 169

三、促进我国普惠金融发展的措施 …………………………… 171
　第四节　全球普惠金融的发展趋势 ……………………………… 174
　　一、金融业的"优步化" …………………………………………… 174
　　二、数字技术推动普惠金融的发展 …………………………… 174
　　三、场景金融推动普惠金融健康发展 ………………………… 175
　　四、大数据风控助力普惠金融 ………………………………… 176

第八章　金融危机 …………………………………………………… 179
　第一节　金融危机概述 …………………………………………… 184
　　一、金融危机的概念及特征 …………………………………… 184
　　二、金融危机的类型 …………………………………………… 185
　第二节　金融危机理论 …………………………………………… 186
　　一、货币危机理论 ……………………………………………… 186
　　二、银行业危机理论 …………………………………………… 188
　　三、外债危机理论 ……………………………………………… 190
　第三节　金融危机预警系统 ……………………………………… 191
　　一、建立金融危机预警系统的必要性 ………………………… 192
　　二、构建金融风险预警指标体系的原则 ……………………… 192
　　三、金融预警指标临界值确定的原则 ………………………… 194
　　四、我国金融风险预警系统的建立与完善 …………………… 194

第九章　金融安全 …………………………………………………… 197
　第一节　金融安全概述 …………………………………………… 199
　　一、金融安全的概念 …………………………………………… 199
　　二、金融安全状态分级 ………………………………………… 201
　　三、金融风险与金融危机 ……………………………………… 201
　　四、金融安全的基本特征 ……………………………………… 203
　　五、金融安全的重要性 ………………………………………… 205
　第二节　金融安全网 ……………………………………………… 205
　　一、微观审慎监管 ……………………………………………… 206
　　二、存款保险制度 ……………………………………………… 208

三、最后贷款人制度 ···················· 208
　　四、金融行为监管 ···················· 210
　　五、宏观审慎管理 ···················· 212
　第三节　我国金融安全面临的挑战与对策 ············ 212
　　一、我国金融安全面临的挑战 ·············· 212
　　二、中央对维护国家金融安全的要求 ············ 215
　　三、维护金融安全的具体措施 ·············· 216

第十章　金融监管 ························ 219
　第一节　金融监管概述 ···················· 221
　　一、金融监管的含义 ·················· 221
　　二、金融监管的要素 ·················· 222
　　三、金融监管的必要性 ················· 223
　　四、金融监管的目的 ·················· 225
　　五、金融监管的原则 ·················· 225
　第二节　我国金融监管体制改革的演进路径 ··········· 227
　　一、我国金融业经营体制模式的发展演变 ·········· 227
　　二、国务院金融稳定发展委员会的职能 ··········· 230
　　三、中国人民银行的职能 ················ 231
　　四、中国银行保险监督管理委员会的职能 ·········· 233
　　五、中国证券监督管理委员会的职能 ············ 234
　第三节　我国金融监管体制面临的挑战与改革建议 ········ 236
　　一、我国金融监管体制面临的挑战 ············· 236
　　二、我国金融监管体制改革建议 ·············· 238
　第四节　我国金融监管的探索与发展 ·············· 240
　　一、商业银行监管 ··················· 240
　　二、互联网金融监管 ·················· 242
　　三、金融科技监管 ··················· 244

参考文献 ···························· 247

第一章 导论

◎ 学习目标

(1) 了解治理和伦理的内涵。

(2) 掌握金融的概念、基本特征和构成要素。

(3) 熟悉金融治理与金融伦理的关系。

◎ 能力目标

(1) 掌握金融治理与金融伦理的概念。

(2) 学会以伦理思维分析金融治理。

(3) 掌握治理与制度的内在逻辑联系。

(4) 培养运用金融治理和金融伦理判断、分析、处理问题的能力。

导读案例

市场化、法制化、国际化下的中国现代金融治理

2020年5月16日,"2020清华五道口全球金融论坛"在线上举行。此次论坛发布了《2020中国金融政策报告》。《2020中国金融政策报告》着眼于国家治理体系和治理能力建设,把现代金融治理的核心和目标聚焦于更高水平的市场化、完备统一的法制化和更加全面的国际化。这有利于充分发挥市场在资源配置中的决定性作用,更好地发挥政府作用,推动金融要素依据市场规则、市场价格、市场竞争配置,实现效益最大化和效率最优化。

国家外汇管理局副局长陆磊围绕"市场化、法制化、国际化下的中国现代金融治理"进行了主题演讲。陆磊表示,从当前世界经济和金融市场表现看,2020年是世界经济格局发生深刻调整变化的一年,我们面临着自

1930年以来罕见的需求冲击。以2020年为分界,新冠肺炎疫情对我国造成了短期急剧的需求和供给双重冲击。从金融角度看,由于金融是快变量,金融市场反应是第一波,明显快于实体经济。同时,由于各国政府通过总量和结构性政策管理短期冲击,金融市场经过了前一阶段令人震惊的调整以后逐步反弹。其中的根本原因是:金融市场指标永远受实体经济表现和流动性的双重影响,金融市场是经济和政策的双重"晴雨表"。

正因为如此,我们要认识到两点:第一,金融治理体系建设不是目标,而是新时代金融体系稳健运行的保障条件;第二,市场化、法治化、国际化不是样板,并不能让金融体系收益最大化,但却可以使我们在目前的信息和知识结构下实现资源配置和风险管理的交易成本最小化。2020年3月,中共中央、国务院发布了《关于构建更加完善的要素市场化配置体制机制的意见》,从完善股票市场基础制度、加快发展债券市场、增加金融服务有效供给、主动有序扩大金融业对外开放四个方面明确了当前及今后一定时期市场化、法治化、国际化的部署和要求。

 思考

仔细阅读案例,分析我国的金融治理对策。

第一节 金融概述

一、金融业的起源与发展

(一) 金融业的起源

金融业是指经营金融商品的特殊行业,它包括银行业、保险业、信托业、证券业和租赁业等。金融业起源于公元前2000年巴比伦寺庙和公元前6世纪希腊寺庙的货币保管业务和收取利息的放款业务。公元前5世纪到公元前3世纪,雅典和罗马先后出现了银钱商和类似银行的商业机构,欧洲也从

货币兑换业和金匠业中发展出现代银行的雏形。此后,各资本主义国家的金融业迅速发展,并对加速资本的积聚和生产的集中起到巨大的推动作用。19世纪末20世纪初,主要资本主义国家进入垄断资本主义阶段,以信用活动为中心的银行垄断与工业垄断资本相互渗透,形成金融资本,控制了资本主义经济的命脉。

我国金融业的起点可追溯到公元前256年以前周朝的赊贷机构——泉府。南齐时期,我国出现了以收取实物作抵押进行放款的机构——寺库(后为质库),当时,寺库由寺院经营,至唐朝时期改由贵族垄断,宋朝时期出现了民营质库。明朝末期,钱庄(北方称银号)曾是金融业的主体,后来,票号、官银钱号等其他金融机构陆续出现。

现代金融业经过长时间的历史演变,从古代社会比较单一的形式逐步发展成多种门类的金融机构体系。现代金融业以各类银行为主,还包括互助合作性金融组织、财务公司、贴现公司、保险公司、证券公司、金融咨询公司、典当行、金融交易所和资信评估公司等金融机构。现代金融业的经营手段已十分现代化,人工智能等新技术驱动金融业向数字化、网络化、智能化加速跃升。

(二)金融业伴随货币的发展而发展

货币是指在商品交换中固定充当一般等价物的特殊商品。一般等价物的特征体现为:反映和衡量其他一切商品的价值,具有价值尺度的作用;可以实现各种商品的交换,具有交易中介的作用。

1. 实物货币

早期的实物货币是能够买卖、具备某种使用价值的商品。因此,实物货币也被称为商品货币。亚当·斯密曾提到,古代希腊的牛、阿比西尼亚的盐、印度的贝壳和砂糖、弗吉尼亚的烟草、纽芬兰的干鱼丁以及某些国家的兽皮等都曾被用作实物货币。早期实物货币的主要特征是具有稀缺性且被人们普遍使用并愿意接受,如羊、布匹、贝壳等,但此类物品往往难以储存、运输、分割、检验等,不便于在交换中使用。

2. 金属货币

金属货币在人类历史上充当了相当长时间的一般等价物。在我国,一直到1934年之前,市面上流通的主要还是金属货币。因为金属坚固耐磨、不易腐蚀、质地均匀、便于任意分割,分割后也可以通过熔化恢复原形。金属货币的材质经历了从贱金属到贵金属的演变。早期,大多数国家和地区使用的是铁质和铜质的货币,随着贵金属开采和冶炼技术的提高,金属货币的材质从铜过渡到银、金。

3. 信用货币

信用货币是指由国家法律规定强制流通的、不以任何贵金属为基础的、独立发挥货币职能的货币。目前,世界各国发行的货币基本都属于信用货币,包括纸币、硬币、存款货币。全球第一张纸币出现在我国的宋代,当时人称其为"交子"。自此,货币的价值与货币的形态开始脱钩,纸币不再像实物货币和金属货币一样体现货币介质本身的价值。20世纪30年代,全球发生了世界性的金融危机,引起经济恐慌和金融混乱,迫使主要资本主义国家先后脱离金本位制和银本位制,于是,信用货币便应运而生。

4. 电子货币

电子货币的出现首先表现为银行记账系统的电子化。1958年,美国美洲银行将计算机用于储蓄业务,随后自动取款机开始替代出纳业务,电子通信开始用于银行间的资金传输与结算。1973年,环球同业银行金融电讯协会(Society for Worldwide Interbank Financial Telecommunications,SWIFT)成为全球最大的银行间电子结算网络。早期的电子货币仅在银行体系中运行,互联网的出现将电子货币向前推进了一大步。基于互联网的电子货币系统是1998年出现的PayPal,它在2002年被易贝(eBay)公司收购后成为公司主要的支付通道和被广泛用于互联网电子商务的主要支付手段,其2012年的支付规模已经达到145亿美元。我国的电子货币起步较晚,1999年成立的阿里巴巴于2004年推出支付宝平台。

5. 数字人民币

数字人民币是指由中国人民银行发行的数字形式的法定货币。它由指定运营机构参与运营,以广义账户体系为基础,支持银行账户松耦合功能,与实物人民币等价,具有价值特征和法偿性。其主要特征包括:①数字人民币与实物人民币一样是法定货币,具备货币的价值尺度、支付手段、贮藏手段等基本职能。数字人民币是法定货币的数字形式,数字人民币的发行、流通管理机制与实物人民币一致,但以数字形式实现价值转移。数字人民币是中国人民银行对公众的负债,以国家信用为支撑,具有法偿性。②数字人民币采取中心化管理和双层运营模式。数字人民币的发行权属于国家,中国人民银行在数字人民币运营体系中处于中心地位,负责向作为指定运营机构的商业银行发行数字人民币并进行全生命周期管理,指定运营机构及相关商业机构负责向社会公众提供数字人民币兑换和流通服务。③数字人民币主要定位于现金类支付凭证,将与实物人民币长期并存。数字人民币与实物人民币都是中国人民银行对公众的负债,具有同等法律地位和经济价值,中国人民银行会对两者共同统计、协同分析、统筹管理。④数字人民币是一种零售型法定数字货币,主要用于满足国内零售支付需求。数字人民币是一种面向社会公众发行的零售型法定数字货币,其将立足于国内支付系统的现代化,充分满足公众日常支付需要,进一步提高零售支付系统效能,降低全社会零售支付成本。⑤在未来的数字化零售支付体系中,数字人民币和指定运营机构的电子账户资金具有通用性,共同构成现金类支付工具。商业银行和持牌非银行支付机构在全面持续遵守合规(包括反洗钱、反恐怖融资)及风险监管要求,且获中国人民银行认可支持的情况下,可以参与数字人民币支付服务体系,并充分发挥其现有支付等基础设施的作用,为客户提供数字化零售支付服务。

(三) 金融业伴随现代银行业的发展而发展

1. 货币兑换业

货币兑换业早在封建社会就已出现,当时是铸币流通时期,由于封建割据,币制混乱,各国甚至同一国家不同地区的铸币在制作材料、形状、重量和成色上都不尽相同。为了满足各地区之间贸易和商品交换的需要,顺应社会发展的需求,货币兑换业开始出现并得到了快速发展。

2. 货币经营业

随着商品流通规模的不断扩大,货币收付的数量日益增加,货币兑换商开始出现。他们主要经营保管、代为收付结算和汇兑等业务,不涉及货币的借贷问题,只收取客户的保管费。

3. 早期银行

最早的银行是15~16世纪在意大利的威尼斯成立的威尼斯银行。早期银行的服务对象主要是政府和封建贵族,其经营的主要业务由早期的货币保管业务演进为存款业务、放款业务等,但其放款业务带有明显的"高利贷"性质。因此,它还不是现代意义上的银行。

4. 现代银行

1694年英国英格兰银行出现以后,银行业的业务开始从短期货币资金的融通逐渐演变为多功能的全面金融服务。同时,在银行业的发展过程中,中央银行、政策性银行及其他银行机构开始出现并逐渐发展和完善,从而形成了一个完整的银行机构体系。

二、金融和金融活动

狭义的金融是指资金的融通。广义的金融泛指一切与信用货币相关的活动,包括信用货币的发行、保管、兑换、结算等。金融活动包括:①货币的发行、流通及其管理;②资金的融通(间接融通和直接融通);③资金的配置和调度;④信贷资金结构的调整和管理;⑤资金周转速度及资金运用效率的管理。

三、金融活动的基本特征

(一) 融资性

收支不平衡的情况为各单位之间进行资金融通提供了客观可能性。信用制度的建立将有效利用社会资源,促进社会经济的发展。

(二) 自愿性

供资方和筹资方为了不同的目的实现交易,在金融活动的作用下,在自愿的基础上实现社会资源的合理使用。

(三) 调节性

货币资金的融通可以使社会上的资金在投资、生产、消费之间合理地进行流动和分配,调节一定时期内社会上的货币流量。

四、金融活动的构成要素

(一)交易对象

金融活动的交易对象是货币资金。货币资金是指可以立即投入流通,用以购买商品、劳务或偿还债务的交换媒介物。货币资金一般包括现金、银行存款以及本票和汇票等。

(二)交易方式

金融活动的交易方式包括直接融资和间接融资。直接融资是指资金从盈余方转移到短缺方,无中介机构介入。间接融资是指资金通过中介机构的媒介作用实现融通。

(三)金融机构

金融机构是指专门从事各种金融活动的组织。我国的金融机构按照其地位和功能分为中央银行、银行业金融机构(包括商业银行、政策性银行、村镇银行、信用合作社等)、非银行业金融机构(保险公司、证券公司、财务公司、汽车金融公司等),以及在中国境内开办的外资、侨资、中外合资金融机构。

(四)金融市场

金融市场即资金融通的场所。它是在经济生活中与商品市场、劳务市场、技术市场并列的一种市场。资金的供求双方通过金融市场直接或借助于信用中介进行资金的融通,并基于资金供求的多少形成相应的市场价格,即利率。

(五)金融制度

金融制度是指包括金融立法、基本金融政策和金融规章在内的,与金融交易、金融调控、金融监管相关的一系列相对稳定的运行框架和办事规程。

五、我国金融业的发展

1978年,中共十一届三中全会确立了"解放思想,实事求是"的思想路线,作出了把党和国家的工作重心转移到经济建设上来、实行改革开放的历史性决策。

（一）我国金融业发展的第一次转折（新中国成立后到 20 世纪 80 年代）

新中国成立初期，我国实行的是计划经济体制，生产由国家计划决定，投资由财政拨款解决，财政体系而非金融体系承担了分配资源的核心功能，形成了"大财政、小银行"的体制。然而，由于财政部门的资金供应能力无法满足经济发展对资金的迫切要求，银行的作用开始凸显。20 世纪 80 年代，银行改革成为金融改革的起点，中国农业银行、中国银行、中国建设银行三大国家专业银行相继从计划经济下"大一统"的中国人民银行和财政体系中"破茧而出"。中国工商银行于 1984 年 1 月成立，承担原来由中国人民银行办理的工商信贷和储蓄业务。自此，一个以中国人民银行为领导、以国家专业银行为主体、多种金融机构并存的"真正的银行组织体系"在改革中逐渐形成。此后，国家专业银行的队伍迅速成长壮大，十几年间其资产和营业网点成百倍增长，充分发挥了聚集、动员社会资金和撬动经济发展的杠杆作用。金融与财政的分离改变了以往"大财政、小银行"的模式，国有银行开始成为国民经济改革发展融资的主渠道，以银行为主导的间接金融体系逐渐建立并为我国经济发展提供了强大的动力。

（二）我国金融业发展的第二次转折（20 世纪 90 年代）

我国金融业发展的第二次转折是在 20 世纪 90 年代开始的市场化、法制化改革。改革伊始，国家发挥银行的杠杆作用，通过扩大货币投放和信贷规模推动经济增长，银行业亦通过增设机构、放权让利、扩大业务范围和改革资金管理搞活金融和经济。但是，"微观搞活"和"宏观稳定"是一对矛盾。在金融改革之前的十多年（1978—1990 年）中，我国信贷年平均增长率为 20.38%，经济年平均增长率为 14.6%。金融改革后，信贷投放促进了经济快速发展，但也导致市场上流通的货币过多，于是经济过热和通货膨胀压力开始显现。同时，微观层面上的金融问题也逐步凸显。例如，商业银行贷款成为社会融资主渠道后，不良贷款也随之出现，国有银行不良贷款率不断上升（大多数年份在 10% 以上，1996 年达到 20% 以上）。1997 年亚洲金融危机爆发后，中央更加高度重视金融风险，开始着手重点解决国有银行的不良资产问题,并为之后国有银行实行股份制改革做了思想和基础准备。

(三) 我国金融业发展的第三次转折(2001 年至今)

21 世纪初,我国加入世界贸易组织(World Trade Organization, WTO)后,国内各界对加快国有银行体制改革的必要性形成广泛共识。中共十五大确立了国有企业建立现代企业制度的改革方向,并确定股份制改革是国有企业建立现代企业制度的有效途径。中共中央于 2002 年年初召开全国金融工作会议,作出"对国有独资商业银行进行股份制改造""具备条件的国有独资商业银行可改组为国家控股的商业银行""条件成熟的商业银行可以上市"等重大决策。2003 年,国务院开始推动以产权为核心的国有银行股份制改革,在中国银行、中国建设银行股份制改革试点和交通银行深化股份制改革取得阶段性成功之后,国务院分别于 2005 年和 2008 年不失时机地推进中国工商银行和中国农业银行的股份制改革。2012 年,中国邮政储蓄银行实行股份制改造,依法整体变更为中国邮政储蓄银行股份有限公司。由此,我国六大国有银行全部成功完成股份制改造和公开上市。

2020 年,我国确立了以国内大循环为主体、国内国际双循环相互促进的新发展格局,金融改革和开放开启了新阶段,中央提出的金融供给侧结构性改革对我国整个金融体系的优化和结构的调整都作出了很多具体的安排。

第二节 治理与金融治理

一、治理

(一) 治理的定义

从词源上来说,"治"的本义为惩处、建造、医治等;"理"的本义是"攻玉之法",后引申为遵循规律、道理、秩序行事。战国晚期,"治""理"两字合二为一,形成"治理"一词,强调治国理政之道,具有善治、良政,使国家万事安定有序的含义。联合国全球治理委员会于 1995 年发表的研究报告《行动的呼吁:珍爱"我们的全球之家"》中对"治理"一词作出如下界定:治理是个人和机构经营管理相同事务的诸多方式的总和,是对相互冲突或不同利益进行调和的持续过程。也就是说,治理是指运用一定的手段和方式,对特定的事物加以管理、调整、改造,使其达到有序状态、符合一定要求的活动和过程。

治理的目的是把人的创造性最大限度地激发出来,即通过积极地参与、沟通、协调、激励、规范和约束,形成一种遵循正确价值取向、朝向一定目标的良好秩序和状态。治理体系是指参与和实施治理的全部要素、手段、方式、环境、条件的总和。

（二）治理的特征

治理是一种由共同的目标支持的管理活动,这些管理活动的主体未必是政府,也不一定必须依靠国家的强制力量来实现。治理的特征主要体现在以下四个方面:治理不是一套规则条例,不是一种活动,而是一个过程;治理的建立不是以支配为基础,而是以调和为基础;治理同时涉及公共部门和私人部门;治理并不意味着一种正式制度,但它确实有赖于各类制度持续的相互作用。

（三）制度与治理的区别与联系

制度与治理的区别在于:制度是相对固化的,而治理是相对灵活的;制度侧重于规范本身,而治理侧重于管理;制度侧重于文本载明的约束,而治理侧重于人的主体性活动。

制度与治理的联系在于:制度一般是治理的基础,制度的优势应转化为治理的效能,而治理的科学性和有效性也应该建立在科学的制度之上;制度是否科学、合理,要由治理的成效来展示和检验,而治理的成效既与制度有关,也与人的主体性活动有关;治理应主要在制度的基础上进行,制度是治理的依据、尺度、手段和工具;制度是规则、规范,是国家和一切社会生活赖以运行的基础,我们应注意从国家和社会治理效果的角度来衡量、改进和完善相关的制度。

（四）国家治理、国家治理体系与国家治理能力

国家治理的对象是整个国家和社会,国家治理的目的是使国家和社会

达到一定的理想状态。国家和社会中的每一个人既是被治理者,又是参与治理者。

我国的国家治理是指中国共产党领导全国各族人民,依据宪法、法律和党内法规等,按照人民的意愿,运用政权力量和其他多种方式,对国家、社会的全部运行秩序及相关要素进行管理、整合、引导、调整和改革,使其达到和保持政治稳定、经济发展、文化繁荣、民族团结、人民幸福、社会安宁、国家统一状态的全部活动和过程。具体而言,我国的国家治理就是要在承认个性化、多元化的基础上,通过互动和调和(沟通、对话、谈判、协商、妥协、让步)整合各社会阶层、各社会群体都能接受的社会整体利益,最终形成各方都必须遵守的社会契约。

不同时期、不同国家的治理性质和治理体系的构成有很大的差别,不同的治理体系在本质上反映着不同类型的社会制度和政治文明。新时代中国的治理体系是具有中国特色的社会主义治理体系。习近平总书记强调,一个国家选择什么样的治理体系,是由这个国家的历史传承、文化传统、经济社会发展水平决定的,是由这个国家的人民决定的。我国的治理体系有许多优势,中共十九届四中全会列举了我国国家制度和国家治理体系13个方面的显著优势,正是由于这些显著优势,中国特色社会主义事业才取得了辉煌的成就。治理体系是随着时代和实践的发展而不断变动和发展的,国家治理体系永远是一个"在路上"的发展过程,实现国家治理现代化是当今世界各国的普遍要求。因此,我们既要健全和完善我国已有的治理体系,又要推进治理体系和治理能力现代化。国家治理体系和治理能力现代化是我们建设社会主义现代化强国的战略目标之一,并对全面实现我国社会主义现代化起着极其重要的保障作用。

国家治理能力是指运用整套治理体系对国家和社会进行治理的能力和水平,包括推动改革发展稳定、从事内政外交国防、实施治党治国治军等各个方面的能力。国家治理能力既包括党和国家整体的能力,也包括参与治理的每一个机构、每一个人的能力。国家治理体系是一种客观的存在,而国家治理能力是国家机构或个人运用这种体系在对各项社会事务管理过程中表现出的效能和水平。国家治理体系和国家治理能力紧密联系,共同构成一个有机整体:只有构建科学的国家治理体系,才能孕育高水平的治理能力;只有不断提高国家治理能力,才能充分发挥国家治理体系的效能。

二、金融治理

(一) 金融治理的定义

金融治理主要是指相关部门依据金融市场的规则、制度和机制对金融活动进行有效管理,对金融活动中涉及的不同问题作出针对性回应,逐步建立多层次、多功能的金融治理体系,以此维护金融体系的安全和稳健,确保金融机构审慎经营,以保护存款人、金融消费者和投资者的利益。

(二) 金融治理的特征

与传统的管制不同,金融治理存在着社会化、专业化、透明化的特征。

1. 社会化

金融治理是一种社会化协同活动,需要政府(监管机构)、金融机构(如商业银行)和市场中介机构(如会计师事务所、律师事务所)等各个市场参与者和利益相关者共同合作。其中,政府主要发挥着制度供给、外部约束和政策激励的作用,金融机构和其他市场参与主体是其中的积极协作者,为治理活动提供信息供给、政策需求反馈和效果反馈等,以此实现互动协作。

2. 专业化

相对于金融管制高度依赖于权威性,金融治理则更加依赖于专业化。例如,中央银行就是一个高度专业化的机构,因其具有独特的性质,所以其中的工作人员都需要具备良好的专业知识和较强的专业能力,以保障金融治理的科学性。

3. 透明化

金融治理中的一个核心问题是信息的透明化程度。无论是最低资本要求、政府监管还是市场约束,都需要相关主体掌握足够的信息,因为市场主体只有掌握了足够信息,才能作出理性判断。因此,金融治理的关键是健全信息披露机制、提高金融市场透明度和抑制非理性治理行为。

(三)金融治理的模式

由于金融危机的周期或间歇性爆发及各国金融发展的需要,各国普遍建立了自己的金融治理体系,但各国的金融治理体系之间存在诸多差异。例如,英美法系国家注重对金融市场的治理,存在中央与地方对金融治理的分权;大陆法系国家侧重对金融机构的治理,更加注重中央对金融的统一治理。这些差异背后反映了各国历史传统和政治体制的不同。由此可见,金融治理并无放之四海而皆准的范式,关键在于探索适合自身的治理模式。此外,治理规模也是各国选择金融治理模式的重要考量因素。

(四)金融治理的内容

金融治理涉及金融机构、金融市场、金融监管以及金融制度建设等多方面内容,需要各相关主体相互衔接、相互支撑。金融机构特别是国有大型银行应在完善金融治理中发挥积极作用,通过不断完善自身治理体系、提升治理能力,为健全我国现代金融体系、提升金融治理水平贡献力量。

(五)金融治理的分类

1. 从国家与市场的关系视角分类

基于国家和市场的关系视角,金融治理可分为微观金融治理和宏观金融治理。微观金融治理是指金融市场和金融机构的自身内在治理。微观金融治理主要依赖市场力量发挥作用,旨在建立审慎运作且具有风险防控"免疫力"的金融机构。从国外实践看,发达金融市场普遍重视金融机构的自身治理。例如,美国在安然事件发生后,出台了《萨班斯-奥克斯利法案》以推进公司治理改革;英国监管当局规定金融机构必须遵守11项从业原则,要求其必须以合理谨慎的态度,负责任地、有效地组织并控制其事务,同时应建立适当的风险管理体系。宏观金融治理发端于微观金融治理并在其基础上深化,是指政府(监管机构)对金融体系进行外在的、普遍的管理。金融具有一定的准公共产品属性,随着金融体系的发展,金融的脆弱性、关联性和风险外溢性越来越大,仅依靠金融机构自身的治理显然不足以维护金融秩序和金融安全。因此,政府(监管机构)有必要从宏观和外部对金融体系进行普遍的干预式治理,包括进行审慎监管和实施宏观调控,并在实践中不断改进完善。例如,2008年国际金融危机后,美英等国普遍根据金融危机中暴露出的监管不足和系统漏洞,有针对性地加强金融行为监管和系统性风险监管,以健全金融消费者保护体系和宏观审慎政策体系。

2. 从中央和地方的关系视角分类

基于中央和地方的关系视角,金融治理可分为中央金融治理与地方金融治理。从全球看,很少有国家的地方政府参与金融管理,而且中央金融监管部门在地方设立分支机构的情况也不多见。我国的情况则不同,不仅中央监管部门在全国各地设立了众多分支机构,而且地方政府也越来越多地参与到金融治理中。这既缘于我国幅员辽阔、金融机构众多、区域差异较大的特点,也是历史传统的延续。我国自秦汉以来一直实行中央集权的郡县分制制度,这必然对我国现代金融治理的思维和行为方式产生影响。中央和地方共同参与治理有助于发挥各自特长,减少体制刚性与治理有效性之间的矛盾。中央金融治理主要是针对重要的金融基础设施、涉众金融机构和金融市场等的监管,它在治理职能分工中主要承担总体规划、制定法规、防范系统性金融风险等职能;地方金融治理主要是针对非涉众型金融机构和金融市场等属地色彩浓厚机构的管理,它在治理职能分工中主要承担辅助性(执行、落实、反馈)职能。

3. 从常态和危机的关系视角分类

基于常态和危机的关系视角,金融治理可分为常态金融治理和危机金融治理。常态金融治理主要指日常的金融治理。危机金融治理包括两个方面:一方面是针对金融危机的治理,如对金融危机的政策响应等;另一方面是针对社会公共危机事件的金融治理,如对疫情、地震灾害、恐怖袭击等的金融治理。危机金融治理尤其考验治理体系的好坏,如全面了解事态、准确判断形势、快速作出反应、及时提供有效支持等,这些工作都离不开一个高效、有力、专业的治理体系,以及监管者、金融机构和其他市场参与者之间的通力合作。

(六) 我国金融治理现代化的目标与要素

我国金融治理现代化的主要目标包括:更好地服务实体经济发展(动员储蓄,便利交易,优化资源配置);更有效地防范化解风险(改善公司治理和管理风险);不断增加金融有效供给(融合金融科技,提升智能水平);更好地满足人民群众对高质量金融服务的需求(保障金融安全,发展绿色金融)。

实现金融治理现代化的九大要素包括:①不断完善党的集中统一领导体系;②建立更加完善的金融法律法规体系;③建立更加有效的金融调控体系;④建立更加高效的金融监管体系;⑤建立更加完善的金融法人治理体系;⑥建立更加有效的金融市场约束体系;⑦建立更加完善的金融基础设施体系;⑧建立更加高效的金融危机应对体系;⑨推动建立平衡的全球金融治理体系。

三、全球金融治理

(一)全球金融治理的含义

全球金融治理是政府间国际组织、非正式国家集团、国际金融标准制定机构、国内金融监管部门和机构、非政府组织、跨国公司、金融机构等多元行为主体预防与解决全球金融危机、改革国际金融体系、保证国际金融秩序稳定并尽可能地使各方利益最大化的一个动态过程。全球金融治理的参与者包括国际金融机构、国际金融标准制定机构和非政府组织。全球金融治理的对象是涉及金融领域的全球性问题,且这些问题具有跨国性和非领土性,是单个国家不能够解决的。

(二)全球金融治理的主要内容

全球金融治理具有危机驱动、内在失衡、主体与规则的非正式性等特点。其主要内容包括:①提高国际金融资源的配置效率;②降低发达国家货币政策的负面外溢效应;③完善金融风险的防范机制,包括对国际资本流动的有效管理机制、对金融风险的识别和预警机制以及对国际金融危机的救助机制。

(三)全球金融治理的新方向

全球金融治理需要在世界各国金融体系现代化、金融制度市场化、金融监管智能化的基础上从国际货币体系、国际经济政策、国际资本流动、全球金融安全网四个方面开展治理。

1. 国际货币体系的有效改革

当前,以美元为中心的国际货币体系存在严重缺陷,针对该体系的改革方案主要包括回到国际金本位方案、实行单一世界货币方案、基于特别提款权(special drawing right, SDR)的超主权货币方案、多元储备货币方案和改良的美元本位方案等。从长远看,美元地位的逐渐衰落是必然趋势,因而多元储备货币格局值得期待。多元储备货币格局的关键在于欧元地位必须得到巩固和发展,人民币国际化的程度也需要获得持续提升。如果 SDR 的储备资产地位得到进一步提升,并有望成为多元储备货币中的一个成员,那么人们对超主权货币方案也将寄予希望。

2. 国际经济政策的协调机制

在世界各国经济高度关联的背景下,主要经济体的宏观经济政策具有越来越明显的外溢效应。例如,2008 年美国的"次贷危机"演变成全球性金融危机;2015 年中国汇率政策的调整对全球金融市场产生的影响;2020 年 3 月以来,美联储实施极端宽松货币政策,导致一些新兴市场经济体资本流入大量增加和货币显著升值。从目前情况来看,二十国集团(G20)是最重要的国际经济政策协调机制,其在政策对话方面的积极作用应被继续有效发挥,真正成为一个具有约束力的持久的协调机制。

3. 国际资本流动的有效管理

国际资本流动的经济影响具有双重性:一方面,正常的资本流动具有促进资源合理配置、实现跨期均衡和分散投资风险等潜在利益;另一方面,非理性和投机性短期资本的大规模流动则成为一国金融动荡的根源。面对金融动荡,在过去的几十年间,对国际资本流动进行管理的政策代价基本均由输入国承担而与输出国无关。因此,探索一个由输入国和输出国共同参与的国际资本流动管理框架,通过某种形式的国际协定对国际资本流动进行双向管理,将是全球金融治理领域的一项重要任务。

4. 全球金融安全网的构建

自 20 世纪七八十年代以来,伴随着金融自由化和金融全球化的快速发展,新兴市场经济体的金融稳定频繁遭遇冲击,货币危机不断发生。全球金融安全网的主要功能是避免金融危机的发生以及减缓危机造成的冲击。目前,这一网络由全球多边机制、区域金融安排以及国家之间签署的双边互换协议等多层次救助机制构成。创新和建构有效的全球金融安全网以维护全球金融体系的稳定,仍然是一个亟须进行探索和完善的全球课题。

第三节 伦理与金融伦理

一、伦理

(一) 伦理的定义

在我国古代,"伦理"一词是由"伦"和"理"这两个独立的单字组成的复合词。"伦"字最早的本义为"辈"。东汉的许慎在《说文解字》中写道:"伦,辈也。""伦"字除了其原始的数量词用法,还有两种含义:其一是指不同辈分、同类事物之间的次第、顺序或秩序关系;其二可以等同于"道"和"理"。关于"理"字的含义,《说文解字》给出下面的解释:"理,治玉也。""理"字也有两层含义:一是动词之义,即依照玉的内部纹理进行剖析、整治、打理;二是名词之义,指事物的内在条理、道理。从"伦""理"二字的字面意义看,其各有非名词的含义,即"伦"可作数量词,"理"可作动词。从名词意义上看,"伦"字比"理"字的含义要丰富一些。"伦"字有"同类事物之间的次第、顺序或秩序关系"的含义,"理"字却无此含义。此外,两者所包含的"道理"之义基本相同,只不过"伦"字所指之"道理"更宏观一些,"理"字所指的"道理"更细密一些。"伦""理"二字的连用始见于《乐记》:"凡音者,生于人心者也;乐者,通伦理者也。"汉初,"伦理"一词开始被广泛使用,用来指人际关系及其规范,伦理亦即人际关系的条理。[①] 由此可见,"伦理"一词的本义是指人伦关系及其内蕴的条理、道理和规则。古往今

---

① 焦国成.论伦理——伦理概念与伦理学[J].江西师范大学学报(哲学社会科学版),2011(1):22-28.

来，人们普遍用伦理来指导和规范自身和他人的行为，从而达到人伦关系的和顺及人伦秩序的稳定与和谐。

从行为指导方面来看，伦理一般是指一系列指导行为的观念，是从概念角度上对道德现象的哲学思考。它不仅包含着对人与人、人与社会、人与自然之间关系处理的行为规范，也蕴含着人们在处理相互关系时应遵循的价值判断和行为取向。

从社会关系角度来看，伦理是指人类社会中人们与社会、国家的关系和行为的秩序规范。任何持续影响全社会的团体行为或专业行为都有其内在特殊的伦理要求。例如，企业作为独立法人有其特定的生产经营行为要求，即企业伦理。

从作用方面来看，伦理是指人们心目中认可的社会行为规范。伦理既可以调整人与人之间的关系，也可以调整整个社会中的其他各种关系。管理与伦理之间有很强的内在联系和相关性。因为管理活动是人类社会活动的一种形式，它自然离不开伦理的规范作用。

从行为要求角度看，伦理是指人与人、人与社会和人与自然相处的各种道德准则。例如，生态伦理是伦理道德体系中的一个分支，是人们在对一种环境价值观念认同的基础上维护生态环境的道德观念和行为要求。

从道德角度看，伦理是指人与人相处的各种道德标准，伦理学是关于道德的起源、发展，人的行为准则和人与人之间的义务的学说。

（二）伦理的特征

1. 理想性

伦理是关于善恶的标准，而这种标准只能是相对而言的。当我们说一个事物、一个行为是善的时候，是在将其与其他事物、其他行为的比较中得出这种结论的。伦理学的意义是在对现实的不满和批判中追求更善和更好，在与恶和坏的对峙中向往善和好。如果失去了对善和好的追求，伦理学就会沦为世俗的描述和再现，就丧失了其学科特质。

2. 历史传承性

伦理学是面向人们生活的学问，而社会中的群体和个体毫无例外地都是生活在一定的文化传统之下的。当今世界存在着许多具有不同文化传统的民族地区和国家,而各民族地区和国家毫无例外地都有着各自的伦理观念和伦理规则。离开了伦理文化的历史传统,一个民族的伦理特性也就丧失了。不讲历史传承、不讲伦理历史传统的伦理学,也就没有历史的底蕴和历史的厚重感;没有历史底蕴和历史厚重感的伦理道德,是无法使人们认同和尊重的。

3. 普适性

伦理学作为面向大众生活的一门学科,探究的不是一个人的私理,而是适应公众生活的公理,即一种崇高的伦理道德理想境界和切实的可达之道,并为多数人心向往之。

4. 知行合一的统一性

伦理学主要研究人伦关系的调解及人们道德素质的提升,这注定了它的研究成果、它所提出的原则规范是要在实际社会中付诸实践的。也就是说,伦理规范对于在这一伦理文化圈中生活的人包括伦理研究者在内都是适用的。正是由于伦理所具有这种对己对人的规范性,它才能够引导人们认识到自己的不足和错误,把人引向更高的思想境界和更规范的行为。

二、经济伦理

也许有人会以为,经济学应该是"价值无涉"或者是"价值中立"的,即经济学不涉及价值判断问题。但实际上,经济学意义上的价值之所以可以通过交换来实现,其中包含着一个不可回避的社会伦理前提,即任何一次交换活动赖以存在的基础都是对对方主体性的承认。因此,交换活动首先以伦理价值为前提。经济学在关注有限资源约束条件下最优配置问题的同时,不仅要解决资源配置的有效性问题,而且必须回答与资源配置相关的公平问题、环境问题和福利问题,也就是要回答与伦理判断相关的"什么是善"的问题。实际上,现代经济学中关于发展的理论和关于增长的理论已经在很大程度上注入了价值判断的因素,因为一个"好的增长"与一个"坏的增长"

对人类的影响是截然不同的。

如果经济发展演变为单纯的经济产出指标,而没有生态成本考量的概念,那么环境的污染(如水体的污染、空气的污染)和资源的枯竭都会被作为次要问题而忽略。近年来,以胃癌、肺癌和肝癌为代表的恶性疾病患者数量迅速增长,这充分表明人类自身已经成为没有伦理的经济发展的受害者。因此,我们必须回到经济伦理的轨道上来。经济发展不能以损害人类生存的环境为前提。经济发展的根本目的是改善人类的生存状态。地球资源的有限性决定了人类经济发展的规模和速度。因此,经济发展要考虑资源的承受能力。此外,经济伦理还强调要尊重劳动者。因为资本和劳动在创造社会财富中具有同等的价值,所以我们必须尊重劳动者,给予劳动者合理的劳动报酬。例如,发展成果的分配要体现公平正义,这种公平体现在发展成果要为全社会成员共同享有,贫富差距不能过大。

三、金融伦理

(一) 金融伦理的定义

金融伦理的定义有很多,不同学者对其给出了不同解释。有的学者认为,金融伦理是协调金融主体利益关系的价值理念和行为规范,是利益相关者在金融活动中的内在秩序和主体自觉的统一。有的学者认为,金融伦理是金融领域中的利益相关者行为事实的客观规律与应当如何的规范。[1] 也有学者认为,金融伦理是指在契约人既定的道德前提和社会道德环境下,一切金融契约行为应遵循的伦理规则和道德规范,其结构包括内在道德和外在道德。[2] 还有学者认为,金融伦理是指评判经济主体在金融活动中所表现的行为是否符合特定的道德规范,以及由其行为所引起的利益分配是否公正的一套准则。[3] 金融伦理不仅是指金融活动中个人和金融机构的伦理问

---

[1] 汲昌霖.资本市场中的金融伦理体系构建——基于演化金融学的视角[J].现代经济探讨,2015(6):60.
[2] 孙英,等.经济伦理学[M].北京:首都经济贸易大学出版社,2005:348-354.
[3] 丁瑞莲,等.金融伦理的层级结构及其演化机制[J].华东经济管理,2005(9):124-126.

题,还包括金融市场的伦理问题。①

本书认为,金融伦理是在社会金融活动中产生并用以约束和调节人们经济行为及其相互关系的价值观念、伦理精神、伦理规范和相关机制的总和。它既是调节人们之间利益关系的一种行为规范,也是经济主体把握社会金融活动的一种实践精神。金融伦理学的本质在于使人们明确金融领域的善恶价值取向及应该与否的行为规定。金融伦理有广义和狭义之分。广义的金融伦理是指金融活动参与各方在金融交易中应遵循的道德准则和行为规范,也就是金融活动所涉及的全部利益相关者,如金融机构、相关从业人员、社区、政府、参与者等,在金融交易与金融活动中所涉及的伦理关系、伦理意识、伦理准则和伦理活动的总和。它是调节和规范金融活动中利益相关者的行为规范和道德准则。狭义的金融伦理是指作为主体提供各种金融服务的金融机构、金融从业人员和金融市场所应遵循的行为规范与道德准则,或者说是金融服务的供给方所应遵守的行为准则。

总之,随着国际经济与金融形势的不断发展,国内外学者对金融伦理文献的研究也在不断深入,对其内涵的解读也会更加完整和规范。这对推进我国金融伦理研究进程和金融事业的健康发展都将起到重要的理论引导作用。

(二) 金融伦理关系的特征

金融伦理关系具有以下四个不同于一般社会关系的特征。一是金融伦理关系具有多层次性。由于金融活动较为复杂,在一个金融活动中参与者往往是多方的,他们之间不仅是一种交易双方的关系,还会出现"债权人—金融机构—债务人"这样的三方关系,或者是"委托人—金融机构或中介组织—受托人"关系。因为金融活动主体间的关系具有不同的层次,其相应的伦理关系也更加复杂。二是金融伦理关系具有明显的双重性。所谓的双重性体现在两个方面:一方面,金融伦理关系要同时符合金融规则与伦理规则的双重要求;另一方面,金融伦理关系必须遵守伦理与法律的双重规范。因

---

① 李刚,等.金融伦理缺失:我国农村金融效率低下的根源[J].开发研究,2007(6):136-137.

此,金融活动既有专业特色又有伦理特色。作为一种信用活动,金融活动首先应该是一种诚信的资金融通活动,活动中的各利益相关者都有各自必须遵循的道德规范与行为方式,伦理规范是其应遵守的行为准则。如果其中的利益相关者恶意冲破金融伦理的道德底线,进行违法乱纪的利己金融交易活动,那么我们应该诉诸法律,以法律的强制性规范来约束其非道德的践踏伦理的行为。三是金融伦理关系具有明显的要式关系特征。这种要式关系体现在金融活动主体只有按照特定的金融交易规则和相关的金融法规与程序,通过协商达成相应的要约或协议(合同)才有法律效力。四是金融伦理关系具有动态性。金融伦理关系出现在各种金融活动中,金融活动随着新金融工具的开发和金融技术的发展呈现出动态性特征,各金融活动主体间的关系也处于变动发展中。因此,金融伦理关系具有明显的动态性特征。

(三) 金融伦理的现实意义

金融伦理学是在现代金融理论与应用伦理日益结合的基础上产生的新的学科领域。随着金融理论与应用伦理各自研究的深入与发展,这两种理论研究力量推动金融伦理研究逐渐成为一个新的研究领域。特别是在现代金融业高速发展并不断出现动荡与危机的情况下,人们对金融伦理的研究更为关切。

金融伦理研究的兴起是理论与实践共同推动的结果。在理论方面,研究者们日益认识到,作为市场经济中的法人机构与自然人,金融机构、金融市场与金融从业人员不仅是"经济人",更应该是"道德人",其相互间是一种契约关系,具有道德前提和道德认知,在金融活动与金融交易中都有各自应该遵守的道德准则和行为规范。因此,金融活动并非纯粹的技术活动,必然会涉及价值判断。在现实的金融生活方面,少数金融机构、金融从业人员或其利益相关者的利己行为引发了不少基金"黑幕"、非法洗钱、银行倒闭等事件,严重地损害了金融机构自身的形象和核心竞争力。相关理论的发展以及现实生活中因道德与伦理问题出现的金融丑闻,使金融伦理逐渐成为社会共同关注的现实问题和学术理论界研究的重要课题。

第二章　金融企业制度

◎ 学习目标

(1) 理解金融企业的含义。

(2) 熟悉金融企业制度的基本内容。

(3) 了解金融企业的类别以及我国金融体制改革的内容。

◎ 能力目标

(1) 掌握国有金融资本管理制度。

(2) 学会分析国有金融企业机制改革中的关键问题。

到 2025 年基本建立中国特色现代金融企业制度

《中国银保监会关于推动银行业和保险业高质量发展的指导意见》(以下简称《意见》)提出：随着我国经济从高速增长阶段转向高质量发展阶段，金融供给与需求之间不平衡不适应的矛盾日益凸显，银行业和保险业高质量发展面临多重挑战。

《意见》提出：要推动形成多层次、广覆盖、有差异的银行保险机构体系，包括优化大中型银行功能定位、增强地方中小银行金融服务能力、强化保险机构风险保障功能、积极推动外资银行和保险机构发展、培育非银行金融机构特色优势等。

在增强地方中小银行金融服务能力方面，《意见》提出：城市商业银行要建立审慎经营文化，合理确定经营半径；农村中小银行要坚持"支农""支小"的市场定位；在保持县域法人地位总体稳定的前提下，因地制宜地对农村信用联社和农村合作银行实施股份制改造；继续推动符合条件的民营银行发起设立。

《意见》提出：完善服务实体经济和人民群众生活需要的金融产品体系，包括积极开发支持战略性新兴产业、先进制造业和科技创新的金融产品，加大民营企业和小微企业金融产品创新，优化"三农"金融产品供给，丰富社会民生领域金融产品供给，等等。

《意见》提出：精准有效地防范化解银行保险体系各类风险，包括积极稳妥推进问题金融机构处置、有序化解影子银行风险、加强重点领域风险防控、大力整治违法违规金融活动等。

《意见》提出：多措并举深化高风险中小机构改革，采取不良资产处置、直接注资重组、同业收购合并、设立处置基金、设立过桥银行、引进新投资者以及市场退出等方式化解风险；银行保险机构要落实"房住不炒"的定位，严格执行房地产金融监管要求，防止资金违规流入房地产市场。

《意见》明确：银行和保险业的发展目标是到2025年实现金融结构更加优化，形成多层次、广覆盖、有差异的银行和保险机构体系；公司治理水平持续提升，基本建立中国特色现代金融企业制度；个性化、差异化、定制化产品开发能力明显增强，形成有效满足市场需求的金融产品体系；信贷市场、保险市场、信托市场、金融租赁市场和不良资产市场进一步健全完善；重点领域金融风险得到有效处置，银行保险监管体系和监管能力现代化建设取得显著成效。

第一节　金融企业概述

一、金融企业的含义

顾名思义，金融企业是指经营与金融活动相关业务的企业，其区别于其他企业的重要特征是其开展业务必须取得金融监管部门授予的金融业务许可证。金融企业包括：执业需取得银行业务许可证的政策性银行、国有商业银行、股份制商业银行、城市商业银行、农村商业银行、农村合作银行、信用社、新型农村金融机构、信托投资公司、金融租赁公司、金融资产管理公司和财务公司等；执业需取得保险业务许可证的各类保险企业等；执业需取得证券业务许可证的证券公司、期货公司和基金管理公司等；各类金融控股公司、信用担保公司以及金融监管部门所属的从事相关金融业务的企业。

二、金融企业分类

（一）按国民经济行业分类

根据《金融业企业划型标准规定》第三条，按《国民经济行业分类》规定，金融企业可分为货币金融服务类企业、资本市场服务类企业、保险服务类企业、其他金融企业四大类。

1. 货币金融服务类企业

货币金融服务类企业又分为货币银行服务类企业和非货币银行服务类企业。货币银行服务类企业是指银行业存款类金融机构，包括商业银行、城市信用合作社、农村信用合作社等吸收公众存款的金融机构以及政策性银行。非货币银行服务类企业包括银行业非存款类金融机构、贷款公司、小额贷款公司及典当行。其中，银行业非存款类金融机构是指金融资产管理公司、企业集团财务公司、金融租赁公司、汽车金融公司等金融机构。

2. 资本市场服务类企业

资本市场服务类企业主要指证券机构，包括证券公司、期货公司和证券投资基金管理公司等。

3. 保险服务类企业

保险服务类企业主要指保险机构，包括人身保险公司、财产保险公司、再保险公司等。

4. 其他金融企业

其他金融企业包括金融信托与管理服务企业、控股公司服务企业等金融企业,如信托公司、金融控股公司等金融机构。

(二) 按地位和功能分类

在我国,金融机构按照地位和功能可分为以下四大类。

(1) 中央银行,即中国人民银行。

(2) 银行,包括政策性银行、商业银行等。

(3) 非银行金融机构,主要包括国有及股份制的保险公司、证券公司、财务公司等。

(4) 在中国境内开办的外资、侨资、中外合资金融机构。

这四类金融机构相互补充,共同构成一个完整的金融机构体系。

第二节 金融企业制度

一、企业制度起源

企业制度的形成可以追溯到中世纪前的罗马帝国,原始企业制度的主要形式为康枚达(Commenda)契约和索塞特(Societas)契约。16 世纪末到 19 世纪三四十年代是现代企业制度的形成和发展阶段,也是原始企业制度向现代企业制度过渡的阶段。

二、现代企业制度概述

现代企业制度以公司制度为主体,是市场经济体制的基本成分。作为一种制度体系,现代企业制度应当具备制度体系的一般要求,即系统性、完整性。现代企业制度要涵盖产权、经营、管理和运行等各个方面,其中,产权是前提,组织是基础,管理是保障,运行是支撑。现代企业制度的不同内容之间应当层次分明、相互配合,共同服务于企业组织的使命与任务。

(一) 产权制度

产权是经济所有制关系的法律表现形式,主要指合法财产的所有权,表现为对财产的占有、使用、分配、收益、处分和监督等。公司财产权能以公司法人为中介进行两次分离:第一次分离是法律意义上的分离,即出资人与公司法人的分离,原始所有权与法人财产权相分离使企业组织具有受法律保护的独立法人地位成为可能;第二次分离是经济意义上的分离,即公司法人产权内部的分离,所有权与经营权相分离使企业组织作为有效率的资源配置方式成为可能。

现代企业产权制度是建立在一定生产资料所有制基础之上,对财产占有、使用、收益和处置过程中所形成的各类产权的法律地位、行为权利、责任义务及相互关系加以规范约束的制度安排。在现代企业制度体系中,现代企业产权制度是根本前提,其既是企业组织形成、存在和进化的起点,也是现代企业制度体系中其他方面制度的基本支撑。没有现代企业产权制度,现代企业制度就会变成"空中楼阁"。

(二)组织制度

组织制度是指依据既定目标,对组织成员的行为活动进行合理的分工和安排,形成明确清晰的权责结构;对组织资源进行合理的配置和使用,形成上下贯通的组织结构。现代企业需要有一套完整规范的组织制度,使企业组织能够运行有效、运转畅通。现代企业组织制度是指在企业所有权和经营权相分离的背景下,派生出来的公司决策权、执行权和监督权等权能相互协调运转的制度规则,以及在此基础上所形成的由股东大会、党委会、董事会、监事会和经理层构成的组织机构框架。

股东大会作为权力机构,出资人或股东是公司的最终所有者,股东大会所形成的决议是最终决议,具有法律效力。党委会是中国特色现代国有企业制度的重要组成部分,发挥把方向、管大局、保落实的作用。董事会作为公司的常设机构,是股东大会的执行机构,也是公司的重大经营决策机构,其主要职责是执行股东大会的决议,制定公司的大政方针、战略决策、投资方向、分配方案等。监事会作为公司的监督机构,其主要职能是对董事会和经理人员的履职行权活动进行监督、审核公司的财务和经营状况、提请召开临时股东大会等。各层级的经理人员组成企业的管理机构,包括公司的总经理、副总经理和部门经理等,其对董事会负责,负责公司日常的经营管理活动,依照公司章程和董事会决议行使职权。

由此可见,现代企业组织制度既赋予经营者充分的经营自主权,又切实保障所有者的权利权益,并能充分激发和调动各类主体的积极性和创造性。

(三) 管理制度

现代企业需要现代化的企业管理。现代企业管理制度是指企业经营管理中的各种制度规定和综合安排,是现代企业制度的重要内容,是更好实现企业定位与功能、完成自身宗旨和使命的必然选择,是应对内外部复杂环境变化、提升市场竞争力和抗风险能力的重要抓手,是加快转变经济发展方式、不断提升发展质量和效益的重要举措,是实现做强做优做大、培育世界一流企业的重要保障。

现代企业管理制度的科学性需要以市场为导向,准确把握内部条件和外部环境,有机结合发展战略与具体战术,通过一系列制度规定科学组织产供销、高效配置人财物。现代企业管理制度应当围绕战略规划管理、投资决策管理、全面预算管理、全面风险管理、科技创新管理、人力资源管理、产权管理、法律管理、采购管理、安全生产管理、管理信息化、社会责任管理、党建管理和反腐倡廉管理等方面和环节,全面、完整、系统约束和规范企业的经营管理活动,实现管理方式的制度化、集约化、精细化、数字化和流程化。

(四) 运行制度

现代企业运行制度是企业存在、成长和发展的内在机能及其运行机理,是引导、规范、激励和约束企业生产经营活动的运转方式,是企业内部各主体、各要素、各环节、各层面相互关联、相互制约、相互作用、相互影响机制的制度性安排。企业的生产经营活动是一个连续不断的运动过程,该运动过程需要充分进行自我组织、自我调节、自我适应,以保持最佳协调关系,实现最佳运行状态,获得最高运行效率。

现代企业运行制度是着眼点和落脚点,是现代企业制度得以真正落地的支撑,更是现代企业制度功能与作用实现的内在需要。现代企业运行制度主要包括决策、产出、激励、约束和发展五个基本方面,每一个方面都需要对运作的主体、运作的对象、运作的方式以及运作的结果等方面作出明确规定和安排。

三、我国国有金融企业制度的特征

从企业制度演变的过程看,现代企业制度是指适应现代社会化大生产和市场经济体制要求的一种企业制度,也是具有中国特色的一种企业制度。中共十四届三中全会把现代企业制度的基本特征概括为"产权清晰、权责明确、政企分开、管理科学"十六个字。中共十五届四中全会再次强调要建立和完善企业制度,并重申了对现代企业制度"十六字"基本特征的总体要求。

(一)产权清晰

所谓产权清晰,主要有以下两层含义。

(1)有具体的部门和机构代表国家对某些国有资产行使占有、使用、处置和收益等权利。

(2)国有资产的边界要"清晰":一是要搞清实物形态国有资产的边界,如机器设备、厂房等;二是要搞清国有资产的价值和权利边界,包括实物资产和金融资产的价值量、国有资产的权利形态(股权或债权,占有权、使用权、处置权和收益权的分布等)以及总资产减去债务后净资产的数量等。

(二)权责明确

权责明确是指合理区分和确定企业所有者、经营者和劳动者各自的权利和责任。所有者、经营者、劳动者在企业中的地位和作用是不同的,因此他们的权利和责任也是不同的。

1. 权利

所有者按其出资额享有资产受益、重大决策和选择管理者的权利,企业破产时则对企业债务承担相应的有限责任。企业在其存续期间,经营者对由各个投资者投资形成的企业法人财产拥有占有、使用、处置和收益的权利,并对企业法人财产的债务承担责任。经营者受所有者的委托在一定时期和范围内拥有经营企业资产及其他生产要素并获取相应收益的权利。劳动者按照与企业的合约拥有就业和获取相应收益的权利。

2. 责任

与上述权利相对应的是责任。从严格意义上讲,责任也包含了通常所说的承担风险的内容。要做到权责明确,除了明确界定所有者、经营者、劳动者及其他企业利益相关者各自的权利和责任,还必须使其权利和责任相对应或相平衡。此外,所有者、经营者、劳动者及其他利益相关者之间还应当建立起相互依赖、相互制衡的机制。这是因为他们是不同的利益主体,既有共同利益的一面,也有不同利益乃至利益冲突的一面。权责明确就是要求明确彼此的权利、责任和义务,以便相互监督。

(三) 政企分开

政企分开是指政府的经济、行政、社会管理职能要与企业的经营管理职能分开。在现代企业制度中,政府的经济管理职能是指政府通过政策法规和经济手段来调控市场,引导企业的经营活动,而不是直接干预企业的生产经营活动。政府的行政管理职能是指政府对下属国家行政机关进行管理。企业不是政府的行政机关,政府不能按行政机构管理办法来管理企业。

政企分开还要求企业将原来承担的社会职能分离后交给政府和社会,如住房、医疗、养老、社区服务等。应注意的是,政府作为国有资本所有者对其拥有股份的国有企业行使所有者管理权是理所当然的,不能因为强调"政企分开"而改变这一点。当然,问题的关键还在于政府要正确地行使其拥有的所有权和管理权。

(四) 管理科学

"管理科学"是一个含义宽泛的概念。从广义上讲,它包括了企业组织合理化的含义;从狭义上讲,管理科学要求企业在管理的各个方面,如质量管理、生产管理、供应管理、销售管理、研究开发管理、人事管理等方面都要做到科学化。管理的目的是调动人的积极性、创造性,其核心是激励、约束机制。一个企业要做到"管理科学",要学习、创造、引入先进的管理方式,包括国际上先进的管理方式。对于管理是否科学,虽然可以从企业所采取的具体管理方式的先进性上来判断,但最终还要从管理的经济效率上,即从管理成本和管理收益的比较上作出评判。

第三节　我国金融体制改革

一、我国国有金融企业的困境

我国从1978年开始实行改革开放,其主要任务是改革当时的计划经济体制,探索实现社会主义市场经济体制。国有企业改革贯穿我国改革开放的全过程,然而,国有企业改革始终未脱离"公有制为主体"和"市场机制起决定性作用"两大目标。这两大目标在国有金融企业改革中的具体体现就是既要保持国有金融企业在金融市场中的主体地位,又要使市场机制在国有金融企业改革中起决定性作用。这难免会造成国有金融企业改革的诸多困境。

(一)市场化不足

我国前期国有金融企业改革依然落入行政化推动的旧有套路,违背了市场规律,市场未真正起到决定性作用。广东作为改革开放的先行者,国企混合所有制改革(以下简称混改)取得明显成效,但仍有很大推进空间。例如,2018年广州国企混改率已超过66%,混改企业对国企的贡献度超过65%,但只有少数几家混改企业的国资持股低于50%,其他大部分混改企业的国资持股均超过50%,国资仍处于绝对控股、一股独大的地位。2018年国家启动"双百行动",包括之前的一系列政策文件,均鼓励国企在有条件的二级、三级企业中率先实施混改,但是国有金融企业实施混改的很少,二级、三级金融企业进行混改的也不多。这与金融企业的一些特殊性有关,但同样说明混改中以产权为基础制度的授权机制改革依然没有得到有效推进。混改的主要目标是以产权制度的改革激活企业的激励、约束、容错等机制。虽然目前已有部分国企在二级、三级企业中开展授权调整机制试点,如中国广核集团有限公司向旗下成员企业的董事会下放经理层选聘、业绩考核、薪酬分配等权责,但其授权调整机制的试点仍然只是在二级、三级企业中进行,且产权制度没有新的突破,仍停留在授权机制上。

从目前市场化程度最高的混改企业现状来看,我国国有金融企业改革仍然面临诸多困境。一方面,这种现状导致"股权多元化"成效不显著,非国有资本无法"当家作主",各市场主体参与积极性低,无法形成"资本力量",无法形成由"点"带"面"的改革效果;另一方面,市场化机制无法嵌入公司治理机制,国有金融企业的董事、监事、高层管理人员的市场化选聘程度仍然较低,行政任命比例过高,市场上专业性人才较少,企业活力不足。

(二)差异化不足

国有金融企业承担着防范金融风险、守住系统性金融风险的底线、服务实体经济、培育新产业、支持产业转型升级等多项重要任务,其性质与其他国有企业有较大差异。在《关于规范金融机构资产管理业务的指导意见》出台前,国有金融企业的监管机制尚未实现统一,存在多头管理、职责不清、监管定位不准、监管过度等问题,各监管部门之间经常产生互相推诿的监管矛盾,最终使金融监管陷入"不了了之"或"一刀切"的"大一统"的困境。目前,国家虽然已明确各级财政部门为各级国有金融企业的出资人,并要求各地提交相应的国有金融资本归口管理方案,且已有部分地方政府出台相应改革方案,但总的来看,我国国有金融企业改革尚存在以下问题:一是仍有部分地方暂未出台改革方案,暂未能清晰明确金融国有资本的管理机制;二是已出台的改革方案中设置的过渡期并未清晰明确,说明改革任务艰巨或未有细化方案;三是地方财政部门履行出资人职责的配套机制与金融监管机制如何对接协调尚未明确。

(三)执行力不足

国有金融企业普遍存在执行力不足的问题,主要体现在以下四个方面。一是董事会职权落实未到位,企业负责人受多重监管,权责不清,且无法自主选聘董事会成员和经营层。例如,在现有国有金融企业监管机制中,企业主体受财政部、国资委、监事审计部门等的监管;董事、监事、高层管理人员个体受财政部门、资本运营公司等的监管。二是监管机构、董事会和经营层之间的关系不明晰,权、责、利不对应,如责任重、权利轻,"一岗双责"甚至"一岗多责"现象普遍存在于国有金融企业中。三是用人机制不通畅,尚未建立明晰的董事、监事、高层管理人员退出及流动机制,管理人员能上不能下、员工能进不能出等问题依然突出。四是薪酬机制无活力,"一刀切"现象严重,员工收入能增不能减,董事、监事、高层管理人员薪酬与行业对标企业相距甚远,人才流失严重。

(四) 容错机制不健全

创新是发展的动力,但创新总会有失败。容错机制不健全一直是国有企业创新动力不足、管理层担当意识不足的一个重要原因,而失败容忍度过低则会导致管理层担当意识不足、员工积极性不高。2018年8月《国企改革"双百行动"工作方案》印发,"双百企业"的三条遴选标准之一是企业要有较强的改革意愿,即企业要敢为人先、勇于探索、攻坚克难,能在改革重点领域和关键环节率先取得突破。其实质是鼓励企业改革创新,给予企业足够高的失败容忍度,培养企业管理层的担当意识。2019年8月国务院印发《关于支持鼓励"双百企业"进一步加大改革创新力度有关事项的通知》,就国企改革"双百行动"过程中遇到的一些共性问题明确提出了授权放权、市场化用人机制、中长期激励等九条有针对性的政策措施。这其实是针对企业创新意识不足、管理层担当意识不足的针对性措施。金融企业与其他企业不同,金融企业创新失败的负外部性较大,因此"双百企业"主要以非金融企业为主,金融企业只有数家。由此可知,国有金融企业改革面临的创新动力不足、担当意识不足的困境更为严峻。

(五) 退出机制不足

数轮国企改革都会淘汰一批产能落后、无市场、无竞争力的企业,2015年国家启动供给侧结构性改革,坚决淘汰一批"僵尸企业"。但即使这样以行政手段推动的国企改革,由于有些企业涉及下岗员工太多,为了保持社会稳定,仍然有不少的"僵尸企业"不能按市场机制退出。退出市场的"僵尸企业"多以能源、产业类企业为主,金融企业的退出机制更显不足。一是金融企业退出的负外部性较大,容易造成社会动荡、社会生产凋敝,如20世纪末21世纪初的金融企业退出潮以及近年来被清理的P2P平台等,均给社会造成极大的负面影响;二是金融企业退出的法律不够健全,虽然我国《中华人民共和国商业银行法》《存款保险条例》均对银行、保险机构破产进行了相关规定,但我国金融机构种类繁多,目前的法律法规并未对种类繁多的金融机构退出市场进行明确规定。

(六) 竞争力不足

国企改革要求国有企业聚焦主业、整合资源、打造世界一流企业等。对此,中央国企和地方国企基本都采取分类整合的办法,把国企分门别类地整合、划转,使原来规模就较大的企业规模更大。2019年深圳市国资委发布《深圳市区域性国资国企综合改革试验实施方案》提出到2022年深圳将力争实现每家市国资委直管企业控股1家以上上市公司,深圳市投资控股公司控股10家以上上市公司。2018年广州市印发《关于市属国有企业发展混合所有制经济的实施意见》,提出到2020年竞争类市属国有企业全部实现整体上市或至少控股1家上市公司,市属国有企业总数由33家调整到20家左右,打造资产千亿级企业10家。这将出现两个局面:一是重组、合并的企业可能成为规模更大的企业;二是大规模国有资本或大量国有企业由一家或数家国有资本投资运营管理,这些资本投资运营企业也是大企业。这样一来,一批新的"大而不倒"企业将诞生,从而再次导致"大企业病"的出现。此外,新的垄断和金融风险将进一步集中。2014年国资委组建诚通集团和中国国新公司,这两家都是国有资本运营公司,这意味着国资委在剥离原来直接控制企业的情况下,同时还在新增直接管理的资本运营公司,"旧瓶装新酒""换汤不换药"的困境依然存在,资本运营公司无法在政府与企业间发挥隔离层的作用。

(七) 监管体制改革匹配不足

中共十八大以来,金融领域已有近百名监管部门人员和金融企业高管因违法违纪被处理及调查,几乎涉及所有金融业态,既有国有金融企业,也有非国有金融企业。这既对金融企业造成损失,危及其发展,又给金融体系带来风险,危害国家金融和经济安全。从总体来看,这些问题的出现既有监管体制机制不合理、不完善的原因,也有金融企业治理结构不完善、机制不健全的原因。具体而言,主要有以下四方面原因:一是金融监管体制改革与国有金融企业改革匹配性不足,很多时候两者的改革都是独立进行的,而未考虑到改革的匹配性和协同性;二是我国金融体系的市场化程度较低,国有金融企业在金融市场中起主导性作用,容易形成权力大、资金大的圈子,极易成为腐败的"温床";三是国有金融企业几乎是国家绝对控股,行政干预过多,目标容易多元化,从而出现"竞争性干预"和"竞争性监管",导致企业无所适从,监管不敢作为,监管虚化以及事前、事中低效监督等问题;四是我国法律法规没有对具体的金融违法犯罪行为有明确的刑罚惩戒规定,实践中多以相关案例判罚为参考,判罚较轻,惩戒机制和力度不足,而且惩戒多针对个人而并非企业主体,这样容易导致企业治理机制不健全、不完善。

总体而言,国有金融企业改革既有国企改革的一些共性问题,也有其自身的一些特性问题。虽然改革"一直在路上",但目前国有金融企业改革仍没有重大突破。国有金融企业混改并不是简单的各方持股比例的问题,而是如何协调各方利益的问题。解决这些问题的关键仍然是授权经营机制、人才管理机制、激励考核机制等核心机制的改革,尤其是授权经营机制改革。

二、国有金融企业机制改革的关键问题

近年来,我国国有金融企业在管理制度、管理行为、公司治理、服务实体经济和资产保值增值等方面取得重大成效,但仍面临着资产管理布局不优、职责分散、权责不明、机制不科学、经营收益预算管理不规范和制度建设滞后等问题,金融企业国有资产管理机制改革亟须进一步推进。国外有的金融机构和企业发展较为成熟,在经历"混业—分业—混业"发展过程后,已基本形成大型金融控股公司的发展模式。虽然各国金融机构和企业的发展模式存在一定的差异,但我国金融机构和企业可以分析借鉴国外类似金融机构和企业的有效运作和发展经验,并在中国特色社会主义经济发展环境下积极创新。结合前述国有金融企业改革中的几个突出问题,国有金融企业

机制改革应厘清以下几个关键问题。

(一) 坚持"党组织为第一代理人"的授权经营机制

目前,我国大多数国有金融企业股权高度集中,多以"淡马锡模式"为主,即设置股东会、董事会与监事会,试图使它们形成彼此制约的关系;同时通过设置外部董事,形成董事会内部的互相制衡。《中华人民共和国公司法》第六十六条规定:"国有独资公司不设股东会,由国有资产监督管理机构行使股东会职权。"然而,国有金融企业属全民所有,却没有一个"人格化"的股东,且不少是通过层层委托、代理来行使其监督权,这极易造成董事会和经营层不受监督的局面。目前,国有金融企业大多采取"管人、管资产、管事"的"全管型"授权机制,由政府直接管理,董事会对出资人和监管机构负责,经营层对董事会负责,监事会对出资人负责。其实质是政府监管"一插到底",影响所有管理层级。《国务院国资委以管资本为主推进职能转变方案》鼓励组建国有资本投资运营公司,要求国有资产监管从"管资产"向"管资本"转变,即在政府与企业之间成立一家资本运营公司,代替政府履行出资人职责,避免政府直接干预企业的运营。《中共中央 国务院关于完善国有金融资本管理的指导意见》明确规定,财政部履行中央国有金融企业出资人职责,地方财政部门履行地方国有金融企业出资人职责。目前,中央金融企业与财政部之间暂未成立资本运营公司,但有不少地方政府已按照从"管资产"向"管资本"转变的要求成立了资本运营公司,让其履行出资人职责。从授权经营机制角度而言,多一层委托、代理关系,势必会增加沟通、代理等成本,授权经营机制如果解决不好,企业的人才管理机制、激励考核机制等均难以落实,并同样会导致董事会授权行政化、外部董事职能虚化、监事会内部化以及管理层和监管层无法相互制衡的局面。经过多年的探索改革,部分国有金融企业已向"管资本"授权机制转变,但出资人或法律未明确受托人的定位及其相应的权力、责任和利益,使"管资本"授权机制的效果大打折扣。

上市国企公开数据表明,国企董事会的规模平均为11人,主要由内部执行董事、外部非独立董事和独立董事组成。其中,内部执行董事通常由董事长、总经理、副总经理、总会计师(或财务总监)等组成;外部非独立董事和独立董事一般由股东委派,不在企业内任职。内部执行董事和外部董事(独立董事和外部非独立董事)的比例基本为 2∶1,这意味着董事会中绝大部分是经营者,董事会和经营层职能的高度重合容易导致"内部人控制"问题。同时,内、外部董事信息的不对称更加剧了这种"内部人控制"。2017 年上市国企中的独立董事占比为 36.35%,处于政策法规要求比例的边缘,这在一定程度反映出多数企业聘请独立董事的目的仅为满足政策法规的要求而不是科学决策和有效监督。按照 2/3 投票通过的原则,独立董事比例过低则无法对决策形成影响。非上市国企绝大部分没有设置独立董事,而是设置外部董事,且董事成员多来自国资系统。2017 年,88.24%的上市国企设立审计委员会,其委员全部由独立董事组成的仅为 3.61%;91.65%的上市国企设立薪酬委员会,委员会中独立董事人数达到一半的仅为 19.57%;74.67%的上市国企设立提名委员会,委员会中独立董事达到一半的仅为 20.97%。由此可见,虽然大部分上市国企设立了这三个委员会,但独立董事占比远未达到国际通行的标准,而且其中立性、客观性和严肃性难以保证。

(二)用活"党管干部+市场化"的用人机制

国有金融企业管理者多具有相应的行政职级,这与中华人民共和国成立初期,国家发动国有资本、集中力量大力恢复经济建设等历史国情有关。然而,随着改革开放的深入推进和社会主义市场经济体制的完善,许多国有金融企业用人机制已不再适应新时代新任务提出的新要求,甚至有些用人机制还成为阻碍企业发展的因素之一。金融业是人力资本密集型的竞争性行业,对高学历、高技术等创新型人才需求较大,但人才的流动性也较大。目前,国有金融企业董事会成员基本由政府任命,企业高管成员通常由政府选派或由其他国企高管人员调任,具有一定的行政职级,而且经营层关键岗位多由董事会成员兼任,市场化选聘程度低,这容易导致经营层过度追求行政职级,市场化商业竞争意识不强;监事会成员无任何市场化选聘,基本由出资人任命。董事会和经营层成员在职和退休时的职级或待遇不匹配,严重影响其积极性,容易导致"短视"或"牟利"等行为的出现。用人机制行政职级化的另一个后果是国企职业经理人制度的缺失,而我国职业经理人市场的不成熟更加剧了这种后果的严重性。用人机制职级化导向往往导致选聘不到金融专业能力强的复合型人才,即使是通过市场机制引入的人才,也往往由于无法适应国有机制或受其决策机制的限制无法发挥应有的作用,出现"引进来,拳脚束"或"引进来,留不住"的尴尬局面。

针对以上情况,相关部门应该着力探索"党管干部＋市场化"的用人机制,在国有金融企业中建立起现代人力资源管理体系。具体来讲,就是要建立与金融资本市场相适应的、市场化的长效激励约束机制,推行职业经理人制度。例如,对国有金融企业的管理人员实行聘任制或市场化招聘制,强化考核管理,严格进行聘期履职考评,使其薪酬分配、职位晋升与业绩挂钩;探索实行高管层和员工持股制度,以激发企业活力,提升企业效率。

(三) 推行"总额预算＋按贡献分配"的薪酬机制

基于上述用人机制,国有金融企业对董事会和经营层的激励机制往往与企业经营效益关联度不高,而是以解决行政级别或待遇为主,以经济激励为辅,且有上限的硬性规定。这极易导致经营管理人员积极性低,企业无活力。2014年8月,《中央管理企业负责人薪酬制度改革方案》出台,明确央企负责人薪酬由基本年薪、绩效年薪、任期激励收入三部分组成,且最高不超央企在职职工平均工资的12倍。随后,各地相继出台地方国有企业负责人的薪酬改革方案,均明确规定其薪酬最高不超国有企业在职职工平均工资的12倍。国有央企和地方企业数量众多,类型差异大,效益各有好坏,员工有多有少,这种直接将负责人薪酬上限定为职工平均工资的12倍的做法,完全背离市场规律,有失公平,无法起到激励作用。2015年8月,《关于深化国有企业改革的指导意见》(以下简称《指导意见》)印发,明确企业拥有法定的内部薪酬分配权,其管理人员薪酬由企业依法依规自主决定。但《指导意见》未明确具体细节问题,容易出现无法落实的尴尬局面。2018年5月,《关于改革国有企业工资决定机制的意见》印发,明确对国有企业实行工资总额预算管理,但诸多细节问题仍待配套政策进一步明确。目前的薪酬机制基本参照"大一统"的各类"指导意见"建立,脱离市场机制和企业实际,对于主业处于充分竞争行业和领域的商业类国有金融企业而言,容易造成董事会和经营层的薪酬与行业对标企业相差过于悬殊,无法体现按贡献分配的原则,严重挫伤其积极性。

我国要解决国有金融企业薪酬制度上存在的问题,就必须建立科学、有效的薪酬管理制度。对此,政府应转变职能,以制定相关法律法规为主,减少对国有金融企业薪酬管理的直接干预。此外,政府还应重视薪酬制度对企业管理的重要作用,根据企业发展及市场变化对国有金融企业相关人员的薪资作出动态调整。例如,探索实行"谈判工资制",对管理骨干、技术骨干等稀缺人才的薪酬按贡献进行分配,使其工资标准与市场工资率逐渐接轨。

(四)推行内外部结合的考核机制

2015年11月,《国务院关于改革和完善国有资产管理体制的若干意见》明确提出,按照国有企业的功能和类别实行分类监管,综合考核资本运营质量、效率和收益,以经济增加值为主,并将转型升级、创新驱动、合规经营、履行社会责任等纳入考核指标体系。2016年8月,国资委印发的《关于完善中央企业功能分类考核的实施方案》仅对央企的考核机制进行了明确。2018年5月,《国务院关于改革国有企业工资决定机制的意见》明确指出,应根据企业功能性质定位、行业特点,科学设置联动指标,合理确定考核目标,突出不同考核重点。然而,国有金融企业与其他类型的国有企业有许多不同之处,它担负着支持实体经济发展、支持产业转型升级、培育新兴产业、维护国家金融系统的稳定、防范系统性金融风险等重任。2018年3月,《国务院机构改革方案》将国资委的国有企业领导干部经济责任审计和国有重点大型企业监事会的职责划入审计署,对经营管理者实行分部门专业考核。同年7月,《中央企业违规经营投资责任追究实施办法(试行)》印发,对经营管理者违规经营的考核涉及的追究范围、标准、责任认定、追究处理、职责和工作程序等进行了明确。但这些文件及政策仍无法明确国有金融企业差异化考核问题,仍然缺乏国家层面针对国有金融企业考核机制的明确要求,以及差异化考核机制的具体管理办法和操作指引,容易导致地方国有金融企业脱离地方实际和企业实际,生搬硬套央企考核机制。

针对考核机制设计的问题,2019年国资委修订印发了《中央企业负责人经营业绩考核办法》,突出以高质量发展的考核为引导,多角度构建年度与任期相结合的高质量发展考核指标体系,强化国际对标行业的应用,深化分类考核和差异化考核,进一步加大正向激励力度。以此为改革方向,地方政府应根据企业实际情况,因地制宜地设计健全、科学的内外部考核机制,在国有资本保值增值的前提下,更着眼于企业的长远发展。

总之,国有金融企业应尽可能地提高其在市场中的占有份额,使自身始终处于一种高占比的地位,积极响应国家提出的一些重大战略方案。特别是在国企混合所有制改革中,国有金融企业应扮演"开路先锋"的角色,勇于创新,发挥稳定市场价格的积极作用;适度放松规制,加快推进开放管理层持股、员工持股通路,降低混合所有制创投公司资本市场退出划转社保基金比例等,以吸引合作伙伴,留住人才。

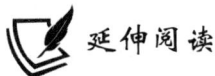

中共中央 国务院关于完善国有金融资本管理的指导意见(选编)

国有金融资本是推进国家现代化、维护国家金融安全的重要保障,是我们党和国家事业发展的重要物质基础和政治基础。国有金融机构是服务实体经济、防控金融风险、深化金融改革的重要支柱,是促进经济和金融良性循环健康发展的重要力量。近年来,我国国有金融资本规模稳步增长,实力日益壮大,管理体制机制不断健全,国有金融机构改革持续推进,运营效益明显提升,为促进社会主义市场经济平稳健康发展作出了重要贡献。但同时,当前国有金融资本管理还存在职责分散、权责不明、授权不清、布局不优以及配置效率有待提高、法治建设不到位等矛盾和问题,我国仍需要进一步完善国有金融资本体制机制,优化管理制度。

一、完善国有金融资本管理体制

国有金融资本是指国家及其授权投资主体直接或间接对金融机构出资所形成的资本和应享有的权益。也就是说,凭借国家权力和信用支持的金融机构所形成的资本和应享有的权益,纳入国有金融资本管理,法律另有规定的除外。

(一)优化国有金融资本配置格局

统筹规划国有金融资本战略布局,适应经济发展需要,有进有退,有所为有所不为,合理调整国有金融资本在银行、保险、证券等行业的比重,提高资本配置效率,实现战略性、安全性、效益性目标的统一。既要减少对国有金融资本的过度占用,又要确保国有金融资本在金融领域保持必要的控制力。对于开发性和政策性金融机构,保持国有独资或全资的性质。对于涉及国家金融安全、外溢性强的金融基础设施类机构,保持国有资本的绝对控制力。对于在行业中具有重要影响的国有金融机构,保持国有金融资本的控制力和主导作用。对于处于竞争领域的其他国有金融机构,积极引入各类资本,国有金融资本可以绝对控股、相对控股或参股。继续按照市场化原则,稳妥推进国有金融机构混合所有制改革。

(二)明确国有金融资本出资人职责

国有金融资本属于国家所有,即全民所有。国务院代表国家行使国有金融资本所有权。国务院和地方政府依照法律法规,分别代表国家履行出资人职责。按照权责匹配、权责对等、权责统一的原则,各级财政部门根据本级政府授权,集中统一履行国有金融资本出资人职责。国务院授权财政部履行国有金融资本出资人职责。地方政府授权地方财政部门履行地方国有金融资本出资人职责。履行出资人职责的各级财政部门对相关金融机构,依法依规享有参与重大决策、选择管理者、享有收益等出资人权利,并应当依照法律法规和企业章程等规定,履职尽责,保障出资人权益。

(三)加强国有金融资本统一管理

完善国有金融资本管理体制,根据统一规制、分级管理的原则,财政部负责制定全国统一的国有金融资本管理规章制度。各级财政部门依法依规履行国有金融资本管理职责,负责组织实施基础管理、经营预算、绩效考核、负责人薪酬管理等工作。严格规范金融综合经营和产融结合,国有金融资本管理应当与实业资本管理相隔离,建立风险防火墙,避免风险相互传递。各级财政部门根据需要,可以分级分类委托其他部门、机构管理国有金融资本。

(四)明晰国有金融机构的权利与责任

充分尊重企业法人财产权利,赋予国有金融机构更大经营自主权和风险责任。国有金融机构应当严格遵守有关法律法规,加强经营管理,提高经济效益,接受政府及其有关部门、机构依法实施的管理和监督。国有金融机构应当依照法律法规以及企业章程等规定,积极支持国家重大战略实施,建立和完善法人治理结构,健全绩效考核、激励约束、风险控制、利润分配和内部监督管理制度,完善重大决策、重要人事任免、重大项目安排和大额度资金运作决策制度。

(五)以管资本为主加强资产管理

履行国有金融资本出资人职责的机构应当准确把握自身职责定位,科学界定出资人管理边界,按照相关法律法规,逐步建立管理权力和责任清单,更好地实现以管资本为主加强国有资产管理的目标。遵循实质重于形式的原则,以公司治理为基础,以产权监管为手段,对国有金融机构股权出资实施资本穿透管理,防止出现内部人控制。按照市场经济理念,积极发挥国有金融资本投资、运营公司作用,着力创新管理方式和手段,不断完善激励约束机制,提高国有金融资本管理的科学性、有效性。

(六)防范国有金融资本流失

强化国有金融资本内外部监督,严格股东资质和资金来源审查,加快形成全面覆盖、制约有力的监督体系。坚持出资人管理和监督的有机统一,强化出资人监督,动态监测国有金融资本运营。加强对国有金融资本重大布局调整、产权流转和境外投资的监督。完善国有金融机构内部监督体系,明确相关部门监督职责,完善监事会监督制度,强化内部流程控制。加强审计、评估等外部监督和社会公众监督,依法依规、及时准确披露国有金融机构经营状况,提升国有金融资本运营透明度。

二、优化国有金融资本管理制度

(一)健全国有金融资本基础管理制度

建立健全全流程、全覆盖的国有金融资本基础管理体系,完善产权登记、产权评估、产权转让等管理制度,做好国有金融资本清产核资、资本金权属界定、统计分析等工作。加强金融企业国有产权流转管理,及时、全面、准确反映国有金融资本产权变动情况。规范金融企业产权进场交易流程,确保转让过程公开、透明。加强国有金融资本评估监管,独立、客观、公正地体现资产价值。整合金融行业投资者保险保障资源,完善国有重点金融机构恢复和处置机制,强化股东、实际控制人及债权人自我救助责任。

(二)落实国有金融资本经营预算管理制度

按照统一政策、分级管理、全面覆盖的原则,加强金融机构国有资本收支管理。规范国家与国有金融机构的分配关系,全面完整反映国有金融资本经营收入,合理确定国有金融机构利润上缴比例,平衡好分红和资本补充。结合国有金融资本布局需要,不断优化国有金融资本经营预算支出结构,建立国有金融机构资本补充和动态调整机制,健全国有金融资本经营收益合理使用的有效机制。国有金融资本经营预算决算依法接受人大及其常委会的审查监督。

(三)严格国有金融资本经营绩效考核制度

通过界定功能、划分类别,分行业明确差异化考核目标,实行分类定责、分类考核,提高考核的科学性、有效性,综合反映国有金融机构资产营运水平和社会贡献,推动金融机构加强经营管理,促进金融机构健康发展,有效服务国家战略。加强绩效考核结果运用,建立考核结果与企业负责人履职尽责情况、员工薪酬水平的奖惩联动机制。

(四)健全国有金融机构薪酬管理制度

对国有金融机构领导人员实行与选任方式相匹配、与企业功能性质相适应、与绩效考核相挂钩的差异化薪酬分配办法。对党中央、国务院,地方党委和政府及相关机构任命的国有金融机构领导人员,建立正向激励机制,合理确定基本年薪、绩效年薪和任期激励收入。对市场化选聘的职业经理人,实行市场化薪酬分配机制。探索建立国有金融机构高管人员责任追究和薪酬追回制度。探索实施国有金融企业员工持股计划。

(五)加强金融机构和金融管理部门财政财务监管

财政部门负责制定金融机构和金融管理部门财务预算制度,并监督执行。进一步完善金融企业财务规则,完善中国人民银行独立财务预算制度和其他金融监管部门财务制度,建立金融控股公司等金融集团和重点金融基础设施财务管理制度。各级财政部门依法对本级国有金融机构进行财务监管,规范企业财务行为,维护国有金融资本权益。继续加强银行、证券、保险、期货、信托等领域保障基金财政财务管理,健全财务风险监测与评价机制,防范和化解财务风险,保护相关各方合法权益。

三、促进国有金融机构持续健康经营

(一)深化公司制股份制改革

加大国有金融机构公司制改革力度,推动具备条件的国有金融机构整体改制上市。推进凭借国家权力和信用支持的金融机构稳步实施公司制改革。根据不同金融机构的功能定位,逐步调整国有股权比例,形成股权结构多元、股东行为规范、内部约束有效、运行高效灵活的经营机制。

(二)健全公司法人治理结构

规范股东(大)会、董事会、监事会与经营管理层关系,健全国有金融机构授权经营体系,出资人依法履行职责。推进董事会建设,完善决策机制,加强董事会在重大决策、选人用人和激励机制等方面的重要职责。按照市场监管与出资人职责相分离的原则,理顺国有金融机构管理体制。建立董事会与管理层制衡机制,规范董事长、总经理(总裁、行长)履职行为,建立健全权责对等、运转协调、有效制衡的国有金融机构决策执行监督机制,充分发挥股东(大)会的权力机构作用、董事会的决策机构作用、监事会的监督机构作用、高级管理层的执行机构作用、党委(党组)的领导作用。

(三)建立国有金融机构领导人员分类分层管理制度

坚持党管干部原则与董事会依法产生、董事会依法选择经营管理者、经营管理者依法行使用人权相结合,不断创新实现形式。上级党组织和履行国有金融资本出资人职责的机构按照管理权限,加强对国有金融机构领导人员的管理,根据不同机构类别和层级,实行不同的选人用人方式。推行职业经理人制度,董事会按市场化方式选聘和管理职业经理人,并建立相应退出机制。

(四)推动国有金融机构回归本源、专注主业

推动国有金融机构牢固树立与实体经济俱荣俱损理念,加强并改进对重点领域和薄弱环节的服务,围绕实体经济需要,开发新产品、开拓新业务。规范金融综合经营,依法合规开展股权投资,严禁国有金融企业凭借资金优势控制非金融企业。发挥好绩效目标的导向作用,引导国有金融机构把握好发展方向、战略定位、经营重点,突出主业、做精专业,提高稳健发展能力、服务能力与核心竞争力。

(五)督促国有金融机构防范风险

强化国有金融机构防范风险的主体责任。推动国有金融机构细化完善内控体系,严守财务会计规则和金融监管要求,强化自身资本管理和偿付能力管理,保证充足的风险吸收能力。督促国有金融机构坚持审慎经营,加强风险源头控制,动态排查信用风险等各类风险隐患,健全风险防范和应急处置机制。规范产融结合,按照金融行业准入条件,严格限制和规范非金融企业投资参股国有金融企业,参股资金必须使用自有资金。各级财政部门、中央和国家机关有关部委以及地方政府不得干预金融监管部门依法监管。

第三章　金融供给

◎ 学习目标

(1) 理解金融供给的含义。

(2) 理解间接融资的含义。

(3) 理解金融去杠杆的含义。

(4) 了解曾创造"中国奇迹"的长期红利。

◎ 能力目标

(1) 掌握我国发展直接融资的必要性。

(2) 掌握科创板的内涵。

(3) 掌握金融供给侧结构性改革的必要性。

商业银行是如何通过存贷款业务创造货币供给的？

作为金融市场主体和主要参与者的商业银行,在央行投放货币和存款准备金制度的基础上,将存款的一部分以贷款的形式贷放出去,而贷放出去的全部或部分资金会再次以存款方式流入商业银行,商业银行仍然可以按比例继续将这种派生存款转化为贷款。这就是商业银行基于存贷款业务,运用乘数效应,最终向市场供应数倍于基础货币的"货币创造"过程。

假设甲公司获得一笔500万元的货币收入,并将其全部存放在商业银行中,那么商业银行的存款负债就增加了500万元。假设法定准备金率是20%,商业银行不持有超额准备金,那就可以将其中的400万元贷放出去。假设这400万元贷给了乙公司,乙公司用这笔钱向丙公司购买设备,那么在丙公司收到这笔钱并存放到商业银行中后,银行系统就又增加了400万元存款。商业银行可以从中再拿出80%,即320万元再次贷出。此过程循环往复,初始的500万元存款最终可以形成2 500万元存款货币。计算公式如下:

$$存款货币(D) = 500 + 500 \times 0.8 + 500 \times 0.8^2 +$$
$$500 \times 0.8^3 + 500 \times 0.8^4 + \cdots$$
$$= 500 \times \frac{1}{1-0.8}$$
$$= 2\,500(万元)$$

在这个过程中,商业银行如果持有一定的超额准备金,假设比率为5%,企业持有10%的现金,那么上述"货币创造"的规模将下降。仍然假设甲公司将500万元资金存入银行,银行拿出125万元作为准备金,其中100万元是法定准备金,25万元是超额准备金,那么银行可以将375万元贷给乙公司,乙公司支付给丙公司后,丙公司将其中的337.5万元存入银行,余下的37.5万元以现金方式持有。银行收到337.5万元存款后,将84.375万元作为准备金,其中67.5万元是法定准备金,16.875万元是超额准备金,并将其余的253.125万元再贷出。此过程循环往复,初始的500万元存款就能形成1 428.5万元存款货币。计算公式如下:

$$D = 500 + 500 \times 0.65 + 500 \times 0.65^2 + 500 \times 0.65^3 + 500 \times 0.65^4 + \cdots$$
$$= 500 \times \frac{1}{1-0.65} = 1\,428.5(万元)$$

上述两个例子表明,商业银行创造存款货币的能力受到如下四个因素的影响。

(1) 原始存款的规模(P)。

(2) 法定准备金率(r)。

(3) 提现率(c)。

(4) 超额准备金率(e)。

存款货币与上述四个变量的关系如下:

$$D = P \times \frac{1}{r+c+e}$$

其中,$\frac{1}{r+c+e}$为存款扩张倍数。

第一节 金融供给概述

一、金融供给的概念

在经济运行中,供给方提供商品和劳务。狭义上的金融供给指金融机构所提供的各类金融产品和服务;广义上的金融供给则既包括金融产品和服务,也包括金融市场供给主体,即商业银行、证券公司、保险公司等各类传统金融机构以及新兴的互联网金融服务机构,如支付宝、微信支付、京东金融等。

(一)金融供给主体

金融供给主体即金融市场的供给方,主要指各种金融机构。

随着互联网和移动互联网的普及,以及大数据、云计算等技术的引入,新兴的金融机构,如蚂蚁金服、京东金融、微众银行等金融科技企业获得了长足的发展,成为金融市场上快速崛起的新势力。

作为供给主体,金融机构是金融市场上最重要的中介机构,是储蓄转化为投资的传递者和导向者。金融机构可以买进最终债权人持有的某些证券,从而提高该种证券的可回收性;金融机构可以实行专业化经营,从而降低证券交易费用,增加证券的净收益;金融机构可以发行和买进期限不等的各种证券,从而使金融工具的期限多样化,以便适应各方面的不同需要;金融机构还可以使所持有的证券多样化,从而分散和减弱风险等。金融机构既可以发行与创造金融工具,也可以在市场上购买各类金融工具,它既是金融市场的中介,也是金融市场的投资者、货币政策的传递者和承受者。

(二)金融产品和服务

1. 金融产品

金融产品是指各种具有经济价值且可以进行公开交易或兑现的资金融通过程中的各种载体,如现金、汇票、股票、期货、债券、保单等。金融产品根据不同的属性可以分为以下几类。

(1)根据经济权益的不同,金融产品可分为基础证券(如股票、债券等)和衍生证券(如期货、期权等)两大类。

(2)根据所有权属性的不同,金融产品可分为产权产品(如股票、期权、认股证等)和债权产品(如国库券、银行信贷产品等)两大类。

(3)根据预期收益的不同,金融产品可分为非固定收益产品(如股票、期权、基金等)和固定收益产品(如各种债券和信贷产品等)。

此外,根据时间长短、风险程度和交易场所等,金融产品还可分为短期产品、长期产品,低风险产品、高风险产品,货币市场产品和资本市场产品等很多类别。

2. 金融服务

从广义上来讲,金融服务是指整个金融业为了促进经济与社会的发展而提供的与金融相关的各种服务。具体来说,金融服务是指金融机构通过开展业务活动为客户提供的包括投资、储蓄、信贷、结算、证券买卖、商业保险和金融信息咨询等多方面的服务。

金融供给主体、金融产品和金融服务构成了金融市场的供给侧,当金融供给与实体经济需求有效对接时,经济资源就会向高效率的行业和部门转移。

二、金融供给方式

(一)间接融资

间接融资指资金盈余方与资金短缺方之间不发生直接关系,而是分别与金融机构发生一笔独立的交易,即资金盈余方通过存款或者购买银行、信托、保险等金融机构发行的有价证券,将其暂时闲置的资金先行提供给这些金融中介机构,然后再由这些金融机构以贷款、贴现或通过购买资金需求方发行的有价证券等形式把资金提供给资金需求方,从而实现资金融通的过程。

1. 间接融资的特征

1) 间接性

在间接融资中,资金需求方和资金盈余方之间不发生直接借贷关系,金融中介在两者之间发挥桥梁作用。也就是说,资金盈余方与资金需求方只与金融中介机构发生融资关系。

2) 集中性

间接融资主要通过金融中介进行。在多数情况下,金融中介并不与某一个资金盈余方或资金需求方一一对应,而是一方面对接资金盈余方群体,另一方面对接资金需求方群体。

3) 保障性

间接融资的中介大多为金融机构,世界各国对于金融机构的管理一般都较严格,金融机构自身的经营也多受到相应稳健性经营管理原则的约束,甚至一些国家还实行了存款保险制度。因此,间接融资的信誉程度相对较高,风险性也相对较小,融资的稳定性较强。

4) 可逆性

间接融资均属于借贷性融资,资金到期后均必须返还,并支付利息。因此,间接融资具有可逆性。

5) 决定性

在间接融资中,资金主要集中于金融机构,资金的使用方式和放贷对象由金融中介决定。

2. 间接融资的优点

1) 普遍性

银行等金融机构网点多,吸收存款的起点低,能够广泛筹集社会各方面闲散资金。因此,间接融资可以积少成多,形成巨额资金。

2) 安全性

因为金融机构的资产、负债是多样化的,融资风险便可由多样化的资产和负债结构分散承担,所以间接融资的安全性较高。

3) 低成本

金融机构的出现是专业化分工协作的结果,它具有了解和掌握借款者有关信息的专长,从而使每个资金盈余者不必自己去搜集资金需求者的有关信息。因此,间接融资降低了整个社会的融资成本。

4) 公开性

间接融资有助于解决信息不对称引起的逆向选择和道德风险问题。

3. 间接融资的缺点

1) 依赖性强

在间接融资中,资金配置严重依赖金融机构。

2) 监管度高

因为金融中介的特殊性,政府对金融机构监管非常严格,这从某种程度上来说不利于新兴融资行业的发展。

(二) 直接融资

直接融资是指没有金融中介介入的融资方式。在这种融资方式下,在一定时期内,资金盈余方通过直接与资金需求方签订协议,或在金融市场上购买资金需求方所发行的有价证券,将货币资金提供给资金需求方。企业利用商业信用筹资、发行股票或债券,以及企业之间、个人之间的直接借贷,均属于直接融资。直接融资是一种资金直供方式,与间接融资相比,这种方式的投资方和融资方都有较多的选择自由,而且对投资者来说收益较高,对筹资者来说成本又比较低。但由于不同筹资人的资信度差别较大,债权人承担的风险程度也不相同,且部分直接融资资金具有不可逆性。

1. 直接融资的特征

1) 直接性

在直接融资中,资金的需求方直接从资金的盈余方获得资金。因此,资金的供给方和盈余方之间是直接的债权债务关系。

2）分散性

直接融资是在企业与企业之间、政府与企业之间、个人与个人之间或者企业与个人之间进行的。因此,融资活动分散于各种场合,具有一定的分散性。

3）风险性

因为直接融资是在企业和企业之间、个人与个人之间或者企业与个人之间进行的,而不同的企业或者个人的信誉有较大的差异,债权人往往难以全面、深入地了解债务人的信誉状况,所以直接融资有时具有较大的风险性。

4）部分不可逆性

在直接融资中,企业通过发行股票所取得的资金是不需要返还的,投资者无权中途要求退回股金,只能到市场上去出售或转让股票。

5）自主性

在直接融资中,在法律允许的范围内,融资者可以自己决定融资的对象和数量。比如,在股票融资中,股票投资者可以随时决定买卖股票的品种和数量。

2. 直接融资的优点

1）效率高

在直接融资中,资金供求双方联系紧密,有利于资金快速合理配置和使用效益的提高。

2）成本低

因为直接融资的资金是直接在资金需求方和供给方之间流转,没有中间环节,所以直接融资的成本较低。

3）收益高

在直接融资中,筹资方的成本较低,而投资方的收益较大。

3. 直接融资的缺点

1）限制多

在直接融资中,资金供求双方在资金数量、期限、利率等方面受到的限制较多。

2）风险高

由于筹资人的资信度差别较大，直接融资的风险也较高。

三、我国金融供给现状

改革开放以来，我国金融业取得了长足的发展，金融产品的种类数量和服务能力大幅提升。但同时，我国的金融供给体系还存在一些结构性缺陷，金融资源配置的质量和效率还不能适应经济高质量发展和现代化经济体系建设的要求。这主要表现为我国的金融供给方式仍以间接融资为主，直接融资发展严重不足，而间接融资机构又以大中型银行为主，这些银行的内部制度政策安排、技术能力、激励约束机制还不够健全，致使金融资源未能有效匹配到实体经济发展的重点领域和薄弱环节中去，从而给整个宏观经济的发展带来了一定的风险。

经统计，2019年我国社会融资规模存量为250.3万亿元（如图3-1所示），同比增长10.7%。其中，对实体经济发放的人民币贷款余额为

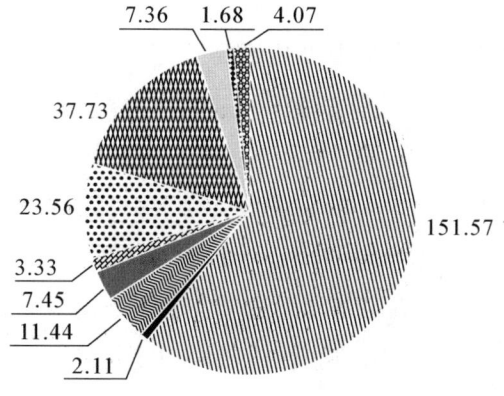

图3-1　2019年我国社会融资规模存量（单位：万亿元）

151.57万亿元,同比增长12.5%;对实体经济发放的外币贷款余额为2.11万亿元,同比下降4.6%;委托贷款余额为11.44万亿元,同比下降7.6%;信托贷款余额为7.45万亿元,同比下降4.4%;未贴现银行承兑汇票余额为3.33万亿元,同比下降12.5%;企业债券余额为23.56万亿元,同比增长13.4%;政府债券余额为37.73万亿元,同比增长14.3%;非金融企业境内股票余额为7.36万亿元,同比增长5%;存款类金融机构资产支持证券金额为1.68万亿元,同比增长31.5%;贷款核销金额为4.07万亿元,同比增长35.1%。

从数据来看,企业债券加非金融企业境内股票的直接融资规模为30.83万亿元,在总量中的占比不到12.5%,而美国的直接融资在社会融资规模中的占比接近90%。这说明我国间接融资比例过高,金融市场还有很大的发展空间。

第二节 金融业供给侧结构性改革

2019年2月22日,中共中央政治局就完善金融服务、防范金融风险举行第十三次集体学习,习近平总书记在主持学习时强调,要正确把握金融本质,平衡好稳增长和防风险的关系,精准有效处置重点领域风险,深化金融改革开放,增强金融服务实体经济的能力,坚决打好防范化解包括金融风险在内的重大风险攻坚战,推动我国金融业健康发展。其中,金融供给侧结构性改革的核心是增强金融服务实体经济的能力。未来,我国将注重构建风险投资、银行信贷、债券市场、股票市场等全方位、多层次的金融支持服务体系,增加中小金融机构的数量和业务比重,改进小微企业金融服务和"三农"金融服务。

一、我国金融供给侧现状

改革开放四十多年以来,尤其是中共十八大以来,我国金融业发展迅速,金融规模已位居世界前列。2018年,我国银行业资产规模全球排

第三章　金融供给

名第一,股票市值和债券余额全球排名第三,保险业保费收入全球排名第二。但我国金融业仍存在发展不平衡、不充分问题。这不仅影响了实体经济融资的可得性,还造成杠杆率高、监管套利丛生、新兴金融无序创新等金融市场乱象,加大了潜在金融风险隐患,从而制约我国经济高质量增长。

(一) 金融业增加值在国内生产总值中的占比相对较高

据国家统计局公布的数据,2018年我国金融业增加值在国内生产总值(GDP)中的占比为7.7%,比2015年的8.4%有所下降,这是金融"去杠杆"和加强金融监管的结果。但跟历史同期相比,这一数据仍然处在一个相对高的水平。2017年美国金融业增加值占GDP的比重为7.5%,并且从近十年的数据来看,这一数值也从未超过8%,甚至在2008年金融危机后几年这一数值徘徊在6%左右。因此,无论从纵向还是横向来看,我国金融业增加值占GDP的比重都较高。

(二) 金融供给过剩

当前,我国经济结构的主要矛盾是传统行业的产能过剩。因此,从供给侧去产能成为我国经济改革的主要线索。有人认为,高杠杆是金融供给过剩和金融风险的主要根源。这种说法虽然有一定的道理,但也不完全准确。正是由于认识上的差异,实体经济部门的改革措施效果不一。迄今为止,我国经济供给侧结构性改革依靠的主要是"行政化去产能"和"环保督查限产"手段。其成效不能说不明显,但从金融供给的角度而言,"去杠杆"和"紧信用"在一段时期内将成为金融供给政策的主线,实体经济所经历的是金融供给的明显收缩。

(三) 金融供给侧的主要矛盾

我国金融供给侧的主要矛盾是供给结构失衡。这主要表现在以下三个方面。

(1) 从实体经济的资本结构来看,其问题是债务资本与权益资本比例的失衡。债务资本过多导致宏观杠杆率上升,债务风险压力加大。从金融供给侧来看,其问题是间接融资与直接融资的失衡。这主要表现为间接融资尤其是银行贷款占据主导地位,而直接融资特别是权益融资占比较低。产生这一问题的原因是金融市场特别是证券市场发育不足。

（2）金融资源向国有大中型企业过度倾斜,而中小企业和民营企业面临融资难的困局,即金融供给同时存在局部过剩和局部短缺的结构性矛盾。

（3）金融供给过于粗放,商业银行片面追求资产规模增长和跨区域扩张,中小银行特别是扎根于社区的普惠金融机构欠缺。

二、现阶段我国金融供给侧的结构性问题

从供给侧来看,现阶段我国金融结构具有系统化、复杂化、动态化以及多条线、多层次、多要素等特征,不同的结构之间互相联系、互相作用、互相影响,共同决定着金融市场的运行效率和服务实体经济的能力。金融结构是衡量金融供给是否满足特定经济发展阶段需要的重要指标,是实施金融供给侧结构性改革的落脚点。

（一）总量结构

金融供给侧的总量结构体现了金融与经济的整体关系,是判定金融总量与经济总量是否匹配、金融发展与经济增长是否协调、金融供给与金融需求是否匹配的重要标准。它可用金融相关率、马歇尔 K 值等指标加以衡量。

在戈德史密斯的金融结构理论中,金融相关率是指金融业增加值在 GDP 中的占比,它是衡量一国经济金融化程度的重要指标。近年来,我国金融业增加值在 GDP 中的占比整体呈现不断上升的趋势,但就金融业对 GDP 的贡献来看,近几年却明显减弱。马歇尔 K 值是指广义货币（M2）与 GDP 的比值,是衡量一国经济货币化程度的重要指标。近年来,我国广义货币供应量与 GDP 的比值和社会融资规模存量与 GDP 的比值整体均呈现不断攀升的趋势。截至 2019 年年末,我国马歇尔 K 值为 2.0,社会融资规模存量及金融机构资产总额与 GDP 的比值分别为 2.5 和 3.2。

金融供给总量不断增长是推动我国经济增长的重要因素之一,但同时,我国金融供给总量存在货币化严重、利用率低下等结构性问题。在全球目前前三大经济体（美国、中国、日本）中,我国经济的货币化程度最高。对比

来看,同期我国马歇尔 K 值大约是美国的 2.5 倍,是日本的 1.1 倍,是全球平均水平的 1.6 倍。M2 与 GDP 的比值过低不利于 GDP 的增长,比值过高则表明单位货币创造 GDP 的能力较弱。同时,从金融相关率来看,我国金融业增加值在 GDP 中的占比尽管在不断上升,但其对经济实体的支持力度仍然不够。2019 年我国金融业增加值在 GDP 中的占比仅为 7.8%,且金融业对 GDP 的贡献除了个别年份出现非常规反弹,整体呈现下降趋势。这表明巨量的金融资源并没有得到有效的应用。

(二)融资结构

金融供给侧的融资结构体现了金融资源供给渠道的丰富程度以及各渠道的贡献大小,具体衡量指标包括间接融资与直接融资的占比、间接融资中小微企业贷款的占比以及直接融资中债券融资与股票融资的占比等。

中国人民银行统计数据显示,截至 2019 年年末,在我国 250.3 万亿元的社会融资规模存量中,间接融资规模存量和直接融资规模存量占比分别为 70% 和 27.3%。在间接融资中,小微企业贷款余额占银行业金融机构贷款的 21.4%,普惠型小微企业贷款余额占银行业金融机构贷款的 6.8%。在直接融资中,债券融资余额占直接融资规模存量的 89.3%。其中,企业债券融资余额和政府债券融资余额分别占债券融资余额的 38.3% 和 61.7%,非金融企业境内股票融资余额占直接融资规模存量的 10.7%。

我国社会融资规模总量较大,融资结构整体上存在间接融资占比过高和直接融资相对不足的问题。相关研究显示,大多数国家直接融资在社会总融资中的占比主要集中在 65%~75%,而美国直接融资占比则超过 80%。对比来看,现阶段我国直接融资占比不到 20%,不仅与发达国家存在较大差距,也低于同样是新兴经济体的俄罗斯、印度等。此外,我国间接融资结构存在小微企业贷款占比明显偏低等问题,与小微企业对税收、GDP 增长、技术创新、就业及企业数量的贡献明显不匹配;直接融资结构存在债权融资占比高、股权融资占比低、企业融资能力弱于政府融资能力等问题,直接融资尤其是股权融资不足将严重制约企业的创新能力。

(三) 市场结构

金融供给侧的市场结构体现了金融资源在不同金融行业之间的分配比例与效率,表现为银行业、证券业、保险业三大金融行业各自所占金融市场份额的等量化指标。

据中国人民银行统计,截至2019年年末,我国金融机构资产总额为318.69万亿元,负债总额为289.43万亿元,所有者权益总额为29.25万亿元。其中,银行业机构资产、负债和所有者权益占比分别为91.0%、91.7%和83.7%;证券业机构资产、负债和所有者权益占比分别为2.6%、2.0%和7.9%;保险业机构资产、负债和所有者权益占比分别为6.5%、6.2%和8.5%。

在三大金融行业中,银行业、证券业、保险业分别主要提供间接融资服务、直接融资服务、保险相关服务。其中,银行业机构的资产、负债和所有者权益均远远超过证券业机构和保险业机构,而证券业机构的占比最低。以间接融资为主的融资模式决定了以银行为主的银行业机构在金融活动中占据绝对的主导地位。与发达国家相比,我国的证券业发展程度、保险深度和保险密度等均存在不足。

(四) 机构结构

金融供给端的机构结构体现了金融市场的层次丰富度,它主要以不同大小、不同定位的金融机构占比为衡量指标。其中,银行业的机构结构最具代表性。

根据中国银保监会的统计数据,截至2019年年末,我国商业银行资产总额为239.49万亿元,负债总额为220.05万亿元。其中,大型商业银行的资产和负债占比分别为48.8%和48.7%;股份制商业银行的资产和负债占比均为21.6%;城市商业银行的资产和负债占比分别为15.6%和15.7%;小型商业银行的资产和负债占比分别为14.1%和14.0%。

现阶段,我国银行业机构结构呈现出大型商业银行、股份制商业银行、城市商业银行、小型商业银行的数量依次增加但资产规模依次减少的特征。其中,大型商业银行和全国经营的股份制银行掌管的资产超过银行业总资产的"半壁江山"。长期以来,在自身定位、业务匹配、风险控制等因素的影响下,大中型商业银行的服务对象以大中型国有企业为主。但国有企业大多属于产业链中上游的资源型、能源型企业,其与中小企业相比往往效率较低、创新意识不足,是供给侧结构性改革中"去产能"的重点领域。这导致大量金融资源沉淀在效率低下的领域而得不到有效利用。为数众多的城市商业银行、农村商业银行等中小型银行通常是服务区域经济发展的区域性银行,以服务区域内的企业尤其是中小企业为主。但近年来,部分中小银行偏离自身定位,不断尝试跨区域经营,效仿大中型银行争相为大企业客户服务,这使得中小企业融资难、融资贵等问题进一步加剧。同时,部分中小银行资产质量较差,近几年频频出现中小银行"爆雷"事件。此外,我国民营银行、外资银行等发展较为滞后,市场竞争能力较弱。

(五)其他结构

金融供给侧结构还包括产品与服务结构、产权结构、区域结构等。现阶段,我国金融供给侧的产品与服务结构存在同质化严重、差异化和个性化不足等问题;产权结构存在不同所有制企业获取金融资源的难易程度不同等问题;区域结构存在东部、中部、西部、东北地区的金融供给与金融市场成熟度依次递减以及城乡金融资源配置失衡等问题。

三、我国金融供给侧结构性改革的主要任务

《中共中央 国务院关于构建更加完善的要素市场化配置体制机制的意见》强调,要推进资本要素市场化配置,增加有效金融服务供给。《中共中央 国务院关于新时代加快完善社会主义市场经济体制的意见》亦提出,要健全支持中小企业发展制度,增加面向中小企业的金融服务供给,支持发展民营银行、社区银行等中小金融机构。总的来看,金融供给侧结构性改革的本质是通过改革实现金融制度的优化和服务效率的提升。

我们要理解金融供给侧结构性改革的内涵,必须先了解金融的本质。有人认为,金融就是资产交易,资产交易可以实现资本回报。这是一种广泛存在的误解,因为资产交易特别是二级市场交易本身并不产生多少经济增加值,反而可能催生资产价格泡沫和金融风险。李克强总理指出,服务实体

经济是金融的天职。也就是说,金融的本质是服务实体经济,金融供给侧结构性改革的关键就是要从供给的角度增强金融服务实体经济能力。这无疑是目前金融供给侧结构性改革的主要任务。

(一)优化融资结构

优化融资结构就是以支持实体经济为目标,优先向中小微企业和民营企业多提供贷款服务,向制造业、实体企业多提供贷款服务,向中西部落后地区及与"三农"(农村、农业、农民)相关的行业、企业、居民多提供贷款服务,从而促进各地区、各群体间的经济收入平衡发展。

(二)优化金融机构结构

优化金融机构结构实质上是政府鼓励并放开银行业的进入门槛,成立更多的中小民营银行和更多的县域农商银行、村镇银行,让这些实力稍弱的地方性银行扎根本地、更好地为当地的企业和居民提供差异化的金融服务,让金融行业中企业的类型更多样化。

(三)优化金融市场结构

目前,我国的金融服务以间接融资为主,即银行贷款和债务性融资,而通过资本市场发行股票获得的投资、股权性融资的比重还太小。因此,政府一直提倡发展多层次的金融市场和区域性的股权交易市场,如科创板等。

(四)优化产品结构

传统的高门槛金融产品不能满足特殊企业和人群的融资需求,因此,金融机构应优化产品结构、丰富金融产品,如发行不动产投资信托基金(real estate investment trusts,REITs)、研发各种以消费信贷为底层资产的资产证券化金融产品等。

四、我国金融供给侧结构性改革的目的

(一)防止出现系统性风险

金融供给侧结构性改革的目的是提升金融配置资源的效率,让金融与实体经济良性互动循环,防止金融系统性风险的发生。解决金融供给过剩与短缺并存的结构性矛盾以及改善中小企业和民营企业的融资环境,是一

项困难的工作。为了加大对小微企业和民营企业的金融扶持,央行通过多次定向降准等措施为小微企业和民营企业纾困解难。这些都可以看作金融供给侧结构性改革的有益尝试。在"竞争中性"原则下,金融供给侧结构性改革需要淡化所有制标签,完善社会信用体系的建设,平衡风险与回报的关系。

(二) 限制金融机构的无序扩张

金融供给侧结构性改革是一个复杂的系统性工程,其中,中小银行的定位非常关键。金融供给侧结构性改革鼓励民营银行和中小银行进一步发展,但改革的重点并非增加中小银行的数量,亦非鼓励中小银行跨区域扩张,而是鼓励中小银行扎根社区、服务社区。一直以来,我国的银行体系都是强调规模增长,地方性的中小银行都存在跨区域异地扩张的动机,从而造成金融供给区域间的不平衡。因此,金融供给侧结构性改革的方向应该是鼓励发展扎根于区域的社区银行,从而推动我国普惠金融服务能力的提升。这就要求地方性银行回归社区本源,服务于该区域的实体经济发展。

(三) 正确引导金融供给侧结构性改革

金融供给侧结构性改革的核心是推动金融供给为实体经济服务。这一改革思路的内涵极为丰富,主要体现在以下三个方面:一是通过发展资本市场调整实体部门的资本结构;二是借助"竞争中性"原则改善小微企业和民营企业的融资环境;三是鼓励社区银行发展,提升普惠金融服务水平。可以预见,金融供给侧改革将有利于提升资本市场的活力,增加实体企业特别是小微企业的融资供给,从而帮助我国经济企稳回升。从长期看,金融供给侧结构性改革将通过"稳杠杆"和"去杠杆",有效地防控系统性金融风险的发生。

延伸阅读

次贷危机对金融市场的影响

2006 年,美国爆发了次贷危机。2007 年 6 月,美国的贝尔斯登公司(Bear Stearns Cos.)由于旗下的两只套期保值基金严重陷入了以住房抵押债务凭证（residential mortgage-backed security，RMBS）为主要成分的债务之中，不得不向这两只基金注资15亿美元以防其丧失流动性。RMBS最先出现在美国的次贷市场，美国次贷危机发生以后，与住房抵押贷款相关的证券价格就一路下滑。开始时，一些级别较低的证券价格迅速下滑，紧接着，3A级别的证券价格也开始向下滑落。与此同时，低级别信贷的爽约率也步步升级，反映了投资者对风险的估计一直不断地上升。危机的加重使得贝尔斯登公司的挽救措施不仅于事无补，连它自己也在10个月之后面临破产，之后它被美国摩根大通银行接管。

更出人意料的挽救行动在这之后接踵而至。为避免房利美（Federal National Mortgage Association，Fannie Mae）和房地美（Federal Home Loan Mortgage Corporation，Freddie Mac）这两家美国最大的住房抵押贷款公司走向坍塌，它们双双被美国政府国有化。但仅仅过了两天，美国的第四大投资银行——雷曼兄弟公司（Lehman Brothers Cos.）又出现了严重的财务问题，不得不寻求美国银行破产法的保护。同时，因担心世界上最大的信贷保险商之一的美国国际集团（American International Group，AIG）进入无序倒闭，美国联邦储备委员会（Federal Reserve Board，FRB）决定以850亿美元的信贷额度来支持这家"疾病缠身"的机构。这还绝对不是最后的救市行动，次贷危机发生以后，金融市场上的坏消息就一直没有间断过。据美国的报刊报道，美国政府考虑建立一个联邦机构去接管丧失了流动性的住房抵押贷款，以防止金融市场上更多的机构走向破产。此外，美国联邦储备银行、欧洲中央银行、英格兰银行和其他一些国家的中央银行都一再向市场增加流动性供给，以确保货币市场不丧失其正常功能。

许多欧洲的银行因大量投资于与次级贷款相关的证券，也在次贷危机爆发后深深地陷入了困境。因此，欧洲的主要中央银行从金融混乱一开始就被卷入了危机处理之中。

一、危机的起源：美国次贷市场

次贷市场本是向那些收入低下、就业状况朝不保夕、几乎没有什么抵押担保资产而无法进入金融信贷主体市场的人士提供信贷的市场,它在美国的住房抵押贷款市场中相当长的时间仅是一个摆设而已。这可以从次级贷款的数量上得到印证:2003年次级贷款的总量只占美国住房抵押贷款市场的5.5%。但在接下来的年份里,次级贷款的占比却以令人意外的速度增长,到2007年年中已增长到14%,在2008年春季又回落为12.5%。

次级信贷之所以疯狂增长,只能有一种解释,那就是未被严格管理的住房抵押信贷机构几乎把所有的审慎信贷规则都抛之脑后了。这些信贷机构往往是大型投资银行的附属机构,或至少与它们关系密切。正是出于这个原因,对上述机构经营行为的批评大多剑指被扭曲了的经管人员的薪酬制度。这些非银行信贷机构的经管人员因从每一份房产信贷合同的签订中取得奖金而获利不菲,但他们却对所签的合同未来是否可以存续毫不关心。这样一种薪酬激励制度导致这些机构的经管人员最大化地追求奖金而置审慎信贷原则于不顾。

除了扭曲的薪酬激励制度,资产担保债券(asset-backed-securities,ABS)和RMBS的广泛运用,也是美国次贷危机的"助推器"。利用RMBS,银行可以把房屋抵押贷款转化为可交易的证券,从而将资产移出资产负债表。一些多层架构组合的证券形式也被创造出来,以更大规模地吸引投资者。这些多层架构组合的证券把各种各样的RMBS混合起来,再适配一些以资产为基础的证券、信贷衍生产品以及其他信贷,以此为主体创造出一个所谓的担保债务凭证(collateralized debt obligations,CDO)。CDO被划小成若干份额,并采用所谓的"瀑布原理"按照各份额具有的不同回报率,将所有份额分划成不同等级来发售。经过对各份额的精心设计,证券化后的次级信贷90%以上都被评定为优等信贷,并被授以3A级别。

于是,一些投资策略本来应严格受制于风险监控的大型投资机构,如养老基金和保险公司也轻易地进入了次级市场开展投资活动,甚至远在德国的、一些本为中小企业融资而建立的大众银行也大举投资于这些高收益证券。这些新型投资工具得以疯狂增长的另一个原因是证券评级机构的推波助澜。这些机构一反传统做法,积极参与,把这些新创造出来的CDO份额中的主体证券特意设置为理想级别。由于投资者信任这些证券评级机构的评估结果,这些被赋予3A级别的CDO份额即使以相对较低的利率出售,也一样很快被销售一空。

为了弄明白这次泛滥成灾的市场行为能够持续如此之久的原因,我们有必要探讨这次危机过程中危机自身所具有的自我强化的自然属性。房价的上涨使得贷款相对于其真实价值的比率长期处于临界水平以下,因而刺激了借贷人的再借贷和个人消费。此外,房屋需求的背后是人口增长(美国的人口每年大约以1%的速度增长)与低收入家庭越来越容易获得房屋抵押贷款。房价的上涨似乎又增加了借贷的可承受性,即使是社会上最贫穷的人群也是如此,这造成房价在一个相当长的时期内每年的增长率都超过了10%。因此,松弛的货币政策和懈怠的监管标准共同导致了典型的房价泡沫。

当房价泡沫破灭之后,许多借贷人的真实金融状况就显露了出来。流动性丧失率的增加、取消抵押品赎回权人数的回升、堆积起来的未出售房屋的数量,以及银行开始转向稍为审慎的信贷政策,使美国的住房抵押贷款市场开始衰退。美国住房市场各个领域的价格骤跌所聚集而成的震撼,使往日所有对证券风险报酬的计算成了"明日黄花"。大多数CDO的价格起先还伴随着一种侥幸假定,认为其主体成分与住房抵押贷款之间仅仅是弱相关。倘若真是这样,所发生的事实应当是取消抵押品赎回权的数量应该适当、流动性的丧失率应该较低才对。但事实上,伴随房价剧烈震荡的是违约数量的急剧上升,是CDO证券中最安全的份额也陷入了亏损的险境,是超级优先交易份额的价格也不断下跌,是投资者的惨重损失。

后来,不只是美国的投资银行,连欧洲的银行也建立了一些金融机构投资于次贷市场。这些被称为"特殊目的载体"(special purpose vehicles, SPV)的金融机构被设计为法理上独立自主,以避免它们与其"父辈银行"沆瀣一气。银行通过将资产向这些机构移动降低其资本金要求,而额外产生的流动性可用来购买附息金融资产。

SPV的再融资是通过发行资产支持商业票据(asset-backed commercial paper, ABCP)来完成的。ABCP之所以能够发行,是由于其"父辈银行"所提供的流动性担保。但该流动性担保的期限在绝大多数情况下都少于1年,因此 SPV 也就难持有可靠的资金。当然,长期证券投资能够以短期的 ABCP 出售,也意味着这类机构进行了值得重视的投资期限转换。若把它们的此项功能与银行系统所进行的投资期限转换功能相比较,差别明显在于中央银行的缺位,因为中央银行从理论上讲至少可以为国内货币提供无限的流动性。

二、住房抵押贷款危机向金融市场的蔓延

对次贷市场的严重错误估计与高风险的金融投资策略,是引起整个金融市场大混乱的祸首。起初,它只影响了住房抵押贷款市场的一些方面,但房价上涨的逆转致使美国住房市场的所有方面都深蒙其害。接着,3A 级别的 RMBS 价格随其评级的下调开始回落,而 RMBS 和 CDO 的级别下调迫使投资者退出了该衍生品市场。

CDO 价格的跌落最初影响的是高杠杆套期保值基金。2007 年 6 月,贝尔斯登公司的两只套期保值基金正是被其主要承销商——投资银行要求追加抵押担保品而变得"喘不过气来"。这些资本不足的套期保值基金为了"苟延残喘",只好被迫廉价出售手中的 CDO 份额,而这进一步加剧了证券价格的恶化。不言而喻,已陷入如此状况的套期保值基金是不可能再获得新进资金了。相反,随着私人投资者赎回其投资,许多小型基金甚至包括一些大型的套期保值基金也只能停售。

紧随其后,被多层架构组合证券的价格恶化所影响的是投资银行。正如美国的银行因实施"按市估价"(market-to-market)的会计方法不得不立即在交易项目中调整全部资产价值一样,金融市场此次的不确定性和衰退让这些投资银行蒙受了大量的账面价值减值及其相应损失,此类损失的相关消息又触发了新一轮的资产甩卖,人们开始怀疑整个银行系统的稳健,而对银行系统资金偿付能力所存在的疑虑很快又转化成流动性挤压。这一现象是在所有从事期限转换业务的金融机构中都能看到的典型现象。

此外,RMBS 和 CDO 级别的降低也增加了 SPV 再融资的难度。后来,ABCP 的价格也被卷入了下滑的漩涡,使得该证券的展期变得越来越困难。尽管投资银行所提供的流动性权限应该保证 SPV 为解决短期 ABCP 形成

的困境有足够的偿付能力，但处于压力之下的银行显然被这项艰巨的任务弄得不堪重负，它们很难赋予SPV足够的流动性。因为市场的不确定和账面资产价值减少的确切情况缺乏透明度，银行越来越不愿意放贷于银行间市场。这场资金危机甚至影响到了那些并未卷入美国次贷市场的金融机构，如英国的北岩银行（Northern Rock Bank）。为了与这种影响背景相对抗，银行唯一的解决手段就是清算它们的SPV并收回它们的贷款。随着这些资产流回资产负债表，各银行不得不维持足额的资本金以满足中央银行的监管要求。相比于外流信贷资金的不断回流，已被"遮掩掉"的银行系统又渐渐地"浮出了水面"。

三、中央银行对货币市场混乱的反应

如前所述，次贷市场上流动性丧失率的上升越来越加深了人们对银行稳健性的怀疑。由于与金融媒介亏损相关的信息有限，人们要估计出相关银行的风险变得相当困难，这导致银行间信贷市场上的信心不断衰减。其后果是扩大了货币市场上所有期限的非抵押担保贷款之间的利率差额，银行开始留持一些以备意外之需的缓冲性流动资产，致使干涸的银行间市场愈加枯萎。

为了确保货币市场的正常功能，欧洲各中央银行采取了一系列措施。由于它们各自具有不同的运行框架，其所采取的措施也就不尽相同。但一般来讲，在解决流动性挤压这一难题时，它们都采用了相似的方法，即通过更为积极的储备金管理力图保持短期货币利率与自己的政策利率基本一致。具体包括以下几点：①针对紧张的货币市场，大量提供保持其运行所需的流动性（当然，假如流动性过多造成其隔夜利率直线滑落至最低再融资利率之下，欧洲中央银行又会择机从市场上回抽基础货币）；②提高资金流动的可得性，即资金向更大范围的金融机构开放；③中央银行接受更宽泛的抵押担保品范围以帮助银行再融资；④增加银行运作的流动性平均期限。

但是，当欧洲各中央银行非常明确地实行上述各项措施时，它们必须把价格稳定这一中期目标所需的货币政策态势和为市场提供流动性这两者清晰地区分开来。这项所谓的"隔离原则"（separation principle）确保中央银行所做的再融资运作不至于被误解为货币政策态势将发生变化的一种信号。

针对为银行提供流动性的运作,对美联储来说,实施之前必须作出一些制度性变革,但欧洲的中央银行却早已握有大量可用于对付欧洲货币市场出现畸变的工具。例如,美联储是首次允许使用具有投资评级的 RMBS 为再融资作抵押担保,而在欧元区内,欧洲货币联盟在成立之初就已经被允许这么做了。英格兰银行原先拒绝提供紧急流动性,但最终在北岩银行发生存款挤兑事件之后,不得不将其政策与中央银行的政策保持一致。但是,英格兰银行在一定程度上被许多银行在暗中"挖了墙脚"——这些银行从欧洲各中央银行借入资金又在外汇市场上将其换成了英镑。

在这次金融危机中,欧元系统成功地避免了市场衰退,没有一家具有清偿能力的银行失去流动性。此外,欧洲各中央银行在稳定市场的同时,并没有忘记它们的主要目标——稳定价格。它们在整个金融危机期间都能够正常开展全部的业务。在美国,美联储通过新创立的定期拍卖工具(term auction facility,TAF)向存款银行发放的追加资金被反向的超前购买抵消了。无疑,此时的美联储和欧洲中央银行的货币政策都没有为存在超额风险的银行提供任何事前或事后的保险,因而没有银行和非银行金融机构因货币政策的扶持而去冒道德风险。

资料来源:汪洋.虚拟经济视角下金融危机研究[D].天津:南开大学,2010.

第三节　加快发展直接融资

我国要化解实体部门资本结构失衡的风险,必须进行深刻的金融体系改革。金融体系改革的方向是提高直接融资在社会融资中的比重,相应降低间接融资的比重,减少实体部门对银行贷款的依赖,进一步培育和发展资本市场。因此,金融机构在金融供给侧结构性改革框架下具有全新的使命。一方面,随着发展模式转变和产业结构升级,传统的银行信贷模式难以适应创新经济的融资需求。另一方面,减少实体部门对银行信贷的依赖,也是宏观"去杠杆""稳杠杆"的需要。也就是说,加快发展资本市场、提升股权融资占比、改善实体部门的资本结构,是金融供给侧结构性改革的题中应有之义。从这个意义上讲,科创板的开通和证券发行注册制改革具有里程碑式的意义,为进一步推进主板和创业板的制度改革提供了有益的借鉴。

一、我国社会融资现状

(一) 我国社会融资的表现形式

1. 金融资源过于集中

2016年年底,我国银行业金融机构资产为232.25万亿元,是当年GDP的3倍,导致我国经济高杠杆虚转。其原因是商业银行的乘数效应致使资产快速膨胀。

2. 向重资产行业倾斜

商业银行极其看重融资主体的资产可抵押性,导致资金向重资产传统行业倾斜,成为产能过剩的推手。

3. 商业银行风险容忍度低

商业银行贷款收益固定,风险偏好较低,常常回避高风险的创新企业,从而阻碍了经济转型。

4. 实体经济现金流压力大

由于商业银行贷款按季计息,实体经济的短期现金流压力较大。这迫使企业行为趋于短期化,削弱研发等长期投入,因为企业研发投入非常依赖本身的现金流和外部融资。

(二) 直接融资的优点

直接融资主要依托完善的金融市场来完成。相较于间接融资,直接融资具有以下三方面的优点。

1. 降低成本

企业通过直接融资获取资金时都会主动提供项目信息,致使公司信息透明度提高,这可以降低投资人或金融机构对其进行调查的成本。

2. 分散风险

直接融资一般采用一对多的方式,即一笔融资款项对应多个投资人,这能够帮助投资者和第三方机构分散金融风险。

3. 筛选机制

由于直接融资可以提高公司信息的透明度,而根据市场调节规律,资金将会自动涌入风险小且回报率高的优质公司中,这可以更好地帮助市场筛选出优质企业并帮助其成长。

(三)发展直接融资的意义

1. 拓宽融资渠道

发展直接融资能够帮助现有的优质企业(包括大型企业)获得更多的融资渠道,而当直接融资能够帮助这些企业获得足够资金时,其间接融资需求就会降低。这将导致商业银行等金融机构失去部分既有客户,从而将其目标群体下移至中小微企业,使得更多的中小微企业能够通过间接融资渠道获得资金。

2. 促进良性竞争

直接融资在帮助优质企业获取资金的同时,也能够对其他企业产生激励作用,使其他企业完善内部目标规划,帮助企业有序健康向上发展。这种优胜劣汰的市场氛围能够帮助潜在优质企业脱颖而出,并加强金融机构对中小企业的融资信心。

3. 实现金融普惠

在优质企业不断向上发展获得更多直接融资渠道的同时,一些潜在的优质企业也将通过间接融资渠道获得之前得不到的资金。这就是发展直接融资带来的间接普惠效应。

(四)制约我国直接融资发展的因素

1. 资本市场发展不健全

在科创板推出之前,主板市场、创业板市场、中小企业板市场以及场外市场共同构成我国资本市场的结构体系。但这四个层次的市场发展并不均衡,无论从上市公司数量还是股票市值来看,主板市场都占据着主要地位。

创业板市场起步较晚,代办股权转让系统的功能不健全、服务范围较小,而且机构投资者是创业板参与者的主力军,这使得该市场交易不活跃、流动性不足。作为高新技术公司的"孵化器","三板市场"在培育优质上市企业的制度和渠道上存在缺陷,即"三板市场"中的企业想要在创业板上市的话,必须先从"三板市场"上退市,然后才能进入创业板,重新申请 IPO。此外,目前我国对创业板市场中的企业如何进入主板市场并没有完善的制度法规。从总体层面来看,我国各个层次的资本市场是相互分割的,彼此之间缺乏有效的联系,而且相关的制度法规上也存在着漏洞和不足,从而影响直接融资比例的提高,使得资本市场的作用不能充分发挥。

2. 股票发行的审批制度存在不足

目前,我国股票市场的发行制度为核准制。核准制是指股票发行者必须依法准确、全面、充分地披露与投资决策相关的重要信息,还必须满足证券市场相关法律法规的要求,在证券监管机构核准审批过后,股票发行者才能发行股票。核准制的审批过程较长,程序繁杂,行政干预时有发生,从而降低了市场运行的效率。此外,金融市场瞬息万变,在企业等待核准的过程中,市场的波动很有可能影响企业对投资项目的预期,从而影响企业进行股权融资的意愿,并间接阻碍了直接融资比例的提高。

3. 债券市场发展缓慢

目前,我国债券市场缺乏统一的监管体系,不同种类的债券有着不同类型的监管机构、发行审批制度和交易场所,而且不同监管机构的审批标准也有所不同,从而延缓了债券市场的发展进程。此外,各交易场所之间缺乏有效的联系,使得整体的债券市场发展缓慢。银行间市场、交易所市场和银行柜台市场之间相互分割,并没有建立长效的连通机制,导致债券交易成本高、流动性较低,抑制了企业的债券融资活动。

二、发展直接融资的路径选择

(一)建立完善的多层次资本市场

本书认为,我国应建立相关的制度和法律体系,完善和健全主板市场、创业板市场、中小企业板市场以及场外市场,尤其是完善"新三板"市场,并且在适当的时间推出国际板市场,同时加强各板块之间的联系,完善转板机制,建立"三板市场—创业板市场—主板市场"的转换体系。企业经过"三板市场"的"孵化"和创业板市场的"培育",在满足各项法律规定的前提下,可以申请进入主板市场。如果企业的经营业绩下降,不能满足所在板块的要求,可以退回下一层级的市场。如此一来,这三个板块市场之间的企业质量就会逐级提升。在这样一个灵活的"转板机制"下,上市公司可进可退,这样市场就可以充分发挥资源配置、优胜劣汰的职能,从而提高直接融资的比例,保证资本市场的健康运行。

(二)降低股权融资成本

(1)降低企业的发行成本,简化企业股票发行上市的审批程序,减少不必要的核准环节,真正实现证券投资机构和中介机构在股票发行过程中的定价作用,充分发挥金融市场的价值发现职能,逐步推进股票发行的注册制改革。

(2)提高审批流程的透明度,防范权力的滥用,做到公平公正公开。

(3)降低股票的交易成本。各个证券公司应进行重新整合升级,朝着全能化、大型化发展,合理利用规模优势降低股票的交易费用,增强股票的流通性,提高市场参与者的积极性。

(三)加快债券市场发展的进程

(1)建立一个相互连通的债券市场交易体系,将银行间市场、交易所市场和银行柜台市场之间的壁垒打通,使债券可以在各个市场之间自由买卖,从而提高债券的流动性,节约债券的流通成本。

(2)提高债券品种的多样化程度,扩大企业发行中长期债券的规模,维持各债券的发展均衡,并且开发出具有针对性的企业债券。

(3)建立完善的债券市场监管体系,对可转债、上市公司债和企业债进行统一监管,同时制定健全的债券发行信息披露制度和公司信用评级制度。

(四)对民间金融进行正确引导

(1)进一步健全我国关于民间金融的法律条例,正确引导民间金融的发展方向,推动我国经济的发展。

(2) 将民间金融组织规范化,根据法律法规进行注册登记,提高对民间金融的监管效率。

(3) 对民间金融中高风险的经营业务制定合理的限制性条款,并且对这些业务进行审慎监管,以维持金融市场秩序的稳定。

(4) 对民间金融的风险进行严格的监控和管理,即政府部门要坚决履行监管职责,防止系统性风险的发生。

三、科创板的设立和发展

(一) 科创板的设立

2019年1月,中国证券监督管理委员会(以下简称证监会)发布《关于在上海证券交易所设立科创板并试点注册制的实施意见》,明确提出要在上海证券交易所为面向世界科技前沿、面向经济主战场、面向国家重大需求的科技创新企业设立一个专业化资本市场板块——科创板。科创板主要面向符合特定条件的科技创新企业,帮助它们获得权益融资,扩大企业经营规模,提升创新能力,从而为经济高质量发展提供源源不断的新动能。科创板的设立有利于培育具有世界影响力的科技创新龙头企业,有利于促进国家创新驱动战略落地生根,有利于促进我国综合国力的提升。

(二) 科创板的发展现状

1. 科创板的发展

科创板推出后迅速完成了制度规则制定、系统技术准备、发行上市审核、系统运行等流程。2019年7月22日,科创板正式开市,截至2021年7月16日,科创板上市企业达到311家,市值超过46 000亿元。

2. 科创板的创新

科创板在发行、交易、信息披露、退市等各个环节都进行了制度创新,以筛选出真正有发展潜力的优质高科技企业。之前,腾讯、阿里巴巴等发展势头良好的企业由于一些限制不能在我国主板市场和中小板市场上市,而科创板的推出解决了这一问题,为资本市场服务科技企业发展提供了制度保障。

3. 科创板的"菜单"

科创板申报企业集中在新一代信息技术、高端装备、新材料、节能环保、生物医药等领域。这些申报企业的研发费用占比普遍较高,且研发人员占比也较高。申报企业行业分布情况与我国创新驱动战略相吻合,符合科创板的市场定位。科创板对上市公司的上市标准设置较为宽松,为科技企业发展提供了更多的融资渠道,初步体现了我国资本市场制度的包容性与适应性。

4. 科创板的特点

科创板实施注册制,加快了企业首次公开募股的进程。科创板上市企业从发行申请受理到挂牌上市交易平均用时约为4个月,而此前企业在主板排队上市时间经常超过10个月,有的甚至长达1.76年。科创板注册制的制度突破,影响更为深远,创出许多纪录,亏损公司、同股不同权公司、红筹公司这些以前无法上市的公司,都可以在科创板上市,这使得科创板成为科创企业首选的上市地。

5. 科创板的理念

科创板规定,企业股票上市前5个交易日不设涨跌幅限制,之后涨跌幅限制为20%。这充分体现了监管部门尊重投资者的自主决策、尊重市场化的理念。

科创板虽然才"1岁多",但它却迈开了坚实有力的第一步。从1990年12月19日上交所开市到1999年年底,沪深股市用了9年时间才突破2万亿元总市值,1999年年底A股市场总市值为2.37万亿元。科创板只用了1年时间就跨越了沪深股市9年的发展历程,截至2020年7月,科创板上市公司数量已经达到130家,总市值超过2.4万亿元。最重要的是,这一年科创板融资2 000亿元,极大地支持了科创企业的发展。这种示范引领作用使得整个社会对科技创新的预期更加强烈。

(三)科创板设立的积极作用

科创板可以实现提升企业创新活力和完善多层次资本市场体系的双赢,进而助推国家创新驱动发展战略。

1. 拓宽高科技企业的融资渠道

科创板上市公司主要分布在战略性新兴产业。这些企业大多拥有关键核心技术,但其规模较小、融资渠道不稳定。科创板推出后,其与主板、中小板、创业板等板块形成错位互补的局面,通过市场化手段让创新实力雄厚的企业更容易从公开市场中获得投资者的资金支持。高科技企业通过登陆科创板融资,打通了科技、资本和实体经济的循环通道,从而引领我国经济发展向创新驱动转型。

2. 引导上市公司持续加大研发投入

资本市场具有定价功能,投资者根据企业披露的信息判断上市公司的研发投入、产出和市场前景,进而给出企业的合理定价。初期研发投入大、连续亏损的企业在上市后,企业估值很可能会超过其研发支出总和。资本市场的定价功能可以引导上市公司通过开发核心技术不断增加研发投入和研发产出,实现自主创新,助推拥有高科技的企业快速发展,进而提高企业的科技竞争力。在第一批科创板上市公司中,有多家企业的研发投入占比在 10% 以上,且研发投入增长率都较高。通过加大研发投入,科创板上市公司可以为国家创新驱动发展战略注入新动能。

3. 提升上市公司治理水平

治理风险是企业经营过程中的主要风险之一。企业在科创板上市以后成为公众公司,必须严格遵守上市规则及法律、财务等各项制度,防范治理风险。科创板退市制度的改革倒逼上市公司不断提升治理水平。随着科创板上市企业经营规模不断扩大,企业创始人或者管理层必须更加注重制度建设和治理体系完善,通过提升公司治理水平保障公司的健康、稳定发展,避免出现各种治理风险,引导企业集中精力、专注研发,积极参与全球科技竞争。

4. 完善高科技企业资本支持体系

科创板的设立完善了高科技企业的资本支持体系流程。天使投资公司和风险投资公司可以更多地投资于周期较长的高科技企业,并在企业科创板上市后实现资本退出。科创板的设立也有利于缓解风险投资行业的"短小弱滞"和政府引导基金落地难的问题,即通过完善高科技企业各阶段的资本支持体系促进科技与资本全流程的有机融合,激发各类创新主体的活力。

5. 激励科研骨干,实现资源整合

技术人才是科技创新最重要的资源。科创板企业大多创立时间不久,研发和设备投入普遍偏高,营业收入难以满足技术人才的高额薪酬。但科创板上市公司普遍具有良好的发展潜力,股价上升空间大,实施股权激励可以稳定研发团队,引导技术人员将个人短期利益和公司长远利益相结合,促使企业和技术人员提高研发质量。企业在科创板上市以后,可以通过资本市场来收购产业链上的相关企业,整合国内外优质资源,投入更多资金开发更多高科技产品,进而占据价值链高端地位,营造持久领先优势。

四、提升科创板对国家创新驱动发展战略的推动力

为进一步提升科创板对国家创新驱动发展战略的推动力,我国须进一步完善科创板监管制度体系。

(一) 完善信息披露制度,确保信息全面、真实、准确

资本市场的本质是基于信息的市场。科创板实施的注册制强调以信息披露为核心,由于科创板允许尚未盈利企业上市,这些企业研发投入高、不确定性大、经营风险高,使投资者面临较大不确定性,因此,信息披露对保障科创板正常运转更为重要。企业应披露全面、真实的信息,让投资者更好地判断企业持续运营能力和发展前景,从而提高投资者的参与积极性。此外,相关部门应严查误导性信息披露情况,加大惩处力度,防止控股股东侵害中小投资者利益。

(二) 规范上市审核配套制度,提高审核透明度和审核效率

科创板拟上市公司的资料都通过线上进行提交,这为压缩寻租空间、提高审核效率提供了条件,但还存在审核标准不一致等问题。因此,相关部门应进一步细化审核事项及其标准,优化审核流程,提高审核效率,通过公开保障公平公正,进一步缩短企业上市时间。

(三)坚定市场化改革方向,营造良好创新生态

资本市场的风险共担、收益共享机制在支持科技创新方面具有天然优势。监管部门应更加重视发挥市场机制的作用,在出台再融资、退市、分拆上市等制度规则时应尽量减少行政干预,鼓励企业通过长期投资研发做精、做专所属领域,助推经济高质量发展。

(四)坚守培育关键核心技术的定位,通过创新驱动转型引领经济发展

相关部门应引导上市公司专注于科创初心,培育出能够参与全球竞争的单项冠军企业和科技龙头企业。科创板通过促进科技与资本深度有机融合,引领经济发展向创新驱动转型,推动科技创新、金融体系、人力资源协同发展,促进高新技术产业和战略性新兴产业发展,有力推动国家创新驱动发展战略的实施。

第四章　金融市场约束

◎ 学习目标

（1）掌握金融市场约束的含义。

（2）了解"经济人"的概念。

（3）熟悉信息披露的意义、作用和途径。

◎ 能力目标

（1）了解市场约束运行机制。

（2）充分理解《巴塞尔协议》的内容和要求。

安 然 事 件

美国安然公司曾经是叱咤风云的"能源帝国"，2000 年总收入高达 1 000 亿美元，名列《财富》杂志"美国 500 强"中的第七。2001 年 10 月 16 日，安然公司公布该年度第三季度的财务报告，宣布公司亏损达 6.18 亿美元。这引起了投资者、媒体和管理层的广泛关注。2001 年 12 月 2 日，安然公司正式向破产法院申请破产保护，破产清单所列资产达 498 亿美元，成为当时美国历史上最大的破产企业。2002 年 1 月 15 日，纽约证券交易所正式宣布，将安然公司股票从道琼斯工业平均指数成分股中除名，并停止安然公司股票的相关交易。至此，短短两个月，能源巨擘轰然倒地，实在令人难以置信。

安然公司成立于 1985 年，由当时的休斯敦天然气公司和北联公司合并而成，主要经营北美的天然气与石油输送管道业务。20 世纪 80 年代后期，美国政府开始放松对能源市场的管制，导致能源特别是天然气与石油价格的波动加大。安然公司抓住时机,利用市场上随之出现的希望规避与控制能源价格波动风险的需求,创造性地将金融市场中的期货、期权等概念移植到能源交易中,从提供能源产品的期货、期权等新型交易入手,广泛开拓其他大宗商品(如天气预报、通信带宽等)的衍生交易市场,扩大经营范围。同时,安然公司依靠其所研制的能源衍生证券定价与风险管理系统,加上财力上的优势,占据了新型能源交易市场的垄断地位,成为一个以交易能源衍生产品为主的新型交易公司。

安然公司问题的暴露,是从一些以准确了解企业经营状况而不是靠股票交易本身获得收入的机构投资公司、基金管理公司证券分析人员和媒体对安然公司的利润产生怀疑开始的。2001年3月5日,《财富》杂志发表题为《安然股价是否高估》的文章,对安然公司财务提出疑问,随后证券分析人员和媒体不断披露安然公司关联交易与财务方面的种种不正常做法,认为这些关联交易对安然公司的负债和股价会产生潜在的致命风险。2001年8月,美国证券交易委员会开始调查该公司的财务问题。2001年10月,安然公司的股价下跌至每股20美元左右。在各种压力下,安然公司不得不决定重审过去的财务,于2001年11月8日宣布在1997年至2000年间共虚报利润近6亿美元,并有巨额负债未列入资产负债表。11月28日,在安然公司有6亿美元的债务到期的情况下,原准备并购安然公司的昔日竞争对手德能公司宣布无法按照并购条件向安然公司提供20亿美元现金,造成市场对安然公司的信心陡降。同时,标准普尔公司和穆迪公司将安然公司的债信评级连降6级。安然公司的股价随之大幅下跌,跌至每股0.2美元的最低点。股价的严重下跌又引发了由关联交易形成的高达34亿美元的债务清偿压力。由于严重资不抵债,安然公司于2001年12月2日正式申请破产保护。

安然公司破产的原因主要有以下三点。一是董事会缺乏独立性,独立董事不独立。美国的公司治理模式秉承的是"股东大会—董事会—经理层"这一基本模式,实行单一董事制,把执行经营职能的董事会和执行监督职能的董事组合在一个董事会中,不设监事会。此外,为了防止股东大会成为

"鼓掌大会",美国十分注重独立董事制度,并要求独立董事主导提名委员会、审计委员会和薪酬委员会的工作。但在"安然事件"中,独立董事却形同虚设。安然公司17名董事会的成员中,有15名为独立董事,并且都是社会各界的知名人物,这些德高望重的人,要么正与安然公司进行交易,要么供职于安然公司支持的非营利性机构,他们对安然公司的种种劣迹熟视无睹,根本没有为安然公司的股东把好监督关。二是公司高管徇私舞弊。在美国,有很多公司实行期权激励制度。股票期权是指企业经营者拥有用一定价格在一定时期内购买一定数量的股票的权利,它将经营者的利益和企业的利益密切结合起来,将经营者的收益和经营者的业绩挂钩,充分体现了人力资本的作用。但是期权制的实施有时也会产生巨大的负面效应。例如,在控制权机制失灵的情况下,期权制运行会出现管理层的薪酬过高,期股、股权被滥用,缺乏透明度和有效的监管等严重弊端。"安然事件"之后,无数员工倾其毕生积蓄购买的股票成了废纸,而企业高层却早已敛足财富。安然公司申请破产之前,对公司经营状况一清二楚的总裁和一些大股东迅速抛售手中的股票,共获利8亿美元。公司高层拥有足够的动机通过做假账粉饰公司业绩,抬高股票价格,使得自己手中的股票期权可以在高价位出手,从中牟取巨额利润。三是会计师事务所的监督不独立。美国的公司大部分都建立了内外审计体系。公司董事会一般都设有审计委员会,成员主要由独立董事组成。但"安然事件"反映出,美国的公司审计委员会成员大多由退休管理人员担任,一般都与管理层有良好的关系,独立性差。美国的外部审计机构的独立性也存在问题。安达信公司除了单纯的审计,还为安然公司提供咨询服务。这种咨询与审计业务没有完全分开、关系过于亲密、缺乏独立性的机构,难免会与客户相互勾结。在收取巨额咨询服务费的情况下,外部审计机构很难如实发表审计意见,披露被审计公司财务报表的不准确性或存在的误导因素。

资料来源:刘常荣.安然破产事件与安达信危机的启示[J].中国电力企业管理,2002(08):62-63.

第一节 市场约束概述

一、市场约束的含义

市场约束也称"市场纪律",是指银行的债权人或所有者借助于银行的信息披露和有关社会中介机构,如律师事务所、会计师事务所、审计师事务所和信用评估机构等的帮助,通过自觉提供监督和实施对银行活动的约束,把管理落后或不稳健的银行逐出市场等手段来迫使银行安全稳健经营的过程。

以银行为例,某家银行如果从事的高风险业务太多,其在同业市场上进行短期融资时就会丧失别家银行的信任,加剧其自身的资金流动性困难;当银行进行某项经营活动或风险投资后,股东们如果认为这种行为带来的变化会削弱银行的安全性并降低银行的盈利性,那么他们就会向银行管理层施加压力,迫使其改善经营状况。

人力资源是企业的根本,如果银行拥有良好的经营环境,能够为员工提供丰厚的报酬、广阔的发展空间和稳定的职业前景,那么不仅银行现有的员工会具有较高的忠诚度和低流失率,而且银行还能吸引潜在的高素质人力资源,这些优秀的人力资本又会促进银行管理水平和盈利水平的不断提高,从而形成良性循环。

二、市场约束的形式

(一)价格约束

价格约束是指市场通过改变金融机构的成本与收益,促使其改善经营的一种约束形式。比如,某家银行的经营状况稳健,存款人和投资者等市场参与者就会向银行要求较低的风险补偿,这家银行的融资成本就低,就能吸收到更多的资金。

(二) 竞争约束

竞争约束是指市场通过金融机构间的相互竞争而改善其经营的一种约束形式。例如,虽然现在的银行都试图打造专属特色,但各家银行的产品和服务本质上都具有较高的替代性,为了争取更多更优质的客户资源,各家银行需要不断地提高服务质量和安全性。因此,经过不断竞争后的市场,最终将只会留下实力雄厚、信誉高和服务好的银行。

三、市场约束的意义

市场约束对金融机构监督的压力远比监管当局的调控要严厉。市场约束具有迫使金融机构有效而合理地分配资金和控制风险的作用,可以促使金融机构保持充足的资本水平,创建安全和理想的银行业环境。同时,富有成效的约束机制也是配合监管当局强化监督工作、弥补"监管真空""监管失灵"的有效工具。

在市场约束条件下,经营状况良好、信用水平高的金融机构比较容易获得和拥有广泛的客户,其融资成本也低;相反,资产状况差、信用水平低的金融机构则难以保持其原有的市场份额,容易出现融资困难甚至难以生存的压力,直至在资不抵债的情况下退出市场。

四、市场约束的积极作用

(一) 降低风险

在市场化的环境下,市场约束的运作机制主要是依靠利益相关者的利益驱动,即包括存款人、债权人、银行股东等在内的金融机构利益相关者出于对自身利益的关注,会在不同程度上关注与其利益相关的金融机构的经营情况,并根据自身掌握的信息在必要的时候通过采取相应的举措对金融机构的运作产生一定的影响,从而降低金融机构的运营风险。

(二) 提高效率

研究表明,价格约束、个人购买金融产品的数量约束和信息披露等能够发挥积极的市场约束效应,并通过对金融机构施加压力——在改进和退出中二选一,迫使金融机构提高效率。

（三）便于监管

作为监管主体的政府,相对于市场而言,其获取信息和实施监管具有明显的滞后性,而市场可以及时反映出金融机构的经营风险,并及时地发出警示信号。因此,监管机构可以利用市场提供的高质量信息及时、准确地发现金融机构风险状况,并采取有效的监管措施。

第二节　市场约束运行机制

一、银行业市场约束机制的演进

银行业的市场约束机制可以追溯到1716—1844年的苏格兰自由银行时代。直到20世纪30年代,银行业都一直强调自律而不是行政监管。

20世纪30年代,全球经济大萧条,官方监管逐渐成为金融机构特别是银行业的主要监管力量。

20世纪80年代,由于通货膨胀泛滥、全球经济数次衰退以及固定汇率制度的崩溃等,单纯的官方强制干预已经不能适应当时的经济环境,甚至带来反效果——限制和束缚了银行业的发展。

1988年《关于统一国际银行的资本衡量和资本标准的报告》(以下简称《巴塞尔协议Ⅰ》)出台,市场约束机制开始回归。但这不是银行自由时代的简单重演,而是人们通过在实际监管工作中的不断摸索与总结,逐渐认识到银行监管本质后的一种新尝试和实践。

二、市场约束机制的运行原理

从监管操作角度看,市场约束的具体表现形式之一就是强化信息的披露。在市场化的环境下,市场约束机制的运作主要是依靠利益相关者的利益驱动,即包括存款人、债权人、银行股东等在内的银行利益相关者出于对自身利益的关注,会在不同程度上关注与其利益相关银行的经营情况,并根据自身掌握的信息和对于这些信息的判断,在必要的时候采取一定的举措,从而对银行在金融市场上的运作产生一定的影响。例如,市场的利益相关者如果判断一家银行的经营风险相对较高,存款人和债券持有人就会相应地要求更高的利息,风险较高银行的交易对手也会要求较高的风险价差和额外的抵押物等,这必然会影响到该银行的经营成本和市场竞争能力。与此形成对照的是,被市场的利益相关者认定为风险相对较低的银行,则会获得较为宽松的经营条件。

三、市场约束机制发挥作用的前提条件

(一) 发达的金融市场

市场约束机制充分发挥作用首要条件是需要一个健全的金融市场体系,即金融市场体系完整、统一、开放,各子市场(如资本市场、货币市场等)发展均衡,不存在市场分割(如地区封锁、部门封锁等),并且资金能够自由地流动,价格、利率等能够对资金供求状况的变化作出灵活的反应。

(二) 充分有效的信息披露机制

市场参与者需要通过及时和可靠的信息判断金融机构的良莠,从而为他们实施市场约束提供决策依据。市场参与者得到的信息越多,市场力量就越能约束金融机构,防止它们承担过度的风险。金融机构实际财务情况的不透明会限制市场正确评估这些信息,扭曲真相的信息会误导公众甚至使监管者犯错误。因此,市场约束力度大的国家其信息披露工作都是比较到位的。

(三) 完善的法律体系

法制与竞争是市场经济的两个主要特征。法制建设是一项保障市场约束发生作用的基础性工作,法律规范是市场约束的基础。健全的市场应当有法可依、有章可循,只有在法制健全、执法严谨的前提下,市场才能更好地遵循客观经济规律,充分发挥资源配置的基础性作用。

(四) 具有较强金融风险意识的市场参与者

市场参与者的金融风险意识与市场约束是否发生作用密切相关,即人

们只有意识到金融活动面临剧烈的风险,才会产生对自己利益相关的金融机构进行市场约束的动力。因此,政府应采取多种手段培养市场参与者的金融风险意识。

(五)良好的公司治理机制

市场约束机制的正常运行需要配套的监管检查与信息披露制度,而这两项制度都与公司治理机制密切相关,包括金融机构在内的参与金融市场的企业都应有市场化的公司治理结构。满足市场要求的公司治理机制是指在符合法律与契约的规范中建立可促成公司价值最大化的机制,而且公司的决策机构——董事会必须平衡股东以及各种利害关系人的权益,以创造公司的长期利益。也就是说,良好的公司治理能灵敏地应对市场反应并采取相应的措施。

四、《巴塞尔协议》

(一)《巴塞尔协议》概述

20世纪70年代全球出现了通货膨胀,各国纷纷采取浮动利率导致利率剧烈波动。国际大型商业银行的业务呈现出全球化、金融操作工具创新和投机三个特点。1974年,德国赫斯塔特银行和美国富兰克林国民银行两家大型国际商业银行相继倒闭,使许多客户蒙受巨大损失。为应对经济全球化而出现的新的金融危机,巴塞尔委员会在国际清算银行所在地——瑞士巴塞尔成立,其成员包括美国、英国、德国、法国、日本、荷兰、意大利、比利时、瑞士、瑞典十国集团中央银行和银行监管部门的代表,它是国际清算银行的四个常务委员会之一。《巴塞尔协议》是巴塞尔委员会制定的在全球范围内适用的银行资本和风险监管标准及若干重要协议的统称。

(二)《巴塞尔协议》发展历程

巴塞尔委员会制定的银行资本和风险监管协议至今已经有三个版本,从三个版本的演进中,我们可以清晰地看出国际银行业风险管理的新进展。

1.《巴塞尔协议Ⅰ》

1988年,巴塞尔委员会通过了第一个具有实质性约束力的《巴塞尔协议》,文件名为《统一资本衡量和资本标准的国际协议》,俗称《巴塞尔协议Ⅰ》。其目的是通过规定银行资本充足率,减少各国规定的资本数量差异,加强对银行资本及风险资产的监管,消除银行间的不公平竞争。《巴塞尔协议Ⅰ》的基本内容涉及以下四个方面。

1) 资本的组成

巴塞尔委员会认为,银行资本分为两级:第一级是核心资本,即银行资本中至少有50%是实收资本及从税后利润保留中提取的公开储备;第二级是附属资本,其最高额可等同于核心资本额。附属资本由未公开的储备、重估储备、普通准备金(普通呆账准备金)、带有债务性质的资本工具、长期次级债务和资本扣除部分组成。

2) 风险加权制

《巴塞尔协议Ⅰ》确定了风险加权制,即根据不同资产的风险程度确定相应的风险权重,计算加权风险资产总额。其一是确定资产负债表内的资产风险权数,即将不同资产的风险权数确定为五个档次,分别为0、10、20、50、100;其二是确定表外项目的风险权数,即先确定1、20、50、100四个档次的信用转换系数,然后将其再与资产负债表内与该项业务对应项目的风险权数相乘,最后得出表外项目的风险权数。

3) 资本充足率

资本充足率是指资本总额与加权风险资产总额的比例。资本充足率可以反映商业银行在存款人和债权人的资产遭到损失之前,该银行能以自有资本承担损失的程度。各国金融管理当局一般都会对商业银行的资本充足率进行管制,目的是监测银行抵御风险的能力。《巴塞尔协议Ⅰ》规定,资本充足率以总资本对风险加权资产的比率来衡量,其目标标准比率为8%。

4) 过渡期和实施安排

《巴塞尔协议Ⅰ》规定的过渡期为从协议发布之日起至1992年年底。实施安排是所有从事大额跨境业务的银行资本充足率要达到8%的要求。

《巴塞尔协议Ⅰ》主要有三大特点:一是确立了全球统一的银行风险管理标准;二是突出强调了资本充足率标准的意义,即通过强调资本充足率促使全球银行经营从注重规模转向资本、资产质量等因素;三是受70年代发展中国家债务危机的影响,强调国家风险对银行信用风险的重要作用,明确规定不同国家的授信风险权重比例存在差异。

2.《巴塞尔协议Ⅱ》

20世纪80年代,由于债务危机的影响,信用风险给国际银行业带来了很大的损失。20世纪90年代,从巴林银行、大和银行的倒闭到东南亚的金融危机,引发了巴塞尔委员会对金融风险的全面而深入的思考。人们看到,金融业存在的问题不仅仅是信用风险或市场风险等单一风险的问题,而是由信用风险、市场风险外加操作风险互相交织、共同作用造成的复杂问题。于是从1998年开始,巴塞尔委员会启动了彻底修改资本协议的工作。2001年,巴塞尔委员会提出了以三大支柱为主要特点的新资本监管框架草案(以下简称草案),并广泛征求有关方面的意见。

1) 第一支柱——最低资本充足率要求

最低资本充足率要求仍然是新资本监管框架的重点。该部分涉及与信用风险、市场风险以及操作风险有关的最低总资本要求的计算问题。最低资本要求由三个基本要素构成:受规章限制的资本的定义、风险加权资产以及资本对风险加权资产的最小比率。其中,有关资本的定义和8%的最低资本比率没有发生变化。但对风险加权资产的计算问题,新协议在原来只考虑信用风险的基础上,进一步考虑了市场风险和操作风险。关于信用风险的计量,草案提出了两种基本方法,第一种是标准法,第二种是内部评级法。其中,内部评级法又分为初级法和高级法。对于风险管理水平较低一些的银行,草案建议其采用标准法来计量信用风险,即银行资本充足率。根据标准法的要求,银行将采用外部信用评级机构的评级结果来确定各项资产的信用风险。但当银行的内部风险管理系统和信息披露达到一系列严格的标准后,银行也可采用内部评级法计量信用风险,即允许银行使用自己测算的风险要素计算法定资本要求。初级法仅允许银行测算与每个借款人相关的违约概率,其他数值由监管部门提供;高级法则允许银行测算其他相关的数值。同样,在计量市场风险和操作风险方面,草案也提供了不同层次的方案以备选择。

2) 第二支柱——监管部门的监督检查

巴塞尔委员会认为,监管当局的监督检查是最低资本规定和市场纪律的重要补充。

(1) 监管当局监督检查的四大原则:①银行应具备与其风险状况相适应的评估总量资本的一整套程序,以及维持资本水平的战略。②监管当局应检查和评价银行内部资本充足率的情况及其战略,以及银行监测和确保其满足监管资本比率的能力。若对最终结果不满足,监管当局应采取适当的监管措施。③监管当局应有能力要求银行持有高于最低标准的资本。④监管当局应及早干预从而避免银行的资本低于抵御风险所需的最低水平,如果银行资本得不到保护或恢复,则应迅速采取补救措施。

(2) 监管当局应检查银行对各项最低标准的遵守情况。此外,银行要披露计量信用及操作风险的内部方法。作为监管当局检查内容之一,监管当局必须确保上述条件自始至终满足要求。委员会认为,对最低标准和资格条件的检查是监管检查的有机组成部分。

(3) 监管当局监督检查的其他内容,包括监督检查的透明度以及对换银行账簿利率风险的处理。

3) 第三支柱——市场约束

市场约束具有强化资本监管、帮助监管当局提高金融体系安全的潜在作用。草案在适用范围、资本构成、风险暴露的评估和管理程序以及资本充足率四个方面制定了更为具体的定量及定性的信息披露内容,同时建议监管当局应评价银行的披露体系并采取适当的措施。此外,草案还将披露划分为核心披露与补充披露。巴塞尔委员会建议,复杂的国际活跃银行要全面公开披露核心及补充信息。关于披露频率,巴塞尔委员会认为最好每半年一次;对于必须及时披露的信息,如风险暴露,最好每季度一次;不经常披露信息的银行要公开解释其政策。

2003 年,巴塞尔委员会又公布了草案的第三稿。自 2006 年年底开始,定稿的新资本监管框架即《巴塞尔协议 II》在十国集团开始实施。

3.《巴塞尔协议Ⅲ》

为应对美国次贷危机引发的全球金融危机,2010年9月12日,由27个国家银行业监管部门和中央银行高级代表组成的巴塞尔银行监管委员会管理层会议通过了加强银行体系资本要求的改革方案,即《巴塞尔协议Ⅲ》。《巴塞尔协议Ⅲ》的核心内容在于提高全球银行业的最低资本监管标准。作为全球银行业的资本监管新规,《巴塞尔协议Ⅲ》与全球流动性标准一起成为金融危机后重要的金融改革举措。

与之前的《巴塞尔协议》相比,《巴塞尔协议Ⅲ》的内容变化主要有以下三点。

1) 上调资本充足率

《巴塞尔协议Ⅲ》规定,一级资本充足率下限从4％上调至6％,"核心"一级资本占银行风险资产的下限从2％提高到4.5％;新的一级资本充足率规定应在2015年1月前完成,总资本充足率要求在2016年以前仍为8％。

2) 增设资本防护缓冲资金

《巴塞尔协议Ⅲ》规定,银行应增设总额不得低于银行风险资产2.5％的"资本防护缓冲资金",在2016年1月至2019年1月之间分阶段执行。此后,"核心"一级资本、一级资本、总资本充足率分别提升至7.0％、8.5％和10.5％。

3) 设置逆周期资本缓冲区间

《巴塞尔协议Ⅲ》建议,设置0～2.5％的逆周期资本缓冲区间,具体实施由各国根据自己的情况自行安排。

五、《巴塞尔协议》和中国

20世纪90年代,《巴塞尔协议》也在我国银行界产生了很大的反响。在信用风险评估方面,我国银行普遍认为内部评级法能更加准确地反映资本与银行风险之间的内在关系,有利于加强银行内部对风险资产的评定和管理,它对于简单地划定风险权重或根据外部机构的评级结果确定风险权重的确是一大进步。因此,与其花费时间等待外部评级公司发展起来,还不如自己动手开发内部评级法。但是我国实行内部评级法的难度较大,因为我国当时仍在实行"一逾两呆"的贷款分类法,贷款五级分类法才刚刚试行。内部评级法对各类数据的要求很高,而我国银行尤其缺乏对信用风险进行量化的分析能力。然而,数年之后,众多国际大银行纷纷采用内部评级法,若我国不能跟上,将在国际竞争中处于不利的地位。因此,目前我国银行对开发内部评级法热情很高。由此可见,《巴塞尔协议》对我国银行的风险管理起到了很大的推动作用。

2007年2月28日,中国银监会(现为银保监会)发布《中国银行业实施新资本协议指导意见》,标志着我国正式启动了《巴塞尔协议》的实施工程。按照当时我国商业银行的发展水平和外部环境,短期内我国银行业尚不具备全面实施《巴塞尔协议》的条件。因此,我国确立了分类实施、分层推进、分步达标的基本原则。

(一)分类实施原则

我国的商业银行在资产规模、业务复杂性、风险管理水平、国际化程度等方面差异很大,因此,对于不同银行应区别对待,不能要求所有银行都实施《巴塞尔协议》。中国银监会规定,在其他国家或地区(含中国香港、中国澳门等)设有业务活跃的经营性机构和国际业务占相当比重的大型商业银行,应自2010年年底起开始实施《巴塞尔协议》,如果届时不能达到中国银监会规定的最低要求,经批准可暂缓实施《巴塞尔协议》,但不得迟于2013年年底。其他商业银行可以自2011年起自愿申请实施《巴塞尔协议》。

(二)分层推进原则

我国大型商业银行在内部评级体系、风险计量模型、风险管理的组织框架流程开发建设等方面进展不一。因此,我国允许各家商业银行实施《巴塞尔协议》的时间先后有别,以便商业银行在满足各项要求后实施《巴塞尔协议》。

(三)分步达标原则

《巴塞尔协议》对商业银行使用敏感性高的资本计量方法规定了许多条件,涉及资产分类、风险计量、风险管理组织框架和政策流程等许多方面。我国商业银行必须结合本行实际,全面规划,分阶段、有重点地有序推进,逐步达标。针对信用风险、市场风险、操作风险这三类风险,国内大型银行应先开发信用风险、市场风险的计量模型。就信用风险而言,我国现阶段应以信贷业务(包括公司风险暴露、零售风险暴露)为重点推进内部评级体系建设。

第三节 信息披露

一、信息披露概述

信息披露主要是指公众公司以招股说明书、上市公告书以及定期报告和临时报告等形式,把与公司相关的信息向投资者和社会公众公开披露的行为。

(一)信息披露的意义

信息披露是公众公司向投资者和社会公众全面公开信息的主要方式。投资者和社会公众主要是通过阅读各类临时公告和定期报告获取上市公司的信息。投资者和社会公众在获取这些信息后,可以将其作为投资决策的主要依据。公众公司真实、全面、及时、充分地进行信息披露至关重要,只有这样,它才能被持有价值投资理念的投资者真正了解和支持。

(二)信息披露的作用

由于市场约束主体的所有行为都建立在对信息的掌握、理解和判断之上,如果信息供给不充分、不准确,市场主体就不能有效地发挥约束作用。因此,信息披露是市场约束机制的基础和前提。

(三)信息披露的形式

1. 招股说明书

(1) 首次信息披露的途径主要有招股说明书(适用于公开发行股票)、债券募集说明书(适用于公司发行债券)和上市公告书(适用于证券上市交易)。

(2)在股票发行申请文件受理后和发行审核委员会审核前,发行人应当将招股说明书(申报稿)在证监会的网站预先披露。预先披露的招股说明书(申报稿)不是发行人发行股票的正式文件,不能含有价格信息,发行人不得据此发行股票。

(3)招股说明书中引用的财务报表在其近一期截止日后6个月内有效。

2. 上市公告书

(1)上市公告书是指发行人于股票上市前,向公众公告有关事项的信息披露文件。

(2)上市公告书包括以下几个部分:要览、绪言;发行企业概况;股票发行与承销情况;董事、监事及高级管理人员持股情况;公司设立、关联企业及关联交易情况;股本结构及大股东持股情况;公司财务会计资料;董事会上市承诺;主要事项揭示;上市推荐意见;备查文件目录。

3. 定期报告

上市公司的定期报告包括年度报告、中期报告、季度报告。凡是对投资者作出投资决策有重大影响的信息,均应当披露。披露内容包括公司简介、主要财务数据和指标、股本变动和主要股东持股情况、经营情况的回顾与展望、重要事项和财务会计报告等。

4. 临时报告

上市公司临时报告是指上市公司在发生可能对上市公司股票交易价格产生较大影响而投资者尚未得知的重大事件时,将有关该重大事件的情况向国务院证券监督管理机构和证券交易所提交并向社会公众公开的,说明事件实质的书面报告。

二、完善信息披露的途径

(一)完善信息披露制度

1. 建立公开、透明的信息披露制度

信息披露可以全面、准确、连续地反映借款人的财务状况与经营成果,可以有效改善信息不对称的现状,降低信息成本,为广大债权人与投资者的市场监督提供条件。在信息透明的情况下,经营状况好的金融机构则可以获得成本较低的资金。这样一种基于市场惩戒的机制必然能有效抑制金融机构的机会主义、冒险主义,促使其稳健经营。

2. 保证金融市场的透明性

金融市场应具有足够的透明度和公开性,这样才能保障金融市场的资源配置、融资以及二级市场定价功能得到有效发挥。

3. 促进公众公司信息披露

目前,公众公司信息披露中存在的问题具体表现为存在容易被控股股东操纵的风险、只披露控股股东想要披露的内容等。因此,在信息披露制度中,我们对于会计制度的重视程度必须进一步加强,会计制度应该向信息可靠性方向发展,即提高财务指标的可靠性,建立有效的财务预测系统。

4. 建立信誉机制

交易的信誉和个人信用相似,在交易过程中,交易双方之间必然存在信息不对称的情况。从这个角度讲,信誉其实就是掌握着优势信息的一方对被动一方的一种承诺。

(二) 完善中介机构体系

1. 金融中介机构

金融中介机构是指从资金盈余方吸收资金,再将资金融通给资金需求者的媒介机构。为达成中介的功能,金融中介机构一般通过发行各种次级证券,如定期存单、保险单等来换取资金。由于各种金融中介机构所发行的次级证券差异很大,经济学家将这些差异作为对金融中介机构分类的依据。一般而言,发行货币性次级证券(如存折、存单等)的金融中介机构称为存款性金融机构,而发行非货币性次级证券的金融机构称为非存款性金融机构。由存款性金融机构发行的次级证券不但占存款性金融机构负债的大部分,而且也是货币供给的一部分;由非存款性金融机构发行的次级证券(如保险单等)则占非存款性金融机构负债的大部分,但这些次级证券不属于货币供给。

2. 金融中介机构分类

1) 商业型金融中介机构

商业型金融中介机构是指那些以营利为目的，通过为客户提供各种金融中介服务来实现利润最大化的金融中介机构。根据资产和负债业务的不同，商业型金融中介机构具体分为存款类中介机构、合同储蓄类中介机构和投资类中介机构三种类型。

2) 政策型金融中介机构

政策型金融中介机构是指由政府投资设立或担保、根据政府的决策和意向发放贷款、不以营利为目的的金融机构。政策型金融中介机构有特定的资金来源，一般不向公众吸收存款，其基本任务是向特定的部门或产业提供资金，促使该部门或该产业的发展。我国政策型金融中介机构有国家开发银行、中国进出口银行和中国农业发展银行等。

3) 管理型金融中介机构

管理型金融中介机构也称调控型金融机构，是指为保证金融体系的安全稳定而利用一定的金融政策对金融活动进行调控的机构。管理型金融机构主要是指一国的货币当局，如中国人民银行。

4) 国际型金融中介机构

国际型金融中介机构一般包括全球性的金融中介机构，如国际货币基金组织、世界银行等，以及区域性金融中介机构，如泛美开发银行、亚洲开发银行、非洲开发银行等。

3. 完善金融中介机构体系的意义

金融业务具有较强的专业性，广大存款人和投资者一般不具备专业知识，也没有足够的时间和精力去研读有关金融机构的会计报表等公开信息。因此，市场需要一个完善的金融中介机构体系，由它们对各种已公开信息进行分析，揭示企业经营的真实情况，为广大投资者提供信息咨询服务，以使其能够根据披露信息作出理性反应，发挥市场的监督作用。

(三) 完善信息披露的事务管理

公众公司应当制定信息披露事务管理制度，经公司董事会审议通过后，报注册地证监局和证券交易所备案。

1. 信息披露的时点

公众公司应当在以下任一时点,及时履行重大事件的信息披露义务。

(1) 董事会或者监事会就该重大事件形成决议时。

(2) 有关各方就该重大事件签署意向书或者协议时。

(3) 董事、监事或者高级管理人员知悉该重大事件发生并报告时。

2. 信息披露的情形

在上述规定的时点之前出现下列情形之一的,上市公司应当及时披露相关事项的现状和可能影响事件进展的风险因素。

(1) 该重大事件难以保密。

(2) 该重大事件已经泄露或者市场出现传闻。

(3) 公司证券及其衍生品种出现异常交易情况。

3. 管理层行为规范

公众公司的董事、监事等高级管理人员应当勤勉尽责,关注信息披露文件的编制情况,保证定期报告、临时报告在规定期限内披露,配合上市公司及其他信息披露义务人履行信息披露义务。上市公司的董事、高级管理人员应当对公司定期报告签署书面确认意见。上市公司监事会应当对董事会编制的公司定期报告进行审核并提出书面审核意见。上市公司董事、监事、高级管理人员应当保证上市公司所披露的信息真实、准确、完整。

4. 必须披露的重要事项

在以下事件发生时,公众公司的股东、实际控制人应当主动告知上市公司董事会,并配合上市公司履行信息披露义务。

(1) 持有公司5%以上股份的股东或者实际控制人所持有股份或者控制公司的情况发生较大变化的。

(2) 法院裁决禁止控股股东转让其所持股份,任何一个股东所持公司5%以上股份被质押、冻结、司法拍卖、托管、设定信托或者被依法限制表决权的。

(3) 拟对上市公司进行重大资产或者业务重组的。

(4) 通过接受委托或者信托等方式持有上市公司 5% 以上股份的股东或者实际控制人,应当及时将委托人情况告知上市公司,配合上市公司履行信息披露义务。

(5) 证监会规定的其他情形。

三、我国《上市公司信息披露管理办法》

为贯彻落实修订后的《中华人民共和国证券法》(2019 年修订),解决监管实践中的突出问题,进一步完善资本市场规则体系,证监会于 2021 年 3 月 19 日发布了修订后的《上市公司信息披露管理办法》(以下简称《信披办法》)。《信披办法》自 2021 年 5 月 1 日起施行,其主要修订内容有如下几项。

1. 完善信息披露基本要求

(1) 增加"简明清晰""通俗易懂"的基本原则。

(2) 完善自愿披露制度,明确自愿披露的持续性和一致性原则,强调不得利用自愿披露的信息不当影响公司证券及其衍生品种交易价格,进一步规范自愿披露行为。

(3) 降低上市公司信息披露成本,明确定期报告、收购报告书等信息披露文件的摘要需要在纸质媒体上披露,其他内容在证券交易所的网站和符合证监会规定条件的报刊依法开办的网站上披露。

2. 完善定期报告制度

(1) 将季度报告的披露要求下放给交易所制定。与《证券法》的原则相衔接,"定期报告"仅包括年度报告和半年度报告,不再包括季度报告。年度报告和半年度报告的披露要求依然由证监会制定的《信披办法》规范,但是季度报告的披露要求不再由证监会制定的《信披办法》规范,即季度报告的披露要求由交易所在业务规则中明确。

(2) 完善上市公司关于定期报告的异议声明制度,明确要求定期报告内容应当经上市公司董事会审议通过,未经董事会审议通过的定期报告不得披露;明确董事、监事无法保证定期报告的真实性、准确性、完整性或者有异议的,应在董事会、监事会审议、审核定期报告时投反对票或者弃权票(此处的异议主要是指涉及对定期报告内容真实性、准确性、完整性判断的异议,并非对定期报告中个别文字表述等的不同意见);强调董事、监事、高层管理人员发表意见应当遵循审慎原则,不得滥用异议声明制度,而且其保证定期报告内容真实性、准确性、完整性的责任不因发表意见而当然免除,其最终是否需要承担责任,关键在于是否已勤勉尽责。

3. 细化临时报告要求

(1) 补充完善重大事件的情形。

(2) 完善重大事件的披露时点,明确在董事、监事或者高级管理人员知悉该重大事件发生时,上市公司即触发披露义务。

4. 完善信息披露事务管理制度

(1) 规范董事、监事、高层管理人员对外发布信息行为,规定上市公司应当制定董事、监事、高级管理人员对外发布信息的行为规范,明确非经董事会书面授权不得对外发布上市公司未披露信息的情形。

(2) 强化中介机构"看门人"责任,明确为信息披露义务人履行信息披露义务出具专项文件的证券公司、证券服务机构及其人员应当按照法律、行政法规、证监会规定、行业规范、业务规则等发表专业意见,新增证券服务机构保存工作底稿及配合证监会监督管理的义务,并完善了会计师事务所、资产评估机构的执业要求。

5. 其他主要修订内容

(1) 简化《信披办法》整体框架。本次修订将原来的"第二章 招股说明书、募集说明与上市公告书"整章内容全部删除,其余章节构成则未发生变化。

(2) 上市公司大股东、控股股东或实际控制人触及披露义务的变化如下:①新增上市公司的实际控制人及其控制的其他企业从事与公司相同或者相似业务的情况发生较大变化时应当及时披露;②新增上市公司的控股股东或者实际控制人对重大事件的发生、进展产生较大影响的,应当及时将其知悉的有关情况书面告知上市公司,并配合上市公司履行信息披露义务;③新增大股东所持上市公司股份出现被强制过户风险时,应当及时披露。

(3) 调整信息披露违规的监管措施类型。

(4) 明确信息披露义务人的具体定义。信息披露义务人是指上市公司及其董事、监事、高级管理人员、股东、实际控制人和收购人,重大资产重组、再融资、重大交易有关各方的单位及其相关人员,破产管理单位及其成员,以及法律、行政法规和证监会规定的其他承担信息披露义务的主体。

第五章　金融科技

◎ 学习目标

　　(1) 理解金融科技的内涵及特征。
　　(2) 掌握人工智能的含义及应用。
　　(3) 掌握大数据技术的内涵及特征。
　　(4) 熟悉区块链技术的应用场景。

◎ 能力目标

　　(1) 掌握金融科技的应用原理。
　　(2) 学会运用科技解决相关金融问题。

金融科技典型案例 1：陆金所网贷平台

　　2011 年 9 月，平安集团成立了上海陆家嘴国际金融资产交易市场股份有限公司(以下简称陆金所)，它是中国最大的网络投融资平台之一。作为中国平安集团打造的网络借贷平台，陆金所与其他 P2P 网贷平台的最大区别是让体系内的另外一家机构(平安融资担保有限公司)参与网贷交易，并且对交易双方进行保障。有了这层担保行为，陆金所的网上交易就不仅基于个人的信用，更是基于出资人对平台的信任，其核心是出资人基于对陆金所的信任和认可。基于出资人的信任，陆金所对借款人要进行严格的风险审核。借款人只有通过审核这一关才能借到需要的资金。以产品的推售来解读这种模式或许更为直观。例如，其第一款业务——稳盈系列债券的融资流程为：有借款需求的个人、微型企业、中小企业向陆金所提出申请后，其融资需求作为产品端被发布到陆金所的网站上,而有投资需求的个人或企业在网站上选取相应的标的进行投资。陆金所在其中的作用不仅是一个撮合交易的平台,它还为投融资双方提供担保,并在此基础之上明确投融资的一对一模式,以降低投资风险。对于逾期不还款者,陆金所规定,借款人应向出借人支付罚息;若逾期超过80日,则担保公司发挥作用——对出借人进行包括剩余本金、应付未付利息、逾期罚息在内的代偿。由于这种引入担保机构进行担保的模式在一定程度上保障了出借人的利益,陆金所在市场上获得了较好的口碑。在此基础上,陆金所的交易功能也开始往"二级市场"靠拢:投资人可以将自己所持有的稳盈系列债券转让给其他投资人,以提高投资流动性,这在一定程度上为他们随时退出提供了便利。

资料来源:胡滨,星焱.网贷平台的转型发展之鉴——以陆金所为例[J].金融博览,2016(09):58-59.

金融科技典型案例2:淘宝众筹

在2013年"双12"的分会场上,林志颖发起出书心愿,粉丝疯狂预购,"淘星愿"平台应运而生。其创办的初衷是帮助名人和粉丝共同完成梦想,并允许名人在该平台经营与其业主相关的业务。经过几个月的推广,"淘星愿"平台在积累了一定的人气之后,于2014年4月更名为淘宝众筹,并将着眼点由促进明星和粉丝之间的互动转向帮助普通人实现创业梦想。淘宝众筹依托阿里巴巴公司的电商资源及流量优势,为项目发起方提供信用信息、商品物流配送、品牌推广、智能制造、网络技术、支付通道等一系列链条式服务,同时以满足电商用户的个性化需求,提供用户投资数据及项目方数据信息、丰富支付宝消费场景、增加支付业务量等方式回报客户与平台,形成了完整的产业链条,迅速成为国内炙手可热的商品众筹平台。淘宝众筹为奖励型众筹平台,支持音乐、影视、漫画、设计、科技、摄影、书籍、公益等领域的产品众筹,但不支持股权众筹。淘宝众筹的基础流程如下:项目发起人创建项目;淘宝众筹平台在15日之内对其进行审核;通过审核之后,项目发起人通过上传文案或视频的方式对项目进行包装和展示,包括自我介绍、项目内容、项目特色和项目回报,以吸引支持者。项目发起人所募集的资金要求为1 000元至10亿元,筹集资金的时间不超过90日。如果项目筹资成功,则项目发起人收到筹款金额的1%~50%。这是项目启动金,待项目支持者收到回报之后,项目发起人会收到剩余的资金。如果项目筹资失败,则此前所筹金额将在项目筹资结束后退还给支持者。如果项目发起者筹资成功但没有兑现回报承诺,则平台向项目发起人收取服务费或利润分成。

资料来源:张配豪.众筹平台"成长的烦恼"[J].人民周刊,2017(04):44-45.

1. 影响陆金所网贷平台发展的因素有哪些?
2. 淘宝众筹模式的弊端有哪些?

产业为本、金融为用、科技创新,金融科技通过对金融业实现数字化升级为企业及个人用户提供更为普惠的金融服务。近些年来,金融科技在全球范围内的发展如火如荼。美欧等发达经济体纷纷制定金融科技产业规划,亚马逊、微软、阿里巴巴等科技巨头也加快了布局相关产业的步伐,争当金融科技领域的先行者。我国是全球金融科技浪潮的领航者,在商业资本驱动和宽松的政策环境等因素推动下,我国金融科技的发展及应用速度甚至超过美英等发达经济体。2019年,中国人民银行启动金融科技创新监管试点工作,推动中国版"监管沙盒"落地,我国金融科技行业的发展进入"快车道"。我国作为一个金融资产规模庞大但金融实际发展水平有限的发展中大国,通过金融科技赋能金融服务业转型升级,有望实现对发达国家的弯道超车。

第一节 金融科技概述

一、金融科技的起源与发展历程

随着互联网、人工智能、区块链、大数据、云计算等技术的迅猛发展,人类社会迈入新的文明和时代,金融领域也受到了深刻的影响。科技与金融的融合使得金融科技的概念应运而生,由技术推动的金融创新成为金融科技发展的核心动力。"金融科技"一词(FinTech)是"金融"(finance)和"科技"(technology)的组合,最早于20世纪90年代初由花旗银行董事长John Reed在"智能卡论坛"上提出,花旗银行在这一时间段成立的"金融服务技术联盟"(Financial Services Technology Consortium)是最早期的金融科技概念。[①]

为实体经济服务是金融科技的出发点和落脚点,通过技术赋能使金融的服务能力不断增强,是金融科技发展的内在需求。根据主要支撑技术和典型应用场景的变化,我们可以将金融科技的发展大致分为以下三个阶段。

(一)金融科技的起步探索阶段

金融科技在起步探索阶段的最明显特点就是金融行业的信息化,即将信息技术推广至金融系统内部办公场域,从而实现办公自动化和金融业务的电子化。互联网和信息技术的使用使银行业务中的存款、贷款、清算等一些基础金融业务迅速升级,从而提高了传统金融机构的工作效率。例如,中国银行于1996年2月建立了自己的网站,率先在网上发布信息,随后在1997年建设了"网上银行服务系统"。紧接着,其他金融机构也相继推出了相关的线上查询和交易功能。

(二)金融科技的创新应用阶段

金融科技创新应用阶段是金融科技发展必经的一个阶段,其突出特点就是移动互联网在金融行业中得到创新应用。在这一阶段,一方面,互联网技术融入金融服务的各个环节中,催生了移动支付、P2P网贷、股权众筹、金融垂直搜索引擎等新应用和新业态;另一方面,传统金融机构积极利用互联网技术和信息技术变革金融渠道,推出互联网银行、互联网保险、互联网基金等新的业务。在移动互联网、智能手机迅速发展的带动下,互联网金融展现出强大的市场需求。根据毕马威会计师事务所2018年发布的《全球金融

---

① 周雷,张玉玉,陈音.金融科技概念辨析、发展历程梳理及前景展望[J].江苏经贸职业技术学院学报,2020(1):20-23.

科技100强》报告,在排名前十的金融科技企业中,我国的金融科技企业占据四成,其中蚂蚁金融、京东数科和度小满金融排名靠前。此外,我国的移动支付和条码支付居全球领先地位。但是随着互联网金融的快速发展,金融风险不断增加,由此也带来一系列监管问题。

(三)金融科技的融合升级阶段

随着人工智能、区块链、云计算、大数据、5G等前沿技术和金融行业的深度融合,金融科技开始进入融合升级阶段。新一代信息技术持续推动金融创新,影响着金融行业格局和运行的整体规则,各类金融业务不断被场景化、智能化和定制化,大大提升了服务效率与质量,扩大了金融服务的覆盖面,对实体经济高质量发展发挥着日益重要的作用。[①] 另外,在这一发展阶段,原有的金融总体布局被打破,传统金融机构与金融科技企业开始进行优势互补。比如,中国建设银行与蚂蚁金服共同推进金融科技前沿技术研究与应用;传统金融机构与科技企业共同出资设立新型金融机构,如中信银行与百度公司联合成立互联网智能银行;金融机构设立金融科技子公司或者金融科技平台,嵌入多种生活与生产场景,实现金融服务的跨界融合,助力金融业的转型升级。

二、金融科技的内涵

金融科技以数据和技术为核心驱动力,正在改变金融行业的生态格局。2016年3月,金融稳定理事会首次发布了关于金融科技的专题报告——《金融科技的描述与分析框架报告》,从国际组织层面对金融科技进行了初步的定义。该报告指出,金融科技是指技术带来的金融创新,它能创造新的业务模式、应用、流程或产品,从而对金融市场、金融机构或金融服务的提供方式产生重大影响。同时,国内外诸多学者在金融科技概念界定方面也进行了多方面的研究,基于这些研究成果,人们逐渐对金融科技形成了科学的认识。狭义的金融科技是指非金融机构运用移动互联网、云计算、大数据等各项能够应用于金融领域的技术重塑传统金融产品、服务和机构组织的创新

---

① 张留禄.金融科技导论[M].上海:上海财经大学出版社,2019.

金融活动。广义的金融科技是指技术创新在金融业务领域中的应用。

金融科技实质上涵盖了科学技术与金融业务两大领域,并应用于金融机构和新型经济金融组织。具体而言,金融机构基于科学技术的强大发展态势,利用互联网、物联网、大数据、云计算、人工智能、区块链等新兴技术,将传统金融产品和服务模式进行革新并广泛应用于支付结算、借贷融资、保险理赔、投资理财、财富管理等业务领域。信息技术公司利用技术优势,以互联网或移动互联网的方式改变传统的金融服务模式和客户取得方式,开展移动支付、网络借贷、网络投资、智能投顾、智能合同以及各类智能金融理财服务。此外,货币管理单位和金融监管部门可以运用先进的信息技术和数字技术发行数字货币,进行征信管理和金融基础设施建设,以及对银行、证券保险、外汇等方面进行智能化金融监管。

三、金融科技的特征

(一)强调用户体验

金融科技通过高科技和互联网应用为普惠大众提供便捷的金融服务,其本质是用科技手段提高传统金融机构的服务效率和服务质量。因此,与传统金融机构相比,金融科技企业非常注重用户体验。因为只有产品的使用体验好,用户才会使用,用户流量才会增加,而更多的流量会吸引更多的产业链上下游的合作伙伴,这样就会形成业务发展的良性循环。对于金融科技企业来说,产品创新要成功,就必须高度关注客户体验。具体而言,一是要将用户体验贯穿于产品创新的全过程,一切从用户的角度出发,不盲从一时的潮流,不追求大而全的功能,紧紧抓住客户需求,并根据客户需求的变化进行持续改进;二是要击中客户"痛点",满足客户的核心价值需求。因为如果企业开发的产品不能很好地解决客户的金融投资需求问题,那么服务再好、界面设计再美观都是徒劳的,只有击中客户"痛点",产品才能取得成功,这一点和互联网行业的基本逻辑一致。

(二)低利润率

在平台商业模式下,平台的用户规模必须达到一个特定的门槛,才能引发足够强度的网络效应并吸引新的用户加入。这样,在网络效应的正向循环作用下,用户规模才有望实现持续高速增长。该用户规模门槛被称为"临界数量"。由于平台在前期需承担较高的沉没成本,如规模庞大的广告营销、用户补贴、研发创新费用等,其通常在用户规模突破"临界数量"后才能实现大量盈利。由于用户需求的多变和技术的革新,各类金融科技产品的生命周期通常都比较短,金融科技公司只有通过不断创新,推出更具吸引力的产品,才能形成有效的持续用户锁定。因此,相关企业只能维持较低的收入和盈利水平。

(三)高灵活性与创新性

与传统金融企业不同,金融科技企业只需要较少的固定资产和较低的固定成本就能够发展业务,这使得其能够迅速发展,灵活调整组织形态,易于创新创造。此外,金融科技公司在"基因"上继承了互联网公司"不创新则死"的特质,低利润率和轻资产的特性在客观上也为其提供了创新的条件。因此,金融科技企业不断将各种前沿技术与理念融入金融领域,快速更迭产品,远远超越了传统金融市场与产品层面的"金融创新"。

(四)服务规模扩大

金融科技的业务范畴及服务人群一直在不断拓展。众所周知,随着金融行业与互联网技术的深入融合,金融科技不断发展演变,在技术手段上不断进步,大数据、云计算、人工智能、区块链、物联网等创新技术不断被应用于金融业务范畴。例如,在业务范畴上,借贷与支付是互联网金融较为成熟的两大模式,但是金融科技的业务范畴不仅局限于此,它还在征信、理财、保险、货币发行等金融业务上有所拓展。金融科技公司一般起步门槛较低,其必须毫无保留地发挥网络效应以获得快速增长的能力,并且创新技术的采用使得其业务规模爆炸性增长但不必付出对应的成本,即其边际成本是在不断递减的,这进一步促使金融科技企业的规模快速增长。[①]

四、金融科技的影响

金融科技极大地拓展了传统金融市场的有限边界,金融与科技的碰撞

[①] 张留禄.金融科技导论[M].上海:上海财经大学出版社,2019.

促成了传统金融服务的更新迭代,驱动了机构核心竞争力的重构与商业模式的更新。金融科技可以有效解决信息不对称问题,大幅降低金融服务的成本,提升金融服务的普惠性,使用户获得更好的金融服务。因此,金融科技逐渐成为非传统金融业态组织创新的重要载体。

从产业发展的角度来看,金融科技在运营速度、运营成本、业务数据、传播媒介等方面对传统金融业产生了深远的影响。在政策支持下,金融交易模式不断创新,金融与科技深度融合发展,全面影响着我国的金融交易效率和结构,甚至整个金融架构和格局都将因此发生深刻变革。

(一)对银行业的影响

随着社交网络、移动支付、商业智能以及搜索引擎等技术的发展,金融科技在世界范围内得到了迅速发展,并在支付结算、信贷、理财等各个方面对传统银行业务产生持续影响。互联网第三方支付平台借助快捷、方便和低成本的优势,在传统支付领域之外开拓新的发展空间。商业银行支付平台的核心地位受到很大威胁,且处于逐渐弱化当中。此外,随着以余额宝为代表的互联网理财产品的崛起,商业银行的传统存贷款业务也遭受了前所未有的冲击。

(二)对资产管理行业的影响

金融科技为资产管理行业带来自动化、低成本运营模式的同时,逐渐形成"数字化人工智能+金融资产管理创新"的生态系统。例如,人工智能技术能自动搜索海量相关信息并对其进行处理;大数据技术可以对个性化风险偏好进行测评;智能投顾技术能对金融产品进行深度挖掘并为客户提供个性化的动态解决方案;区块链技术可以解决交易信息不对称等问题,从而保证交易的安全性。另外,金融科技推动无现金支付和移动支付成为我国资产管理行业金融产品推广的特色渠道,并反向作用于资产管理机构。通过科技与金融的紧密结合,利用新技术搜集海量客户信息,资产管理业务中资产、交易、支付、资金端可以任意组合,互联互通。这大幅提高了传统资产的管理效率,颠覆式地创新了传统资产管理的业务模式。

(三) 对保险业的影响

金融科技通过技术手段变革引发金融创新，提升金融服务效率，降低交易成本，并在减少金融交易中信息不对称问题的基础上进一步发挥金融的资金融通功能。具体到保险业，保险公司借助互联网渠道可以突破地域限制，随时随地向不同地域的客户提供产品和服务，大幅减少销售费用和管理费用。例如，保险公司将信息技术应用于保险服务，可以快速、便捷、低成本地满足客户高频化、碎片化的保险需求，从而提升其市场反应速度和能力，及时掌握保险行业发展新动向，挖掘潜在客户群体并随时采取适当的经营策略。

五、金融科技风险

金融科技是一把"双刃剑"，虽然金融创新能够不断降低金融服务成本，提高金融服务效率，但是它也带来了许多新型的金融风险。例如，传统金融机构利用新型信息技术的能力有限，很多时候会将技术进行外包，加之监管缺失，在实际运行当中，有部分第三方合作机构因为系统缺陷而导致金融业务中的相关数据泄露。又如，随着信息技术的广泛应用，一些非持牌机构出于牟利动机，利用技术漏洞非法获取投资数据，侵犯投资者隐私。由此可见，金融科技并未消除传统的金融风险，甚至会引发新的风险，并且这些风险更具有隐蔽性和传导性。[①] 此外，金融科技业务结构设计十分复杂，交易速度和交易量成倍数增长，跨界金融服务日益丰富，不同业务之间相互关联、渗透，金融风险更加错综复杂，扩散速度更快，破坏性更强，后果极其严重。同时，金融科技的业务类型和营利模式更加复杂和多样化，其业务内容高度细分并且相互交叉，并主要以数字化、虚拟化、云服务等方式呈现，模糊了参与者的身份特征、行为模式等关键要素，其市场违规操作也因此更新进化，而监管机构的数据建设远远滞后于金融创新，导致监管者无法及时识别风险，无法评估风险的性质，无法制定危机解决方案。这对传统金融监管的理念和模式构成了重大挑战。

---

① 谢楠.浅谈金融科技与金融风险防范[J].经贸实践，2018(9):147-148.

第二节 人工智能及其在金融中的应用

一、人工智能的含义

人工智能(artificial intelligence，AI)是研究、开发用于模拟、延伸和扩展人的智能的理论、方法、技术及应用系统的一门新的技术科学，其内容包括图像识别、语音识别、机器学习、机器人、专家系统、计算机视觉、自然语言处理等。

人工智能是计算机科学的一个分支，它企图了解智能的实质，并生产出一种新的能以与人类智能相似的方式作出反应的智能机器。人工智能是一门极富挑战性的学科，属于自然科学和社会科学的交叉学科，涉及哲学、认知科学、数学、神经生理学、心理学、计算机科学、信息论、控制论和不定性论等。人工智能研究的一个主要目标是使机器能够胜任一些通常需要借助人类智能才能完成的复杂工作。人工智能的从业者必须懂得计算机知识、心理学和哲学等。

人工智能产业链包括基础层、技术层和应用层。其中，基础层提供数据及算力资源，包括芯片、开发编译环境、数据资源、云计算、大数据支撑平台等关键环节，是支撑产业发展的基座。技术层包括各类算法与深度学习技术，通过深度学习框架和开放平台实现对技术和算法的封装，快速实现商业化，推动人工智能产业快速发展。应用层是人工智能与各行业的深度融合，其细分领域众多，领域交叉性强，呈现出相互促进、繁荣发展的态势。例如，每年"双11"的推荐购买就是平台利用人工智能对用户的购买习惯进行大数据分析和挖掘而得出的；用指纹、虹膜、面部识别解锁、支付等是基于人工智能的计算机视觉技术。此外，科大讯飞的智能翻译机和今日头条、抖音的自动推荐等也都属于人工智能应用层面的技术。

二、人工智能的发展历程

(一) 孕育阶段

这个阶段主要是指1956年以前。早在公元前,伟大的哲学家亚里士多德就在他的名著《工具论》中提出了形式逻辑的一些主要定律。他提出的三段论至今仍是演绎推理的基本依据。17世纪中期,德国数学家和哲学家莱布尼茨提出了万能符号和推理计算的思想,他认为可以建立一种通用的符号语言并在此符号语言上进行推理演算。这一思想不仅为数理逻辑的产生和发展奠定了基础,也是现代机器思维设计思想的萌芽。1936年,英国数学家图灵提出了一种理想计算机的数学模型,即图灵机,为后来电子数字计算机的问世奠定了理论基础。1943年,美国神经生理学家麦克洛奇与匹兹建成了第一个神经网络模型(M-P模型),开创了微观人工智能的研究领域,为后来人工神经网络的研究奠定了基础。1937—1941年,美国爱荷华州立大学的阿塔纳索夫教授和他的研究生贝瑞开发了世界上第一台电子计算机"阿塔纳索夫-贝瑞计算机",为人工智能的研究奠定了物质基础。

(二) 形成阶段

这个阶段主要是指1956—1969年。1956年夏季,由斯坦福大学教授麦卡锡联合麻省理工学院教授明斯基、IBM公司信息研究中心负责人罗切斯特和贝尔实验室信息部数学研究员香农共同发起,邀请各界杰出人才和对机器智能感兴趣的学者们,在美国达特茅斯学院召开了一次为时两个月的学术研讨会,讨论关于机器智能的问题。在研讨会上,"人工智能"这一术语经麦卡锡提议被正式采用,麦卡锡因而被称为"人工智能之父"。这次会议标志着人工智能作为一门新兴学科正式诞生。

(三) 发展阶段

这个阶段主要是指1970年以后。进入20世纪70年代,许多国家都开展了人工智能的研究,涌现了大量的研究成果,如逻辑程序设计语言Prolog的提出和实现,以及用于诊断和治疗感染性疾病的MYCIN系统等。

1977年,费根鲍姆在第五届国际人工智能联合会议上提出了"知识工程"的概念,对以知识为基础的智能系统的研究与建造起到了重要的作用。大多数人接受了费根鲍姆关于以知识为中心展开人工智能研究的观点。从此,人工智能的研究又迎来了蓬勃发展的以知识为中心的新时期。专家系统的成功,使人们越来越清楚地认识到知识是智能的基础,对人工智能的研究必须以知识为中心来进行。自此,人们对知识的表示、利用及获取等的研究取得了较大的进展,特别是对不确定性知识的表示与推理取得了突破,建立了主观贝叶斯决策理论、确定性理论、证据理论等,对人工智能中模式识别、自然语言理解等领域的发展提供了支持,解决了许多理论及技术上的问题。

三、人工智能的现状及发展趋势

人工智能作为新一轮科技、产业、社会变革的重要驱动力量得到全球更多国家的认同。2019年,美国、德国、日本、韩国、俄罗斯等国均强化人工智能发展战略迭代,对其国家人工智能战略进行了更新,以更好地迎接快速发展的人工智能科技创新和经济社会发展新形势。人工智能对科技、产业、社会变革的巨大潜力也得到全球更多国家的认同,16个国家新发布了国家人工智能发展战略或计划,还有至少18个国家正在筹备制订其人工智能发展计划。除了人工智能发展战略,2016年和2019年美国的《国家人工智能研究与发展战略计划》还从人工智能的研发基础、研发领域和应用领域三个方面综合分析了人工智能的发展方向。在人工智能应用领域,2019年美国明确提出加强人工智能在国防、医疗保健和医学方面的应用。

2019年6月17日,我国国家新一代人工智能治理专业委员会发布《新一代人工智能治理原则——发展负责任的人工智能》,提出了人工智能治理的框架和行动指南。这是我国促进新一代人工智能健康发展,加强人工智能法律、伦理、社会问题研究,积极推动人工智能全球治理的一项重要成果。为实现人工智能产业高质量发展,提升产业链、供应链现代化水平,《中华人民共和国国民经济和社会发展第十四个五年规划和2035年远景目标纲要》提出"发展算法推理训练场景,推动通用化和行业性人工智能开放平台建设",并要求在前沿基础理论、专用芯片、深度学习框架等前沿领域重点攻关,实施一批具有前瞻性、战略性的国家重大科技项目。

在政、产、学、研、用各方共同努力下,我国人工智能产业的发展取得了显著成果。一是创新能力不断增强。图像识别、智能语音等技术达到全球领先水平,人工智能论文和专利数量居全球前列。二是产业规模持续增长。京津冀、长三角、珠三角等地区形成了完备的人工智能产业链。三是融合应用不断深入。智能制造、智慧交通、智慧医疗等新业态、新模式不断涌现,对行业发展的赋能作用进一步凸显。

我国人工智能产业发展取得显著成绩的同时,也面临着不少困难和挑战,如底层技术存在较大欠缺、能够实现商业价值的应用较少、与实体经济的融合存在较高门槛等。《中共中央关于坚持和完善中国特色社会主义制度 推进国家治理体系和治理能力现代化若干重大问题的决定》指出,要"强化标准引领,提升产业基础能力和产业链现代化水平"。人工智能产业的发展离不开标准的引领,扎实做好人工智能标准化工作对突破核心技术、加快应用落地、完善产业生态具有重要意义。

四、人工智能在金融领域中的应用

目前,人工智能与金融行业的融合趋势愈加明显。未来,人工智能技术将在智能营销、智能保险、智能投顾、智能投研、智能客服、智能风控、智能监管和身份识别等多方面、多领域带来更多变革(见图5-1)。2019年,在"AI+金融"的主要落地场景中,智能风控、智能保险和智能客服占据了整个智能金融领域70%以上的市场规模。"风控+AI"技术也被银行业和互联网金融公司看作最有价值的应用技术。另外,因为疫情,人们对"无接触"业务的需求大量提升,2020年智能客服的市场规模出现短期的大幅增长,占到了总规模的11.57%。

(一)智能风控

智能风控以大数据和场景化为基础,以云计算和人工智能为技术依托,应用于前端获客、授信审批、贷后管理等工作环节,通过规则嵌入、建立模

第五章 金融科技

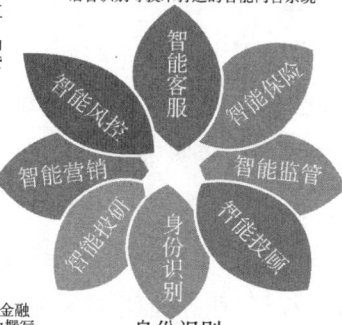

图 5-1 "AI＋金融"的落地场景介绍

型、智能判断、自动纠错等方法实现精准获客、智能管理,大幅降低了运营成本,有效防控了风险。从场景上讲,智能风控聚焦银行业和互联网金融端的信贷、反洗钱等场景;从技术上讲,智能风控依托机器学习和知识图谱等技术,在贷前反欺诈、贷中信用审核和贷后智能催收等业务中发挥作用。

随着互联网金融的兴起,银行业对用户信贷资质评估的需求日益高涨,推动了智能风控的发展。智能风控通过神经元网络、知识图谱、机器学习、大数据分析等多项技术搭建一套完整的风控系统,用于客户背景调查(know your customer,KYC)、信用评估、信贷审批、贷后催收等环节,大幅提高了各个流程的效率,改善了客户体验,并在使用过程中根据数据反馈不断更新模型,以增加其准确度。

人工智能系统通过学习以往的案例、处理多维度的结构性及非结构性数据、监测并筛查可疑交易,提升反洗钱、反欺诈的效率。目前,全球多家监管机构和金融机构已利用人工智能技术打击洗钱和欺诈活动。例如,汇丰银行和硅谷人工智能创业企业 Ayasdi 公司合作,实现了反洗钱调查流程的自动化;美国金融犯罪执法网络局利用其人工智能系统识别潜在的洗钱活动;英国金融监管局考虑在监管合规执法过程中(包括 KYC 和反洗钱)使用人工智能技术;新加坡金融管理局和美国证监会也开始使用人工智能来甄别可疑交易,以提高其工作效率。除此之外,人工智能还被监管当局用于监管金融机构和上市公司的经营及财务表现。例如,美国证监会利用人工智能处理分析注册申请人填报的非结构化数据,从多维度对申请人的行为进行分析和预测,并将信息反映到风险等级中。

(二)智能保险

智能保险将人工智能融入保险业的各个流程,运用知识图谱、图像识别、语音交互等技术实现自助投保、业务办理、风险定价、图片定损等,并通过机器学习等技术不断对新案例进行分析学习,优化现有模型。与智能营销相似,智能保险同样借助人工智能和大数据技术从多维度了解客户,以便使保险产品的设计和定价更具针对性。保险产品开始进入"量身定制"的时代。

保险行业逐步探索出人工智能技术的场景落地价值,人工智能在该行业的市场潜力也将逐渐被挖掘,智能保险的产业规模在整个"AI+金融"领域的占比不断攀升。经过前期的技术发展和数据积累,人工智能在保险风控、营销赋能、保单服务等方面获得了新的发展机会。例如,在传统寿险领域,保险公司利用人工智能技术推动线上获客,开展远程展业。在农业保险的理赔和风控场景中,随着计算机视觉技术的成熟,人们结合 5G 物联网技术,有望进一步提高远程查勘作业效率和风险防范能力。在健康险领域,随着保险公司在影像数据领域的投入,医疗保险理赔有望实现自动化。例如,新华人寿保险股份有限公司(简称新华保险)的 Magnum 智能核保系统是一款自动化系统,支持寿险、重疾险、医疗险等保障责任的智能风险评估。根据新华保险官网,该系统的优势在于对客户健康等基本状况进行询问时,可根据每个客户差异化的阳性告知内容(指投保重疾险所需的健康告知——体检是否含有阳性指标)自动生成"人机对话"式、动态输出的交互式问卷,这大大改善了客户的投保体验,同时缩短了承保时效。

(三)智能客服

智能客服是指通过自然语言处理、语音识别、知识图谱等技术建立的智能问答系统,它可以为客户提供 24 小时自动化问答服务。目前,该技术已被广泛应用于银行、保险、证券等金融行业。以前,为确保客户服务质量,金融机构一般都会建立大规模的呼叫中心或客服中心,雇用大量的客服人员,利用电话、网站、聊天工具等为用户提供自助式的金融业务咨询及业务办理服务。今后,随着语音识别、自然语言理解和知识检索等技术的逐渐成熟,金融行业的客服中心会慢慢引入机器人客服专员,由人工智能代替工作人员,并最终建立全智能化的客服中心。在银行服务的前台方面,人工智能技术可以向广大长尾客户提供更加人性化、智能化和专业化的服务,降低银行成本,提升用户服务和营销体验;在技术中台方面,人工智能技术可以为金融分析交易和银行授信提供专业决策支持。此外,人们还可利用超声红外自动避障、雷达智能导航、语音智能识别、语义解析、视觉识别、人脸识别等技术手段,通过机器人智能和后台进程支持,实现智能机器人在厅堂迎宾、业务咨询、业务办理、分流引导、产品营销等场景中的应用。例如,美国银行、摩根大通、中国工商银行、招商银行、中信银行等均已采用聊天机器人为客户提供全天候的智能对话服务。相比传统的人工客服,智能客服可以兼顾多线问答并提供 24 小时不间断服务,有效分流了大部分简单的客服业务,降低了人工服务的压力和运营成本。

人工智能技术的运用同样为核验客户身份的环节带来了质的改变。如今,人脸识别、指纹识别、声纹识别等生物识别技术可以迅速准确地验证客户身份,受到众多银行的青睐,并被广泛应用于手机银行、银行网点及各类支付场景。根据 Gen Market Insights 的研究,中国将成为人脸识别技术领域最大的消费者和市场供应商,到 2023 年,中国将占全球人脸识别市场份额的 44.6%。

(四)智能投顾

人工智能技术可以对金融行业里的各项投资业务,包括股权投资、债权投资、外汇投资、贵金属投资等,利用量化算法进行建模,并自动参与实际交易,获取高额回报。人工智能技术也可以为银行、保险公司、证券公司以及它们的客户提供投资策略方面的自动化建议,引导它们合理配置资产,最大限度地规避金融市场风险,使其获得较高的收益率。

智能投顾是指运用智能算法对客户的风险偏好、财务状况、收益目标等进行数据分析和模型构建,并根据金融理论制定个性化的资产配置方案。智能投顾在2008年兴起于美国,华尔街对人工智能与大数据的看好以及市场对财富管理需求的增长,推动了人工智能在资管行业的应用。目前,美国市场已存在较多成熟的智能投顾平台,如先锋基金、嘉信理财等。科尔尼管理咨询公司预测,美国智能投顾行业的资产管理规模将从2016年的3 000亿美元增长至2020年的2.2万亿美元,其年均复合增长率达68%,约占美国所有资产管理规模的5.6%。

智能投顾于2014年进入我国市场,最初由互联网公司主导,随后国内主要商业银行及金融机构也逐渐采用这一技术,近几年发展迅速。根据艾瑞咨询的数据,我国智能理财服务市场资产管理规模(按理财产品在投余额规模)已从2016年的301亿元上升到2018年的2 547亿元,预计2022年将达到7 371亿元。现在我国智能投顾市场的主要参与者为传统金融机构(银行、券商、基金管理公司等)、互联网公司及金融IT公司。相比互联网及金融IT公司,传统金融机构的优势在于其多年累积的客户网络、产品资源和经营经验。2016年,招商银行推出了首家国内智能投顾平台——摩羯智投;浦发银行紧随其后,推出"财智机器人"。2017年,兴业银行的"兴业智投"、平安银行的"智能投顾"、光大银行的"光云智投"、中国工商银行的"AI投"相继推出。

(五)智能营销

智能营销结合人工智能与大数据技术,对客户的消费喜好、财务状况、社交习惯、行为模式等相关数据进行分析、归类,通过精准定位客户需求、建立客户画像、预测客户需求、匹配推送个性化产品及营销文案,与客户服务、投资顾问等方面的工作进行有效连接。目前,智能营销已逐渐被应用于商业广告和市场营销等领域。

(六)智能投研

智能投研通过自然语言识别、知识图谱、深度学习等技术,整合学习各类研报的数据和语言并自动撰写研报,为金融机构提出投资意见。相比美国智能投研二十多年的历史,我国从 2015 年才开始逐渐将人工智能用于投研环节。2019 年 12 月,韭韭投研数据科技有限公司与中国科学院合作开发的智能投研 App 上线,这是全球首款"AI 量化+基本面"的智能投研产品。2020 年 9 月,智能投研技术联盟(Investment Technology League,ITL)在中国(上海)自由贸易试验区临港新片区揭牌成立,它是由 72 家从事智能投研技术应用、开发、研究、服务和支持的相关机构及组织共同发起、自愿组成的公益服务专业平台,旨在促进金融科技中心和全球资管中心融合发展,提升资管科技水平。

第三节 大数据技术及其在金融中的应用

一、大数据的发展历程

第三次信息化浪潮开启了大数据时代,人类社会信息科技的发展为大数据的产生与发展提供了技术支撑。这三次信息化浪潮的发展历程可以分为三个阶段。第一个阶段是 1980 年左右,个人计算机开始进入企业和家庭,促进了社会生产力的发展和社会现代化的进程。第二个阶段是 1995 年左右,人类社会进入互联网时代,信息因互联网技术的发展得以快速传播。第三个阶段是 2010 年左右,云计算、大数据、物联网快速发展,社会涌现出新的市场和企业。[1]

大数据的发展除了和信息化浪潮有关,其自身的发展历程大致也分为三个阶段。第一个阶段是从 20 世纪 90 年代至 21 世纪初,随着数据挖掘理论和数据库技术的逐步发展并渐趋成熟,一些技术工具开始被应用于市场需求,如数据库、专家系统、知识管理系统等。第二个阶段是 21 世纪的前 10 年,随着 Web2.0 应用的迅猛发展和大量非结构化数据的产生,人们突破

---

[1] 林子雨.大数据技术原理与应用[M].2 版.北京:人民邮电出版社,2017.

了传统的数据处理方法,形成了并行计算与分布式系统两大核心技术,以谷歌公司开发的 GFS 和 Map-reduce 为代表的大数据技术开始风靡市场。第三个阶段从 2010 年开始,大数据技术被应用于各个行业,使人类社会的智能化程度大幅提高。2011 年,维克托·迈尔-舍恩伯格等出版著作《大数据时代:生活、工作与思维的大变革》,引起国际轰动。2011 年 5 月,麦肯锡全球研究院发布名为《大数据:下一个具有创新力、竞争力与生产力的前沿领域》的报告,提出"大数据时代"到来。①

二、大数据的含义与特征

麦肯锡全球研究院将大数据定义为:一种规模大到在获取、存储、管理分析方面大大超出了传统数据库软件工具能力范围的数据集合,它具有海量的数据规模、快速的数据流转、多样的数据类型和较低的价值密度四大特征。

(一) 数据规模特征

从数据规模的角度看,大数据泛指无法在可容忍的时间内用传统信息技术和软硬件工具对其进行获取、管理和处理的巨量数据集合。按照这个标准来衡量,很显然,目前的很多应用场景中涉及的数据量都已经具备了大数据的特征。比如,博客、微博、抖音等应用平台上发布的海量信息就属于大数据;遍布人们工作和生活各个角落的各种传感器和摄像头每时每刻都在自动产生大量数据,这也属于大数据。随着数据量的不断增加,数据所蕴含的价值从量变发展到质变。

(二) 数据流转特征

大数据具有快速的数据流转特征。例如,在 1 分钟内,新浪微博可以产生 2 万条微博,推特可以产生 10 万条推文,苹果可以产生 4.7 万次应用下载,淘宝可以卖出 6 万件商品,百度可以产生 90 万次搜索查询……由此可见,大数据时代的绝大多数应用都需要对快速生成的数据进行即时分析并

---

① 张留禄.金融科技导论[M].上海:上海财经大学出版社,2019.

产生结果,用于指导下一步的生产和实践。因此,其数据处理和分析的速度通常要达到秒级甚至毫秒级响应。大数据应用技术的这一特征和传统的数据挖掘技术有本质上的不同,传统的数据挖掘技术并不要求实时分析并产生结果。

(三)数据类型特征

大数据的类型非常丰富,从数据结构上来分,大数据可分为结构化数据、半结构化数据和无结构数据;从处理方式上来分,大数据可以分成实时数据和离线数据;从数据来源和行业来分,大数据可以分成网络数据、社交媒体数据、医疗数据、农业数据、身体健康数据、设备监测数据等。此外,大数据的来源也十分广泛,人们在科学研究、企业应用和 Web 应用中都会不断产生新的类型繁多的数据。多种类型的数据对数据处理能力提出了更高的要求。

(四)价值密度特征

随着互联网以及物联网的广泛应用,大数据无处不在,虽然这些数据的信息量较大,但其价值密度较低。因此,如何结合业务逻辑并通过强大的机器算法来挖掘大数据的价值,是大数据时代最需要解决的问题。在大数据时代,很多有价值的信息都分散在海量的数据中,大部分连续不断产生的数据都是没有任何价值的,只有在特定时刻或者某一相关条件下产生的数据才有价值。但是,为了储存这些海量数据,人们往往需要投入大量的资金购买网络设备和存储设备,消耗大量的电能和存储空间。

大数据的战略意义不在于掌握庞大的数据,而在于对这些有意义的数据进行专业化处理。换言之,如果我们把大数据比作一种产业,那么这种产业实现盈利的关键在于提高对数据的加工能力,即通过加工实现数据的增值。

三、大数据技术的内涵

所谓大数据技术,是指与大数据的采集、存储、分析和应用相关的技术,即使用非传统的工具来对大量的结构化、半结构化和非结构化数据进行处理,从而获得分析和预测结果的一系列数据处理和分析技术。同时需要指出的是,从广义层面来说,大数据技术既包括近些年发展起来的分布式存储和计算技术,也包括在大数据时代到来之前就已经具有较长发展历史的其他技术,如数据采集、数据清洗、数据可视化、数据隐私和安全等技术。①

(一)数据采集技术

大数据具有很高的商业价值,数据采集是大数据产业的基石,因为如果没有数据,其价值也就无从谈起。数据采集又称数据获取,它是数据分析的入口,也是数据分析过程中相当重要的一个环节。数据采集是指通过各种技术手段对外部各种数据源产生的数据实时或非实时地进行采集。在数据大爆炸的互联网时代,被采集数据的类型也是复杂多样的,包括结构化数据、半结构化数据、非结构化数据。其中,结构化数据最常见,如保存在关系数据库中的数据。非结构化数据是指数据结构不规则或不完整,没有预定义的数据,包括所有格式的传感器数据、办公文档、文本、图片、各类报表、图像、音频、视频等。半结构化数据和上面两种数据类型都不一样,它是结构化的数据,但是结构变化很大。大数据的采集和传统数据的采集不同,传统数据的来源单一,数据量相对较小,但是大数据的来源广泛,数据量巨大;传统数据的类型结构单一,而大数据的类型则丰富多样;传统数据的存储方式有关系数据库和并行数据库两种,而大数据的存储方式包括分布式数据库和分布式文件系统。

大数据采集主要有三个要点:一是全面性,即采集的数据量要足够大,具有分析价值,数据面要足够广,以支撑分析需求;二是多维性,即采集的数据要满足分析需求,能够灵活、快速自定义数据的多种属性和不同类型,以满足不同的分析目标;三是高效性,包括技术执行的高效性、团队内部成员协同的高效性以及数据分析需求和目标实现的高效性,即数据采集一定要明确采集目的,带着问题搜集信息和数据,使数据采集更高效、更具针对性。数据采集技术可以分成基于硬件的数据采集技术和基于软件的数据采集技术。其中,基于硬件的数据采集技术包括传感器技术、条码技术和射频识别

---

① 田维琳.大数据伦理失范问题的成因与防范研究[J].思想教育研究,2018(8):107-111.

(RFID)技术等;基于软件的数据采集技术包括网络爬虫技术、ERP 技术等。

(二) 数据预处理技术

数据预处理的目的是去除原始数据中的"脏数据",提高数据质量,降低数据挖掘所需时间。数据预处理包括数据集成、数据规约、数据清洗、数据变换等过程。由于大数据的种类错综复杂,对于不同类型的数据,我们在进行数据分析之前,必须通过数据抽取技术对复杂格式的数据进行数据抽取,即从数据原始格式中抽取出我们需要的数据,丢弃一些不重要的字段。由于数据源头的采集可能存在不准确的情况,对于数据抽取得到的数据,必须进行数据清洗,即对不正确的数据进行过滤、剔除。数据清洗是指将大量原始数据中的"脏数据""洗掉",这是发现并纠正数据文件中可识别错误的最后一道程序,包括检查数据的一致性、处理无效值和缺失值等。针对不同的应用场景,我们还需要对数据进行数据转换操作,即将数据转换成不同的数据格式,并按照预先定义好的数据仓库模型将数据加载到不同的数据仓库中去。

(三) 数据存储技术

数据存储技术是指将大数据处理过程中产生的数据和结果存储到文件或者数据库中。在互联网金融实践中,主流的应用还是将数据存储在数据库中。目前,最流行的两种数据库是传统的关系型数据库和新兴的 NoSQL 数据库。NoSQL 数据库依据存储对象和存储方法的不同又可以分成键值型数据库、文档型数据库、列存储数据库和图形数据库。在大数据时代,要解决海量数据的高效存储问题,就要发展新型高效的数据存储技术,于是分布式文件系统应运而生。相对于本地文件系统而言,分布式文件系统是一种通过网络实现文件在多台主机上进行分布式存储的文件系统。分布式文件系统的设计一般采用"客户端/服务器"模式,客户端以特定的通信协议通过网络与服务器建立连接,提出文件访问请求,客户端和服务器可以通过设置访问权限来限制请求方对底层数据存储块的访问。

(四) 数据处理与分析技术

数据处理与分析技术是指利用数据挖掘和机器学习算法,并结合数据预处理技术,对海量数据进行计算,得到有价值的结果。数据挖掘是指从大量的数据中通过一定的算法搜索隐藏于数据中的有用信息的过程。数据挖掘主要利用机器学习算法来分析海量数据,利用数据存储技术来管理海量数据。

(五) 数据可视化技术

数据可视化技术是指通过丰富的视觉效果,把数据以直观、生动、易理解的方式呈现给用户,从而有效提升数据分析的效率与效果。数据可视化技术的基本思想是将数据库中每一个数据项以单个元素的形式来表示,同时将数据的各个属性值以多维数据的形式来表示。这样可以使人们从不同的维度观察数据,从而对数据进行更深入的观察和分析。

(六) 数据安全和隐私保护技术

在过去几十年中发展成熟的数据安全和隐私保护技术都可以很好地应用于大数据的安全和隐私保护,如身份认证技术、防火墙技术、入侵检测技术和加密技术等。用户隐私保护应该顺应社会发展的实际需要,有针对性地改善用户的隐私安全问题,在不影响用户正常使用数据的前提下对数据载体实行安全检测,并且在数据的产生和运输过程中构建隐私安全保护体系。[①]

四、大数据技术在金融领域中的应用

金融行业在大数据技术的应用方面具有天然优势,因为行业的特殊性,金融机构在开展业务的过程中积累了海量的高价值数据,包括客户身份、资产负债情况、资金收付交易数据等。自2012年开始,国内银行积极部署自己的电商平台,如中国建设银行的"善融商务"、交通银行的"交博汇"、中国工商银行的"融e购"等。这些平台在留住老客户及扩展客户数量的同时,还可以帮助银行加深对其客户属性等相关信息的掌握,提升客户黏性、体验度和活跃度,并更精确地锁定客户源。相较于盈利,电商平台背后的大数据信息、支付功能、融资功能成为银行更加关注的目标。

---

① 林子雨.大数据导论:数据思维、数据能力和数据伦理[M].北京:高等教育出版社,2020.

大数据并非在真空中产生,其应用也不是"断章取义"的结果。大数据的应用实际上是在一个产业链中完成的,其价值是由有机相连的多个环节共同实现的,即数据先被采集、存储,再经过处理、提取,最后被应用到相关行业中。我国金融行业的大数据产业链主要包括数据采集、数据存储、数据处理和数据应用等主要环节。其中,数据采集是指金融机构对外部数据、内部管理数据和客户行为数据等进行挖掘和整合;数据存储是指将采集到的数据纳入聚合平台,以方便数据的输入与输出;数据处理是指利用相关技术对数据进行加工和分析,挖掘潜藏在数据中的深度信息,以实现数据的增值;数据应用是指将处理好的数据产品应用到金融行业中,为金融机构提供决策支持,从而提高其运营效率。① 这四个环节层层递进,贯穿整个大数据的生命周期过程。

第四节 区块链技术及其在金融中的应用

一、区块链技术的概念

2009年,比特币问世,区块链也随之逐步进入大众视野。那么,到底什么是区块链呢?根据工信部指导发布的《区块链技术和应用发展白皮书2016》,区块链技术起源于名为"中本聪"(Satoshi Nakamoto)的学者在2008年发表的论文《比特币:一种点对点式的电子现金系统》。狭义来说,区块链是一种按照时间顺序将数据区块以顺序相连的方式组合成的一种数据结构,是以密码学方式保证的不可篡改和不可伪造的分布式账本。广义来说,区块链技术是利用块链式数据结构来验证和存储数据、利用分布式节点共识算法来生成和更新数据、利用密码技术保证数据传输和访问的安全性、利用由自动化脚本代码组成的智能合约来编程和操作数据的一种全新的分布式基础架构和计算范式。

---

① 朱孔村.大数据发展现状与未来发展趋势研究[J].大众科技,2019(1):115-118.

目前，区块链技术被很多大型机构称为彻底改变业务乃至机构运作方式的重大突破性技术。从技术层面看，区块链技术就像云计算、大数据、物联网等新一代信息技术一样，它并不是一项单一的技术，而是多种学科（包括密码学、数学、经济学、网络科学等）技术整合和创新的结果。从社会层面看，与传统社会不同，区块链技术创造了一种全新的信任方式。在区块链中，交易数据是以电子化的形式永久存在的。其中，存储数据的单元被称为区块。区块是链式存储结构中的数据元素，是区块链的基本结构单元，它由包含元数据的区块头和包含交易数据的区块主体构成。我们可以这么理解，区块体就是区块的主体，主体里是各种交易数据，一般是一串交易的列表；区块头里包含每个区块自身的身份识别信息，主要由父区块哈希值（previous Hash）、版本号、时间戳（timestamp）、默克尔树根（Merkle tree root）等信息组成。

二、区块链技术的发展历程

1976年，迪霏和赫尔曼发表《密码学的新方向》一文。这篇论文覆盖了现代密码学的主要研究方向，包括非对称加密、椭圆曲线算法、哈希值等内容，首次提出公共密钥加密协议与数字签名的概念。这是现代互联网中广泛使用的加密算法体系的基石，也是加密数字货币和区块链技术诞生的技术基础。1991年，密码学家斯图尔特·哈伯（Stuart Haber）和斯科特·斯托内塔（W. Scott Stornetta）第一次提出时间戳的概念。之后，尼克·萨博（Nick Szabo）在1998年进行了电子货币分散化的机制研究。斯蒂芬·康赛特（Stefan Konst）于2000年提出了加密保护链的统一理念和整套实施方案。

区块链作为一个使数据库安全而不需要行政机构授信的解决方案，首先被应用于比特币。2008年10月，中本聪发表《比特币：一种点对点式的电子现金系统》一文，描述了一种完全去中心化的加密数据货币——比特币。随后，区块链技术作为比特币的底层技术进入公众视野。经过十多年的发展，区块链技术正逐渐成为最有可能改变世界的技术之一。

2014年前后，业界开始认识到区块链技术的重要价值，并将其应用于数字货币之外的领域,如分布式身份认证、分布式域名系统、分布式自治组织等。这些应用被称为分布式应用(distributed application,DApp)。用区块链技术从零开始构建 DApp 非常困难,因为不同的 DApp 共享了很多相同的组件。在区块链 2.0 时代,开发者试图创建可共用的技术平台并提供区块链即服务(blockchain as a service,BaaS)。这可以极大地提高交易速度,降低资源消耗,并支持 PoW、PoS 和 DPoS 等多种共识算法,使 DApp 的开发变得更容易。区块链 2.0 时代的典型技术特征包括智能合约、DApp 和虚拟机。

2016 年,俄罗斯联邦中央证券所宣布了一个基于区块链技术的试点项目,许多在音乐产业中具有监管权的机构开始利用区块链技术建立测试模型,用来征收版税和进行世界范围内的版权管理。2016 年 1 月 20 日,中国人民银行数字货币研讨会宣布我国数字人民币研究取得阶段性成果,会议肯定了数字人民币在降低传统货币发行成本等方面的价值,并表示央行正在探索发行数字人民币。

三、区块链技术在金融领域中的应用

随着区块链技术的发展,包括中国人民银行、摩根大通、汇丰银行等众多顶级金融机构都开展了丰富的研究与实践。

(一) 区块链技术在跨境清算场景中的应用

在跨境清算场景中,平时用户可见的流程仅为:前往金融机构填写申请表并支付费用,以及等待对方收到账目。但是其实这中间包括多个流程和参与方,如汇款人、汇款行、各币种清算系统、收款行和收款人等,而且每个环节中还包括 3~5 个小环节,大量的中介机构参与其中。以区块链技术为基础的跨境支付,交易各方不再依赖一个中心化的系统,用户可以实时查看资金的流向,在这个过程中节省的不仅是人力、时间成本,而且用户体验也大幅提高。在贸易金融融资场景中,区块链技术可以发挥用户网络效应和应用协同效应。贸易金融业务的特点是规模大、场景庞杂、参与者众;难以用一个系统或者一个机构服务所有客户和全部场景。因此,人们传统上采用"分而治之"的方式建设金融交易系统。但这样会产生一个问题:不管是

按照行业划分还是按照业务类型划分,都很难最大化地发挥用户的网络效应以及场景的协同效应。现在,区块链技术的应用可以让平台尽可能承载更多业务场景,在同一个平台实现数据和用户的统一,使不同业务场景可以在同一平台上实现交互协同,从而发挥网络效应和协同效应。贸易金融业务是一个社会性的系统工程,区块链技术可以为贸易金融平台提供一个更为灵活、开放的系统架构。基于区块链技术的贸易金融平台能够更好地解决传统上依靠人工业务而产生的效率低、融资成本高、融资风险大等难题。

(二)区块链技术在供应链金融场景中的应用

供应链金融的核心是打通传统供应链中的不通畅点,让业务流中的资金可以顺利地流动起来。供应链金融的重点在于审核合同是否真实、合同额有没有被非法篡改、企业有无不诚信记录、合同到期后企业能否按时顺利地付款等。供应链金融的主要难点是银行需要花费大量时间和人工判定各种纸质贸易单据的真实性和准确性,并且纸质贸易单据的传递或差错会延迟货物的转移以及资金的收付,造成管理的不确定性。另外,供应链金融涉及多个参与主体,而单个参与者只能获得部分的交易信息、物流信息和资金流信息,即供应链中的信息缺少透明度,这将增加中小微企业的金融融资成本。

如上所述,供应链金融场景中的关键问题是解决存证供应链的关键信息、确保可信资质的评估、保障交易各方利益,从而使供应链的上下游核心企业和供应商之间建立互信,降低融资成本。区块链技术可以让供应链中的数据容易追溯,使公私钥签名保证不可抵赖。这些机制可以让供应链中的上下游企业建立互信。此外,区块链中的智能合约可以保障各方约定的合同自动执行。因此,基于区块链可信机制的供应链金融解决了供应商单方面数据可信度低、核验成本高的问题,打通了企业信贷信息壁垒,解决了融资难题,提升了供应链金融的效率。

(三)区块链技术在用户共享场景中的应用

区块链技术在金融领域中应用的另一个典型场景是银行业务中的"认

识你的客户(KYC)"系统。R3 公司曾在一份报告中提出:"传统的 KYC 流程非常复杂,而且重复度比较高。这种自我主权模式允许企业客户创建、管理自己的身份数据,包括相关资料文档等,然后还可以授权多个参与者访问这些身份数据。"当前的 KYC 流程在很大程度上满足了商业与监管的要求,但是其流程越来越复杂,成本也越来越高。同时,由于监管的需求,信息流通成为业务创建的阻碍。因此,数字化的信息如何安全共享以及如何在保障用户隐私的前提下提供可信的共享数据,一直是银行业的重要痛点。

区块链技术出现后,所有问题都迎刃而解。区块链技术可以在安全隐私的前提下,帮助企业创建自己的身份数据,允许其他业务访问所需数据,而不泄露用户信息。同时,企业可以提供基于身份的共享,快速构建企业间可信数字身份体系。这不但为企业之间的业务构建打通了快速通道,而且为用户提供了一致的用户体验,增强了用户黏性。

区块链技术还可以被应用于不同的银行业务,如从支付结算、票据流转、供应链金融到更复杂的证券发行与交易等各核心业务领域。区块链技术带来的收益将惠及所有的交易参与方,包括银行客户、银行的合作方等。典型的应用场景有数字货币、跨境支付与结算、票据与供应链金融业务、证券发行与交易、客户征信与反诈骗。在共享经济和社交网络应用中,区块链天生就具备去中心化的特性,这一点与共享经济的宗旨高度吻合。区块链作为一个去中心化的一致性共享数据账本,在此架构下,整个系统的运作都是公开透明的,它让共享经济变得更加容易。例如,区块链技术可以将智能合约运用于自行车租赁、房屋共享等领域。在存储和内容分发网络领域,传统型和云服务厂商受限于昂贵的 CDN 基建成本,因为其 CDN 加速节点往往只能在大城市布点,如果这些大型节点遭受攻击,受影响的将是千千万万的用户。而"区块链+CDN"可以使每个区块链硬件用户都成为一个加速节点,即加速节点是无限的,同时安全性能随节点数增加而无限叠加。这是因为区块链技术特有的分布式计算保证了无论任意一个节点,乃至成千上万个节点同时遭受攻击,剩余的节点数据都能被无限期储存。这样一个"滴水不漏"的全覆盖网络,具有强大的抵御攻击能力。已经有 CDN 服务供应商在该领域进行了尝试:共享者通过共享家庭闲置带宽和存储获得激励,而CDN服务供应商通过共享者提供的资源获得大量的廉价带宽和存储,给用户提供有竞争力的CDN服务。①

四、区块链技术存在的问题

区块链技术里有一个"三元悖论",三元是指衡量区块链好坏的三个指标,即高效性、去中心化和安全性。安全性作为区块链技术最重要的特点,区块链的不可篡改性决定了它对错误的零容忍。去中心化是区块链技术的另一个重要特点,但是在实践中它可以被适当弱化,以"准去中心化"或者"多中心化"来换取高效。

(一)区块链性能上存在问题

比特币诞生时只是黑客的玩具,对其了解的人还很少。但随着比特币知名度的提高,越来越多的交易涌向区块链系统,其性能问题就凸显出来:交易确认时间久,吞吐量低。比特币每 10 分钟出一个区块,一个区块的最大容量为 1 MB,换算下来区块链系统每秒钟可以处理的交易数是 7 笔。这与当前很多的金融系统相比实在太少。

吞吐量过低是区块链系统的严重问题,这会大大限制其可用场景。后来,为数不少的公链项目都以改进性能为首要目标,或者增加区块大小,或者提高出块频率。在比特币的框架下,靠调整这类参数虽然可以在一定程度上改善吞吐量,但其上限也就是每秒处理几百笔交易,很难有本质上的突破。例如,作为联盟链代表的 Hyper Ledger Fabric,其吞吐量也只有每秒几百到几千笔交易的量级,并不能满足当前金融系统对吞吐量的需求。区块链系统吞吐量过低的根本原因在于共识过程。在一个完全去中心化的环境里,要得到多数节点的认可往往需要多次交互,而每次交互又伴随着网络延迟,因而在两者的共同影响下,区块链系统的吞吐量注定难以提高。

(二)区块链隐私保护的问题

区块链是一个分布式账本,具有公开、透明、不可篡改等优点。但当区

---

① 华为区块链技术开发团队.区块链技术及应用[M].北京:清华大学出版社,2019.

块链技术被应用到现实商业世界的时候，还有很多问题亟待解决，其中最关键的是隐私保护问题，即如何解决公开、透明与隐私保护之间的矛盾。这一直是区块链技术的应用难点和重要的发展方向。

比特币有较好的匿名性，因为比特币的账户地址是以非对称密钥经过一系列运算得到的。比特币在网上传输的所有交易，都是公开的，也就是没有隐私。普通民众很难把公钥和真实世界中人的身份对应起来，从而给人造成一种比特币隐私保护能力较好的"假象"。在企业领域和个人消费领域，人们对隐私保护的要求越来越高。2018年5月25日，史上最严格的欧盟隐私保护法案——《通用数据保护条例》付诸实施。该条例规定，一旦用户个人数据上链，区块链服务提供者必须保证用户数据的隐私性。同时，该条例还规定了公民对个人信息的若干隐私保护权利，包括知情权、访问权、更正权、被遗忘权、限制处置权、拒绝权、数据可携带权、免受自动决策权等。对于没有服务提供方、参与者完全对等的公链，如比特币或以太坊，已经暴露了一些隐私保护方面的难题：如果有人将其他人的隐私信息以一条交易信息的附加信息方式记录到以太坊的公链上，那么没有人可以将这条信息删除，即这条信息将永久存在于以太坊的公链上。

（三）跨链技术的问题

区块链为我们带来了防篡改、去中心化、不可逆、智能合约等极具价值的特性，我们可以使用一个独立的区块链系统构建一个完美的分布式账本。但是，多条区块链之间互联互通也是非常必要的。在区块链最传统的加密数字货币领域，有些用户倾向于使用比特币，有些用户则倾向于使用以太币，或者其他加密数字货币。大多数区块链加密数字货币都具有独立的价值网络，大多数都无法参与自身之外的信息交互和价值转移，从某种程度上讲，我们可以视其为一个"信息孤岛"，因此其价值流通也将受限。

对于跨链技术来说，更为重要的应用领域是区块链企业业务。如果把区块链分布式账本类比于多家企业共同建立的一个分布式数据库，那么每条区块链就相当于数据库中的一张数据表。对于复杂的企业业务场景，其必然要采用多张表才能完成业务。而每张数据表不可能都是孤立的，必然存在着一定的关联性、依赖性或者数据的一致性。以税收场景为例,每个地域内的企业可以与相关的税务部门组成一条区块链,记录纳税信息。但是,这些企业还会涉及采购、销售等上下游的相关企业,而且这些上下游企业可能处于其他地域,其中又涉及增值税数据的抵扣,所以,不同地域的区块链账本之间存在一定的关联性和一致性。

跨链技术可以解决企业业务场景下的一个重要的问题——在保证业务协同性的情况下尽可能地提升区块链系统的整体业务性能。跨链技术可以将具有紧耦合的业务放到一条区块链上,并将松耦合的业务拆分到不同的链上,从而实现业务的协同和事务的一致性。

总体来说,当前的区块链系统都是相对独立的系统。这不管是从性能上还是从支撑的业务复杂度上,都已经成为区块链技术的发展瓶颈,人们必须通过合适的跨链技术实现区块链业务系统的互联互通和高性能。但是,当前设计与实现跨链技术面临着两个问题:第一,交易验证问题,即如何设计区块链系统之间的信任机制,使得一个区块链可以接收并且验证另一个区块链上的交易;第二,事务管理问题,跨链交易包含多个子交易,这些子交易构成了一个事务,如何确定子交易是否被最终确认、永不回滚,即如何保证交易的原始性也是需要被考虑的。

(四)区块链共识机制的问题

共识机制是指由特殊节点对包括若干条交易的一个区块的提议进行投票,并完成对此提议的验证和确认的机制。通俗地说,对一笔交易的共识,就是由协同参与账本的几个节点达成一个一致的结果,并将该交易正常记录进账本;如果达成否决的结果,则该交易不被记录进账本或者在账本中标记为无效。当前成熟的区块链共识机制主要基于链式结构,其共识算法包括 PoW、PoS、PoP、PBFT 等。基于以上共识算法产生的共识机制,账本都会以单条链为准。例如,有 5 家银行面向普通用户联合开放了一种特殊的优惠证券,购买时需要经过 5 家银行的信任评估,但是只开放了一个受理点,由于购买人数量较多,所有排队等待的人都需要经过漫长的等待,同时信任评估需要 5 家银行现场连线确认,这大大限制了办理的效率。如果又有 3 家银行想要加入并提供信任评估,那么这个确认的时间也会随着新加入银行的数量而变大。我们可以看到基于链式结构的共识机制在应用中有很大的限制。具体来说:第一,吞吐率低,在单位时间内可以完成确认的交易笔数较少,区块生成效率低下,不足以支撑现实场景中的高频交易,如 VISA 信用卡交易;第二,共识节点扩容有限,尤其对于支持拜占庭容错的共识,节点数量过多时将使通信开销过大,从而极大地降低共识效率;第三,能耗大,这主要针对类似 PoW 的共识机制,比拼算力最终演化成比拼动力。①

五、区块链技术的发展前景

基于中心化的组织或机构构建的信用体系是传统商业社会的基础。区块链技术出现之前,人们无法构建一个行之有效的去中心化的大规模信用系统。以比特币为代表的区块链技术的社会化实验,首次实现了真正去中心化的价值交换系统,保证了数字货币交易系统安全、稳定地长期运行。随着区块链技术的快速发展,其必将在更多领域更深层次地影响和改变商业社会的发展。区块链技术对商业社会的影响主要体现在以下三个方面。第一,降低社会交易成本。区块链系统的去中心化特征决定了所有的交易均由参与方通过共识机制建立分布式共享账本,通过区块链网络对交易内容进行提交确认、追溯等操作。换言之,区块链网络中的所有信息都是经过多方共识、可信、不可篡改的。这将极大简化传统交易模型中所要面对的冗长的交易审查、确认等流程,甚至不再需要重复的账目核对、价值结算、交易清算等操作,从而实现社会交易成本的大幅降低。第二,区块链技术被应用于经济社会的各个领域,必将优化各领域内的业务流程,降低运营成本,提高协同效率。以金融领域内的场景为例,当前金融系统是一个复杂庞大的系统,跨行交易、跨国汇兑往往需要依赖各类"中介组织"来实现。漫长的交易链条,加之缺乏统一的监管方式,使得交易效率低下,大量资产在交易过程中被锁定或延时冻结。借助区块链系统的去中心化特征,社会中的投资和

---

① 华为区块链技术开发团队.区块链技术及应用[M].北京:清华大学出版社,2019.

交易将可以实现实时结算,从而大幅提升投资和交易效率。此外,各类需要依赖"中介"来解决新人问题的场景,或者依赖来回核对来解决信息一致问题的场景,都可以使用区块链技术作为其解决方案,可以大大减少操作步骤和人力投入,降低对去中心化机构的依赖,提升效率。第三,区块链技术可以使交易透明、可监管。信息实时性及有效性是监管效率的关键。除了涉及个人隐私或商业机密等情况外,区块链技术可以使交易透明,不可篡改。此外,监管机构还可以利用区块链技术实现实时的透明监管,甚至可以通过智能合约实现对交易的自动合规检查、欺诈甄别等。①

---

① 张婉莹.我国金融科技监管模式的选择[J].现代商业,2019(2):165-166.

第六章 绿色金融

◎ 学习目标

(1) 掌握绿色金融的含义。

(2) 了解我国绿色金融的发展前景。

(3) 熟悉我国绿色金融的特点。

◎ 能力目标

(1) 理解绿色金融产品和服务。

(2) 明确金融业转型发展的方向。

"蚂蚁森林":数字绿色金融模式的创新与实践

蚂蚁金融服务集团(以下简称蚂蚁金服)致力于把握全球互联网金融领域发展脉搏,其于2016年6月14日公布了绿色金融战略。绿色金融战略发布不久后,产品经理接到了将绿色金融战略融入具体的投融资产品设计的任务。经过多次"头脑风暴",2016年8月27日,面向4.5亿支付宝用户的"蚂蚁森林"正式在支付宝平台上线。这一产品既培养了用户的线上交易习惯,也使公益组织和环保企业得到消费者的认同和财政补贴,还使政府利用较少的补贴和拨款实现了经济效益和社会效益的双丰收,其社会价值和资金价值初步体现。实践一年之后,蚂蚁金服升级了算法,增加了合作伙伴,成立了绿色低碳基金会,并联合科技伙伴用遥感技术和人工智能推出"卫星看树"和"实时看树"功能。"蚂蚁森林"这种跨界创新模式向全球讲述"中国故事",有效推动了数字绿色金融事业的突飞猛进,为全球提供了数字绿色金融的发展方向,2017年12月它被联合国环境规划署誉为"环保的突出典范"。从2018年起,蚂蚁金服的绿色金融项目从植树造林转向江河水土流失治理、自然地保护、公众生态环境教育等更加广阔的生态领域,探索全方位的互联网+生态保护工作。蚂蚁金服在数字绿色金融模式上的不断创新和实践,被用户称为"互联网第八大奇迹","蚂蚁森林"项目有效引导了众多消费者和公益爱好者成为绿色金融的筑梦者。但同时,该项目也遭到多方质疑:"烧钱"的公益能否持续?能够有效保持用户黏性吗?如何解决用户种树花费时间成本高的问题?……从经营模式到价值引导,从资金成本到利润来源,从运营环境到未来境况,这些都成了被质疑的对象。蚂蚁金服秉持公益环保原则的"蚂蚁森林"项目能持续下去吗?未来该何去何从?

讨论

结合以上案例,讨论分析绿色金融的类型,以及企业应如何以"以小见大"的模式推动绿色金融发展。

第一节　绿色金融概述

一、绿色金融的内涵

(一)产生背景

1. 国际可持续发展理念的兴起

1972年在瑞典斯德哥尔摩举行的第一届联合国人类环境会议最早正式提出了"可持续发展"的概念。该会议通过了《联合国人类环境会议宣言》,确认了全球环境保护7点共同看法以及26项具体原则。1987年,世界环境与发展委员会在《我们共同的未来》报告中提出了可持续发展战略。1997年,在日本京都举行的联合国气候大会通过了《京都协定书》,确认了减少温

室气体排放的三种市场机制——国际排放贸易机制、联合履行机制和清洁发展机制。这三种机制促成了碳排放权交易市场的产生。① 2009年,联合国气候变化大会在哥本哈根召开,达成了不具法律约束力的《哥本哈根协议》。2015年,美国、中国等194个缔约国签署《巴黎协定》,发达国家继续带头减排,并加强对发展中国家的技术支持,以减缓和应对气候变化。2016年,在G20杭州峰会上,中国向其他G20成员发出倡议,推动《巴黎协定》获得普遍接受和早日生效。

2. 绿色金融的国际起源与国内发展

绿色金融的含义最初来源于绿色银行。1988年春,世界上首家以保护生态为目的的德意志联邦共和国金融中心在法兰克福成立。该金融中心以促进生物和生态事业发展为目的,由于其主要经营自然和环境保护信贷业务,这类银行又被外界称为"绿色银行"。2002年,世界银行下属的国际金融公司联合荷兰银行等几家知名银行召开会议,提出关于企业和环境责任的基本原则。2003年,花旗银行等10家国际性银行共同创立了"赤道原则"。"赤道原则"是一项企业贷款准则,这项准则要求金融机构在向某个项目投资时,要对该项目可能对环境和社会产生的影响进行综合评估,并且利用金融杠杆促进该项目在环境保护以及周围社会和谐发展方面发挥积极作用。

近年来,我国大力推动有助于绿色金融发展顶层设计,制定和出台了一系列促进绿色金融发展的法律法规,逐步探索构建起我国绿色金融体系。2015年4月25日,《中共中央国务院关于加快推进生态文明建设的意见》首次提出要推广绿色信贷、排污权抵押贷款等融资渠道,开展环境污染责任保险试点。2015年9月,中共中央、国务院印发《生态文明体制改革总体方案》,从信贷、绿色股票指数、绿色债券、绿色发展基金、上市公司披露信息、担保、环境强制责任保险、环境影响评估、国际合作等方面具体提出建立绿色金融体系。2015年10月,中共十八届五中全会再次明确我国要发展绿色

---

① 安同信,侯效敏,杨杨.中国绿色金融发展的理论内涵与实现路径研究[J].东岳论丛,2017,38(06):92-100.

金融,设立绿色发展基金。2016年3月,"建立绿色金融体系,发展绿色信贷、绿色债券,设立绿色发展基金"再次被写入我国"十三五"规划。2016年8月31日,中国人民银行、财政部等七部委联合发布《关于构建绿色金融体系的指导意见》,定义了绿色金融、绿色金融体系,指出构建绿色金融体系的重要意义,并提出从大力发展绿色信贷、推动证券市场支持绿色投资、设立绿色发展基金、发展绿色保险、完善环境权益交易市场、支持地方发展绿色金融、推动开展绿色金融国际合作等方面建立多层次的绿色金融市场体系。由此,我国构建起了较为完整的绿色金融政策体系。2016年是我国和全球的绿色金融元年,我国成为全球最大的绿色债券市场,并且各类创新型绿色金融大量涌现。

(二) 绿色金融概念

根据2016年8月31日由中国人民银行等七部委发布的《关于构建绿色金融体系的指导意见》,绿色金融是指为支持环境改善、应对气候变化和资源高效利用的经济活动,即针对环保、节能、清洁能源、绿色交通、绿色建筑等领域的项目投融资、项目运营、风险管理等所提供的金融服务。该意见是我国政府发展绿色金融的指导性文件,明确了绿色金融的概念、产品和服务。绿色金融本质上是一种经济金融服务,主要支持绿色项目的投融资、项目运营和风险管理服务,目标是促进环境和资源的协调共进,实现社会的可持续发展。从绿色经济的角度来看,绿色金融可以表述为以市场为导向、以传统产业金融为基础、以环境保护为目的而发展起来的一种新的金融形式,是金融为适应人类环保与健康需要而产生并发展起来的一种业态。[1] 通俗来讲,绿色金融是指金融业在投融资行为中要注意对生态环境的保护及对环境污染的治理,注重环保产业的发展,通过对社会资源的引导促进经济的可持续发展与生态的协调发展。[2] 绿色金融的内涵如图6-1所示。

---

[1] 李小燕,王林萍,郑海荣.绿色金融及其相关概念的比较[J].科技和产业,2007(7):82-85.
[2] 安伟.绿色金融的内涵、机理和实践初探[J].经济经纬,2008(5):156-158.

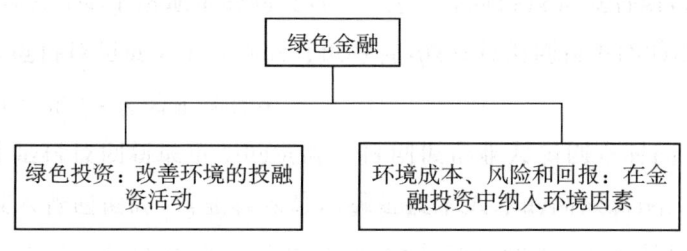

图 6-1　绿色金融的内涵

二、绿色金融的理论基础

(一) 外部性理论

经济活动对环境造成污染的原因是人们从事经济活动时造成的环境污染没有被计入其成本当中。长久以来,政府试图通过税收和罚款解决环境污染问题,然而从现实来看效果并不理想,甚至催生了一些负面的社会现象。在此背景下,绿色金融应运而生。事实上,政府希望通过绿色金融等政策手段将环境问题的外部性内部化。外部性是经济活动的重要特征,也称外部效应,是指经济活动中一个经济主体(国家、企业或个人)的行为直接影响另一个经济主体的利益,却没有给予其相应赔偿或补偿的现象。[①] 外部性分为正外部性和负外部性。正外部性是指经济活动中一个经济主体的行为使另一个经济主体受益;负外部性是指经济活动中一个经济主体的行为使另一个经济主体受损。根据外部性理论,外部性造成了私人边际成本和社会边际成本的不一致,解决这种不一致的策略就是消除外部性。当存在外部性问题时,私人边际净产值总是与社会边际净产值存在差异。因此,完全利用市场机制实现资源的最优配置是不可能的,必须采取政府征税或提供补贴的办法。环境污染是一个典型的负外部性实例,环境污染的负外部性使私人(生产者与消费者)不愿为使用生态环境支付成本,这就可能导致私人对生态环境的过度使用直至边际效益为零,并且不会关心边际社会成本的增加。因此,市场机制难以激励私人主动开展环境保护,只能依靠政府干预。

---

① 杨亚林,马如飞.环境外部性与我国绿色金融发展[J].湖湘论坛,2017,30(1):88-91.

同样,绿色金融也具有外部性,而且是正外部性。从系统工程的角度看,金融业是一个系统,生态环境是一个系统,这两大系统之间的关系存在以下三种情况。一是金融业在提供资金时单纯考虑商业利益,不考虑生态环境因素。其结果是金融业抓住了最佳的商业机会但可能会破坏生态环境,并且没有因此承担环境污染的责任。二是金融业在提供资金时既考虑商业利益,也考虑生态环境因素。其结果是对生态环境有益但金融业可能失去了最佳的商业机会,但金融业没有因此得到补偿。三是金融业向生态环境产业提供资金,既获得了商业利益,也保护了生态环境。根据外部性理论,绿色金融具有正外部性,所以绿色金融就应当由政府提供。政府可以将财政资金委托给金融机构,让其进行定向经营,或由财政支持的政策性金融机构提供绿色金融服务。但事实上,受财政实力的局限,前者事实上是做不到的,后者提供的服务也有限。据测算,我国的绿色产业在今后几年内,每年需要投入2万亿元,但财政只能提供10%～15%的资金,其余只能依靠社会资金。也就是说,外部性理论虽然提供了一种解决环境污染问题的思路,但其作用有限,要想彻底解决问题,还需另辟蹊径。

一方面,绿色产业可以优化环境、节约资源,为全社会带来有益的影响,即它具有正外部性,但这种影响却无法体现在货币化的收益当中。另一方面,污染环境、浪费资源的产业或者生产方式对环境造成的破坏也往往无法充分地反映在经营成本中,即它存在负外部性。绿色金融就是政府将这些正外部性和负外部性货币化的手段,即将正外部性变成收益,将负外部性变成赔偿,从而获取最佳的社会效益。绿色金融同传统金融一样,也包括银行、证券、保险、基金、信托等行业。企业可以通过绿色信贷、绿色基金等从社会获取治理污染、生产改造的资金来源;而人们可以通过购买保险等金融产品获得相应的赔偿。

(二)产权理论

现代产权理论认为,产权的界定可以有效克服外部性,促进资源的优化配置。这就为解决外部性问题、提高资源配置效率提供了新的思路。按照现代产权理论的表述,市场机制发挥作用的前提条件是清晰的产权界定和有效的产权制度安排。也就是说,只要产权界定清楚、产权制度安排合理,外部性问题就可以通过市场机制得到解决。受此启发,排污权交易理论认为,作为生态环境的所有者,政府可以创建一种保护生态环境的新产权——排污权。如果法律规定经济主体拥有向生态环境排污的权利,那么经济主体就可以向政府购买这种权利,并可以进行排污权的买卖,即进行排污权交易。排污权交易理论点燃了人们进行与生态环境相关的其他权利交易的热情,如碳排放权交易、水权交易、林权交易、矿业权交易等纷纷涌现出来,并在发达国家取得了良好的效果。

现代产权理论也为绿色金融的发展提供了方向。首先,现代产权理论为绿色金融通过市场机制实现发展提供了理论依据。例如,政府一旦立法明确了公民的环境权,即公民享有在良好、健康环境中生活和工作的权利,金融机构就有责任为生态环境项目融资,也有责任拒绝向环境污染项目融资。又如,由于财政收支缺口日益庞大,政府对绿色金融的支持有时候是力不能及的。那么,此时发展绿色金融的更优选择是在明确界定并保护好产权后,主要依靠市场机制来运作。具体措施如下:一是明确环境债权在全部债权中的优先受偿地位,这样环境债权的信用风险更低,融资成本也就更低,可以吸引更多的投资者;二是为环境融资设定更低的风险权重,使生态环境项目的风险比其他项目融资的风险更低,从而促使更多金融机构投资生态环境项目。其次,现代产权理论为生态权益金融通过市场机制实现发展提供了理论依据。在这种思路下,只要生态产权明晰且生态产权交易市场完善,生态权益配额不足的经济主体就可以从生态权益配额富裕的经济主体那里购买生态权益配额。这不仅有利于经济活动的开展,也使生产者有动力通过技术进步减少环境污染或资源的低效利用。此外,这一思路还有利于促进金融创新。为了活跃生态产权交易市场,各种金融机构、投资机构等的介入极大地充实了市场主体,也使生态产权抵押质押、生态产权信托、生态产权证券化、生态产权租赁、生态产权回购、生态产权保理、生态产权期货期权、生态产权存储与借贷、生态产权投资等的产生成为可能。

如前所述,外部性理论和现代产权理论在推动绿色金融发展中都能发挥作用,但由于政府财力有限,外部性理论的作用受到限制。因此,在市场机制逐步健全的今天,现代产权理论的作用会越来越大。两者可以单独使用,也可以相互配合。在具体应用方面,外部性理论为设立政策性绿色金融机构提供了思路,现代产权理论为建立健全绿色信贷产权流转制度和推进自然资源资本化提供了思路。

三、绿色金融、气候金融和可持续金融的关系

绿色金融、气候金融和可持续金融三者的概念常被混淆,单纯从定义外延来看,可持续金融的覆盖范围最大,绿色金融的覆盖范围介于可持续金融和气候金融之间,气候金融的覆盖范围最小。为了更好地理解绿色金融,我们接下来对这几组概念进行阐述。

(一) 绿色金融与可持续金融

可持续金融是从可持续发展概念发展而来的,主要通过金融工具来实现社会的可持续发展,可持续金融从环境、社会、治理、经济四个因素开展经济活动。欧美国家有很长的发展历史,可持续金融的本质是在传统的投资理念中加入了环境或社会的考量因素。国外的绿色金融起源于西方教会制定的涵盖人权、和平等内容的投资准则,这些投资准则后续发展为"社会责任投资"理念,且投资理念的边界也扩展到与可持续发展相关的因素。近年来,全球气候变暖,越来越多的国家开始重视温室气体的排放。1987年世界环境与发展委员会在《我们共同的未来》报告中提出了"可持续发展"的概念;1992年,联合国环境规划署发布金融倡议,希望金融机构能够把环境、社会和治理因素纳入决策中,使得投资人、保险机构、交易所都重视上述三个因素带来的机遇和挑战。[①]

绿色金融主要侧重环境因素在治理决策中的影响,其范围较可持续金融略小。随着国际合作的加深,社会、治理因素结合不同国家的发展特点会逐渐对各国的绿色金融产生影响。

---

① 陈诗一.金融科技概论[M].上海:复旦大学出版社,2019.

(二) 绿色金融与气候金融

气候金融的概念源于应对气温升高及各地出现极端天气等情况的资金需求,是从 2007 年联合国政府应对气候变化的谈判中发展而来的。它的内容主要涉及减缓气候变化、应对气候变化两个方面。2009 年哥本哈根大会设立了"绿色气候基金",以帮助发展中国家减缓和适应气候变化。气候金融以公共部门资金为主要对象,资金属性具有公共性,主要通过碳减排来应对气候变化。

绿色金融较气候金融的含义更广,不仅包含减缓气候变化、应对气候变化的金融活动,还包括其他环境议题,如关于治理大气污染、水污染、土壤污染等的投融资活动。

第二节 绿色金融主要产品和服务

绿色金融与可持续投资不同之处在于,它不仅聚焦于投资而且包含多种多样的金融服务,其更注重构建一个绿色发展服务的金融体系。绿色金融是一个新兴产业,其产品形式不断更新,如绿色信贷、绿色债券、绿色股票指数和相关产品、绿色发展基金、绿色保险、碳金融等,它们和相关政策构成了我国的绿色金融体系。近年来,各国金融机构都陆续推出了系列绿色金融产品和服务,绿色金融新产品和新服务也在不断地向市场加大供给。目前,我国的绿色金融体系建设已取得了令人瞩目的成就。其中,绿色信贷是整个金融市场上最主要的融资渠道,绿色保险和碳金融都是绿色金融的重要组成部分。未来,我国的资本市场上将会出现与个人投资联系更为紧密的绿色金融产品与服务。

一、绿色信贷

2016 年 8 月,中国人民银行、财政部等七部委联合发布《关于构建绿色金融体系的指导意见》,其中提出鼓励银行业金融机构开展绿色信贷。目前我国正初步形成绿色信贷政策体系,激发了商业银行等金融中介机构发展绿色信贷的内生动力。一方面,我国通过出台政策,如《绿色信贷指引》《绿色信贷统计制度》和《绿色信贷实施情况关键评价指标》,鼓励金融机构发展绿色信贷业务;另一方面,将符合条件的绿色贷款纳入再贷款合格抵押品范围,便于金融机构盘活绿色信贷资产,从而打通绿色债券和绿色信贷两大市场。作为在信贷活动中支持绿色产业发展的创新产品,绿色信贷可以增加商业银行的社会效益和经济效益,提升银行的盈利能力,同时也可以推动企业向绿色产业转型,使我国经济绿色增长。

(一)绿色信贷的概念

绿色信贷是一种商业银行借助信贷手段来加大对绿色发展(绿色经济、低碳经济、循环经济)的支持、防范环境和社会风险、提升自身的环境和社会表现的金融活动。[①] 其主体是银行金融机构,本质是把环境和社会责任融入商业银行的贷款和管理流程中。绿色信贷通常有三种表现形式:一是通过贷款品种、期限、利率和额度等信贷工具来支持节能环保项目,促进绿色发展;二是银行在贷款业务管理流程中增加环境风险评价,对违反节能环保相关法律法规的项目和企业采取停贷、缓贷或提前收回贷款的措施,促进环保节能和绿色发展;三是通过信贷手段引导和督促借款企业在生产过程中防范环境风险,履行环境和社会责任,降低环境风险和经营风险。[②] 绿色信贷的内容包括绿色信贷政策和绿色信贷产品两个方面。其中绿色信贷政策是指商业银行在绿色信贷投放过程中需要遵守的法律法规、部门规章以及行业内部制度等;绿色信贷产品是指用于实现绿色信贷资本投放的金融产品。

在国际层面,越来越多的金融机构开始开展绿色信贷业务。绿色信贷业务具体如图 6-2 所示。例如,渣打银行于 2020 年 2 月承诺,到 2024 年年底,为促进可持续发展的基础设施提供 400 亿美元的项目融资服务(包括绿色债券和绿色信贷等工具)。

---

① 赵峥,袁祥飞,于晓龙.绿色发展与绿色金融——理论、政策与案例[M].北京:经济管理出版社,2017.
② 李晓西,夏光.中国绿色金融报告[M].北京:中国金融出版社,2014.

第六章 绿色金融

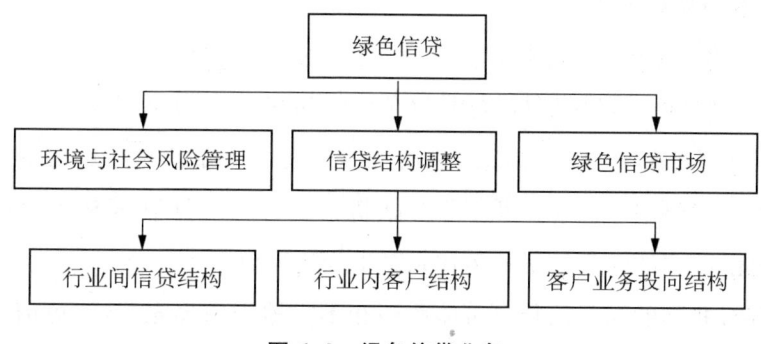

图6-2 绿色信贷业务

（二）绿色信贷的政策发展

中国绿色信贷政策在经历了意识苏醒阶段、发挥合力阶段和全面发展阶段后，中央层面已初步形成包括顶层设计、分类统计制度、考核评价制度、奖励激励机制等在内的绿色信贷政策体系。

1. 意识苏醒阶段

1995年，中国人民银行发布《关于贯彻信贷政策和加强环境保护工作有关问题的通知》，这是我国首次在信贷投放环节提出要加强对环境保护的约束和引导。随后，原国家环境保护总局印发《关于运用信贷政策促进环境保护工作的通知》。这一阶段金融机构主管部门和环境保护主管部门分别对外发布了环境保护领域的信贷政策，基本形成了用信贷政策手段来引导和解决绿色发展问题的思路，由此我国的绿色金融发展拉开序幕。

2. 发挥合力阶段

2007年，原国家环境保护总局、中国人民银行、原中国银行业监督管理委员会联合发布了《关于落实环境保护政策法规防范信贷风险的意见》，提出要加强环保和金融监管部门合作与联动，明确了各级相关部门的具体职责。同年，原中国银行业监督管理委员会发布了《节能减排授信工作指导意见》，就节能减排领域的授信政策和授信管理向各商业银行和其他金融机构提出了具体要求。这一阶段明确了环保和金融领域合作的总体思路，对各职能部门进行了明确的职责分工，并强化了具体领域的信贷政策安排。

3. 全面发展阶段

2012年，原中国银行业监督管理委员会发布了《绿色信贷指引》，这是我国首次在政策性文件中明确提出"绿色信贷"的概念。此后其又于2013年和2014年分别发布了《关于报送绿色信贷统计表的通知》和《绿色信贷实施情况关键评价指标》，完善了银行业金融机构的分类统计制度和考核评价制度。至此，我国的绿色信贷政策体系基本构建完成。

目前，我国的绿色信贷政策体系还在不断地进一步完善，绿色信贷统计分类标准愈加细化，风险管理措施和产品创新指引更加明确。[①] 例如，2019年3月，国家发改委等部委联合发布《绿色产业指导目录（2019年版）》（以下简称《目录》），明确了绿色产业类别涵盖六大领域，分别为节能环保、清洁生产、清洁能源、生态环境、基础设施绿色升级和绿色服务，银行业监管部门以《目录》为参考对绿色信贷统计标准进行修订，发布了《关于修订绿色贷款专项统计制度的通知》。

（三）绿色信贷的应用

绿色信贷具有绿色资本配置和绿色资本供给的双重作用。在绿色信贷政策的资本配置作用中，绿色信贷政策根据其功能特点细分为约束性政策和引导性政策。在约束性政策下，限制信贷流入"非绿"领域，增加信贷投放"绿色"要求；在引导性政策下，加速信贷流入"绿色"领域，培养企业"绿色"经营意识，从而使资源配置倾向于"绿色"领域。在绿色信贷产品的资本供给作用中，绿色信贷产品作为绿色信贷的主要实现形式，通过检验资金需求方是否满足信贷标准来赋予信贷资本"绿色"特征，实现绿色资本的供给。绿色信贷政策资本配置和绿色信贷产品资本供给的双重职能以资本为核心，实现了对绿色发展的支持。

以兴业银行为例，兴业银行总部位于福州市，是内地较早成立的股份制银行，现已成为我国较有竞争力的上市商业银行之一。兴业银行作为我国首家"赤道银行"，为突破业务同质化，创新业务发展模式和盈利模式，选择

---

① 王遥,徐洪峰.中国绿色金融研究报告（2020）[M].北京:中国金融出版社,2020.

绿色信贷为突破口,在 2008 年正式加入"赤道银行"行列,推出以"赤道原则"为基准的绿色金融融资贷款。为推动绿色信贷的专业化,兴业银行在总行和分行都设置了环境金融部,并制定了《环境与社会风险管理政策》,为实施"赤道原则"提供政策指引。兴业银行实施绿色信贷后,绿色信贷业务出现了爆发式增长,截至 2018 年 9 月就为超过 16 000 家企业提供了绿色信贷服务,总额超过 16 000 亿元,既实现了自身业务的扩展,又较好履行了社会责任,支持企业节能减排项目,为环境改善作出了重要贡献。

未来中国的绿色信贷市场将继续朝着规模化和多元化发展。

二、绿色债券

绿色债券是我国绿色金融体系最具有代表性的产品之一。在中央和地方政策的支持下,近年来其发展迅速,绿色债券市场稳步发展,发行规模不断扩大。我国已成为全球最大的绿债市场之一。作为绿色金融体系的重要组成,绿色债券对绿色产业和投资者有着重要作用:一是为绿色项目提供新的融资渠道和长期融资。对于融资难、发展前景好、有足够现金流支持还款的绿色项目,企业可以通过发行绿色债券来筹集资金,同时绿色债券周期长的特点可以缓解绿色项目的长期融资压力。二是可以强化环境风险管理,带来良好效益。对于绿色债券的发行和存续期管理,绿色债券监管部门制定了环境信息披露相关要求,可以有效加强发行人环境风险管理意识,提高金融市场风险管理能力,加之绿色债券募集的资金是专门投向可再生能源、绿色建筑、污染防治等绿色项目,可以给环境带来良好的效益。三是为投资者提供可长期持有的资产。对于一些有长期投资需求的投资者来说,绿色债券低风险、可持续、投资组合多样的特点可以满足他们的投资需求,同时也使投资者履行了社会责任。

(一)绿色债券的概念

绿色债券是指在传统债券的基础上,在资金使用、项目选择、跟踪管理和信息披露等方面叠加"绿色约束"的债券。其本质上是债券工具,属于直接融资,发行主体可以是政府(含市政机构),政策性金融机构或从事低碳、环保、节能领域的企业,面向的投资者也无明确的范围限制,关键在于募集资金必须投向"绿色项目"。绿色债券主要分为两类:一类是普通绿色债券,即发行人以开展绿色金融项目为由募集资金而发行的债券,如银行绿债、公司(企业)绿债或政府绿债;另一类是绿色资产支持证券,一般见于商业银行或政策性开发银行以资产为抵押物发行的债券。

从我国绿色债券发行主体来看,绿色债券可大致分为三类:由商业银行或政策性开发银行发行的绿色金融债,由非金融企业发行的绿色公司债、绿色国有(控股或独资)企业债、绿色债务融资工具(中期票据、短期融资券和定向工具),以及由地方政府发行的绿色市政(地方政府)债券。其中,金融机构仍然是我国绿色债券市场的主导力量。但近年来,公司绿债和国企绿债规模和占比逐年上升,这表明实体经济的结构升级获得了更多的资金支持。

从资金用途来看,我国绿色债券所筹集的资金主要投向低碳能源、低碳交通及水资源保障等领域。此外,我国国债和政策性银行债券于 2019 年 4 月起分阶段被纳入市值超过 50 亿美元的彭博巴克莱全球综合指数,预计境外投资者在中国银行间市场的持债规模会有所提升,这将间接推动我国绿色债券市场的国际化。

(二)绿色债券的政策发展

我国绿色债券市场虽然起步晚但发展速度较快,作为我国最具有代表性的金融产品,绿色债券政策体系的建设已初具规模。中央和地方都陆续出台多项相关政策来规范绿色债券的发展。2020 年我国针对所有上市公司绿色发展现状实行强制性环境信息披露制度,这一政策促进了资本市场对节能减排和绿色发展的重视,进一步扩大了绿色债券的应用场景。

从中央政策层面来看,中国人民银行、证监会、国家发改委等部门发布多项绿色债券政策,这些政策包括对绿色金融债、绿色企业债等作出认定标准和发行规范,明确绿色债券的界定标准和激励政策,指导绿色债券的评估认证,对存续期管理的规定等措施,有效推动了我国绿色债券市场的发展。例如,2015 年 12 月发布了《关于在银行间债券市场发行绿色金融债券有关事宜的公告》,明确了绿色金融债的内涵、发行主体和发行条件,并在附录中发布《绿色债券支持项目目录(2015年版)》;同年发布《国家发改委绿色债券发行指引》,明确绿色企业债券的适用范围和重点、审核要求和相关政策;2016年发布《关于构建绿色金融体系的指导意见》,其中提出了建立和完善我国统一的绿色债券界定标准,进一步明确绿色债券激励政策,推动绿色债券市场扩容;2017年发布《绿色债券评估认证行为指引(暂行)》,成立绿色债券标准委员会;2018年发布《中国人民银行关于加强绿色金融债券存续期监督管理有关事宜的通知》,加强对存续期绿色金融债券募集资金使用的监督核查和对违规问题的整改;2019年《绿色产业指导目录(2019年版)》出台,为绿色产业分类提供政策依据,目前各部门正在加速推进绿色债券标准统一工作,不断扩大改革试验区绿色债券募集资金用途,降低绿色企业融资成本,推动绿色债券可持续发展。

从地方层面来看,各地方政府在中央政策的指导下也逐步因地制宜建立地方绿色债券实施细则和一系列激励政策来推动当地金融机构和企业来发行绿色债券。例如,广州市发布《广东省广州市建设绿色金融改革创新试验区实施细则》,鼓励发行绿色金融债券,提出对开展绿色债券业务的金融机构给予绿色再贷款支持;衢州市出台《衢州市"十三五"时期绿色金融专项发展规划》,其中指出鼓励发行绿色金融债,鼓励企业发行绿色债券或项目支持票据;贵安新区发布《贵安新区关于支持绿色金融发展的政策措施》,提出对绿色债券根据规模给予500万元、200万元、100万元等不同标准的奖励。

(三)绿色债券的应用

绿色债券具有中长期融资的优势,可以满足长期绿色项目的投资需求。与股权融资方式相比,绿色债券在不改变融资主体内部治理结构和收益分配结构的基础上,能够获得较低成本的资金支持,同时绿色债券的发行方在政策上可以获得一定的财政支持,因此在中长期绿色项目建设方面,绿色债券可以获得很好的融资效果。绿色债券执行的绿色化认定标准可以确保绿色债券所投资的项目在环境上带来良好的效益。

以北京汽车绿色债券为例，北京汽车股份有限公司致力于打造环境友好、高效节能的新能源汽车产品，将环保理念融入车辆的研发、生产、销售和售后服务等环节，从顶层设计到公司治理等多个层面，全方位保障"全面新能源化"的战略实施。北京汽车股份有限公司面向市场公开发行总额达48亿元人民币的绿色企业债券，投资者大多数是境内机构投资者，是国内首单绿色企业债券。北京汽车股份有限公司几年来经营状况良好，实体的盈利能力稳健提升，绿色债券的发行增加了企业专项长期资金，改善了企业资本结构。作为国内首个以企业为发行主体的绿色企业债券，北京汽车绿色债券的成功发行使绿色债券发行主体更加多元化，有效拓展了企业进行低成本融资渠道。

三、绿色保险

绿色保险是有效应对环境与气候风险的关键性金融产品，如环境污染责任保险。绿色保险通过与高新技术深度融合，进一步完善创新型产品和服务体系的构建，在服务绿色发展方面进行初步探索。绿色保险服务于生态环境保护工作，能切实协助被保人减少环境事故的发生，同时也可以提高对于自然灾害事件的可保性，助力生态环境保护，增强气候韧性。绿色保险在环境与气候风险管理方面，能通过事前识别、事中评估和事后检测来进行风险管理服务，促进企业积极参与绿色项目建设，促进绿色产业发展。从保险公司的资产端角度来看，可以充分发挥其融资和增信的功能，引导保险资金投向绿色产业。

（一）绿色保险的概念

绿色保险在我国起步较晚，目前行业内对其还没有明确的定义。狭义的绿色保险通常是指环境污染责任保险，是以企业发生污染事故对第三者造成的损害依法应承担的赔偿责任为标的的保险。广义的绿色保险是通过保险产品的绿色化设计，将低碳、环保等绿色发展理念融入保险产品之中，借力保险的风险管理机制及其派生功能，达到助推经济社会活动"绿色化"的目的。例如，车险、财产险、人身险、责任险等传统产品均可以实现绿色化。

根据中国人民财产保险公司有关绿色保险的分类标准,绿色保险可分为六种产品和两种服务,如图 6-3 所示。当前,我国最主要的绿色保险是环境污染责任险,据中国银行保险监督管理委员会数据统计,截至 2018 年 5 月,环境污染责任险已为 7 930 家企业提供风险保障 182 亿元。此外,一种新型的绿色保险是气候保险,它主要帮助农业上下游产业规避极端气候现象带来的生产经营风险,具体操作是根据权威机构发布的天气指数来赔付。

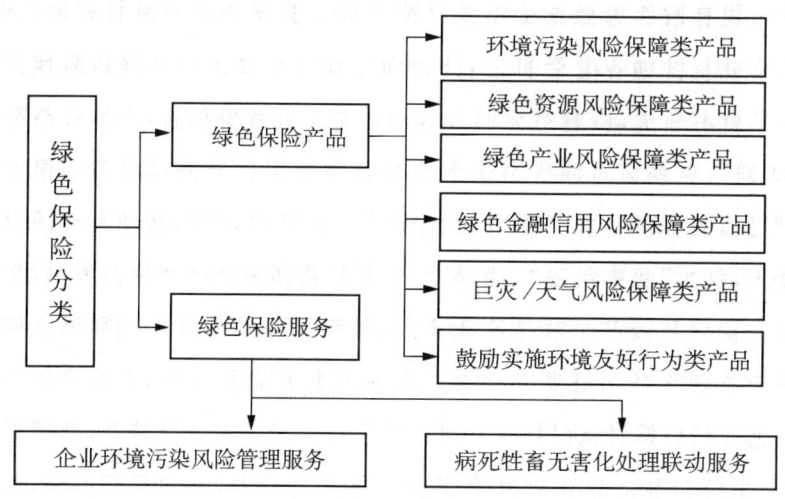

图 6-3　绿色保险分类

(二) 绿色保险的政策发展

我国绿色保险在政府的主导下,多项绿色保险相关政策和指引性文件已出台,为中国绿色保险的发展明确了总体方向。例如,2006 年,《国务院关于保险业改革发展的若干意见》出台,要求开展环境污染责任保险试点;2007 年,原国家环境保护总局和原保监会联合发布了《关于环境污染责任保险工作的指导意见》,自此绿色保险制度开始萌芽和建立;2015 年,《中华人民共和国环境保护法》(修订版)正式实施,其中第五十二条为国家鼓励投保环境污染责任保险;2016 年,中国人民银行、财政部等七部委联合发布《关于构建绿色金融体系的指导意见》中有关"绿色保险"的具体要求提供了关键性政策指导,为发展绿色保险指明了方向和路径;2017 年,原保监会制定了首个环保责任保险金融行业标准;2018年,《中共中央 国务院关于全面加强生态环境保护坚决打好污染防治攻坚战的意见》推动了环境污染责任保险发展,在环境高风险领域建立环境污染强制责任保险制度;2019年,国家发展改革委、科技部联合印发《关于构建市场导向的绿色技术创新体系的指导意见》,鼓励开发有关支持绿色技术创新和绿色产品应用的保险产品。

近年来,我国绿色保险产品在不断地创新,不少地方政府根据当地环境条件不断延伸绿色保险覆盖范围,涉及农林业、畜牧业、清洁能源、绿色建筑、绿色消费、碳排放权质押融资等方面,推动着当地经济绿色发展和绿色转型。以江苏省为例,截至2019年年底,江苏省的绿色保险种类(含创新品种)有8项气象指数险种类(大闸蟹气温指数保险、鱼虾气象指数保险、桃李气象指数保险、池塘水产气象指数保险等)以及农业大灾保险、环境污染责任险、森林保险、船舶污染责任保险。同时,随着科技的发展,大数据、人工智能、云计算等高新技术迭代性地被运用于保险产品,2019年,人保财险的新系统"天智平台"和"农险V平台"成功落地江苏。

(三)绿色保险的应用

绿色保险赖以发挥作用的机制可归纳为六点。一是稳定机制。保险事故发生后,保险公司提供保险赔偿,稳定客户的财务状况。二是利益机制。一旦发生保险事故,保险公司就要负责赔偿,因而有足够动力为预防和减少事故发生而努力。三是整合机制。保险公司积极动员各种力量,整合服务、科技等资源要素,为客户做好风控等增值服务。四是增信机制。保险公司通过偿付能力支撑的赔偿承诺和有效的风控服务,增进绿色环保行为的信用。五是联动机制。保险同其他金融板块及相关各方联动,促进信息共享,服务社会多元共治。六是激励机制。为实施绿色生产、绿色消费等环境友好行为的投保人,提供费率优惠或权益增进。①

以青岛市超低能耗建筑性能保险为例,2019年青岛市开展了全国首个绿色保险支持超低能耗建筑发展的试点项目。超低能耗建筑指的是适应气

---

① 降彩石.绿色保险服务新发展格局[J].中国金融,2021(2):44-46.

候特征和自然条件,通过保温隔热性能和气密性能更高的围护结构,采用高效新风热回收技术,最大限度地降低建筑供暖供冷需求,并充分利用可再生能源,以更少的能源消耗提供舒适的室内环境并能满足绿色建筑基本要求的建筑。其具有施工要求高、建设成本高的特点。

四、碳金融

《关于构建绿色金融体系的指导意见》提出,我国要完善环境权益交易市场。我国环境权益交易市场主要包括碳排放权、排污权、节能量(用能权)和水权交易市场,其中碳排放权市场的发展进展最快,我国已于2017年12月宣布正式启动全国碳市场。金融机构介入碳市场具有重要意义,首先是增加流动性,其次是扩大需求,这种介入将带动碳市场价格的提升和交易量的增加。碳金融作为绿色金融的重要组成部分,其本质是为减少碳排放而推出的一系列以碳排放权为标的的金融资产及其衍生品。通过碳排放权交易市场可以优化资源配置,增加碳排放权交易市场的规模和影响力,同时通过设置抵消机制,可以促进绿色低碳产业的发展,从而拉动绿色产业发展。

(一)碳金融的概念

碳金融是一种新的融资工具,泛指所有服务于限制温室气体排放的金融活动,包括直接投融资、碳指标交易和银行贷款等。例如,当前减排困难的企业向减排容易的企业购买碳排放权,后者相当于替前者完成减排任务并获得收益,前者则能获得减排的缓冲期而不至于停工。碳金融包括现货交易和衍生品交易。目前,我国的碳金融主要为现货交易,包括基于"总量—配额"原理、面向企业的碳交易和基于"基准线——项目"原理、面向减排项目的核证减排量交易。在碳现货交易的基础上,交易双方还可以进行相关的衍生品交易。我国目前有7个碳排放权交易所,它们分别分布在北京、天津、上海、重庆、湖北、广州及深圳。这些交易所基本上以现货交易为主。我国是全球温室气体排放量最大的国家,碳金融在我国经济发展中有着较大的发展空间。

(二)碳金融的政策发展

中国从 2011 年 10 月开始碳排放权交易探索,国家发展改革委办公厅下发了《关于开展碳排放权交易试点工作的通知》,批准北京、天津、上海、重庆、湖北、广东及深圳 7 个省市地区开展碳排放权交易试点工作;2014 年 12 月国家发改委发布了《碳排放权交易管理暂行办法》,为我国碳排放权交易市场的方向、框架等关键性问题提出了意见和要求;2017 年 12 月第一批 7 个试点省市已经运行了三至四个完整的履约周期,对试点体系的各关键要素和各环节进行了完整的测试。在此基础上,全国统一碳排放权交易市场于 2017 年 12 月 10 日宣布启动,市场建设稳步推进;2018 年碳市场由生态环境部来主管,主导推进碳市场建设各方面的工作;2019 年生态环境部先后发布《关于做好 2018 年度碳排放报告与核查及排放检测计划制定工作的通知》《碳排放权交易管理暂行条例(征求意见稿)》《关于做好全国碳排放权交易市场发电行业重点排放单位名单和相关材料报送工作的通知》,其中征求意见稿的出台是全国碳市场运行的基础,是全国碳市场制度建设的重要进展;2019 年财政部会计司印发了《碳排放权交易有关会计处理暂行规定》,为碳排放权交易有关会计处理提供了规范和参考;2021 年 3 月 30 日,生态环境部办公厅起草了《碳排放权交易管理暂行条例(草案修改稿)》,公开征集意见。目前我国碳市场基础建设工作在稳步推进,对碳排放的核查、交易管理条例、配额分配方案、交易有关会计处理方法等方面都发布了相关政策文件,有效地为全国碳市场的正式运行提供了保障。

(三)碳金融的应用

各试点市场主要以现货交易为主,一些试点进行了衍生品和碳相关融资工具方面的尝试,推出了各项碳金融产品。

以上海为例,上海作为碳排放权交易试点之一,其交易平台是上海环境能源交易所,先后推出了 CCER 质押、碳基金、碳信托、碳资产质押融资、碳远期、借碳交易和卖出回购等碳金融产品。

2014 年 12 月 11 日,上海银行与上海环境能源交易所签署碳金融战略合作协议,并与上海宝碳新能源环保科技有限公司签署国内首单 CCER(中国核证自愿减排量)质押贷款协议。通过在上海环境能源交易所质押国家发改委签发的CCER,上海银行为上海宝碳提供500万元质押贷款,该笔业务单纯以CCER作为质押担保,无其他抵押担保条件。

2014年12月30日,海通新能源股权投资管理有限公司与上海宝碳新能源环保科技有限公司在上海环境能源交易所的帮助和推动下成立规模2亿元的专项投资基金——海通宝碳1号集合资产管理计划(简称"海通宝碳基金"),提升了碳资产价值,填补了碳金融的空白,对整个碳金融行业有着深远意义和影响。

2015年4月8日,上海碳排放权交易试点首笔有金融机构参与的CCER(中国核证自愿减排量)交易完成。此单交易卖方为上海宝碳新能源环保科技有限公司(简称"上海宝碳"),买方为上海爱建信托有限责任公司(简称"爱建信托")。交易采用协议转让的方式,交易量为20万吨。这是全国第一个投资于碳减排量的集合资金信托计划,曾获评2015年度上海市金融办的"上海金融创新奖"。该信托计划此后持续参与上海碳市场CCER交易。

2015年5月,浦发银行与上海置信碳资产管理有限公司签署国家核证自愿减排量(CCER)质押融资贷款合同。该笔碳资产质押融资业务是国家碳交易注册登记簿系统上线后发放的国内首单CCER融资。首单CCER质押融资业务的推出,在帮助企业盘活存量碳资产、拓宽企业融资渠道的同时,也为浦发银行探索CCER等创新类交易市场资产作为银行标准化押品提供了可行的路径参考,进一步拓宽了浦发银行绿色金融的服务半径。

2016年3月,国内首单碳配额卖出回购业务在沪落地——兴业银行与春秋航空股份有限公司、上海置信碳资产管理有限公司在上海环境能源交易所签署《碳配额资产卖出回购合同》,交易标的达50万吨碳配额。这也是国内航空业参与碳金融创新的首单业务。

2017年1月12日,经中国人民银行批准,上海清算所正式推出上海碳配额远期交易中央对手清算业务。这是我国首个场外人民币碳排放衍生品清算业务。

目前,各试点地区探索碳金融创新和国际合作还处于初探阶段。2019年1月24日,上海环境能源交易所与上海证券交易所举办绿色投资研讨会暨合作备忘录签约仪式,双方将利用各方优势资源来推动碳金融创新,研究探索基于碳排放权、排污权等的衍生金融产品,推动上市公司的碳排放信息披露标准、方法以及相关能力建设工作。

第三节 我国绿色金融的发展现状和未来展望

一、我国绿色金融发展现状

在我国的倡导下,绿色金融首次被写入2016年杭州G20峰会议程,G20各国代表对政府通过绿色金融带动民间资本进入绿色投资领域达成了全球性的共识。目前,许多国家面临财政资源的制约,我国为全球在绿色投资方面提供了有价值的战略框架和政策指引。就我国绿色金融的发展现状而言,国有大型银行和政策性银行是绿色信贷的主力,股份制银行的绿色信贷业务仍有上升空间。目前,我国绿色金融政策体系建设正在稳步推进,绿色金融发展成效显著。

(一)绿色金融政策体系建设稳步推进

1. 我国已建立起一套绿色信贷政策框架

2012年,为推动银行业金融机构以绿色信贷为抓手调整信贷结构,有效防范环境与社会风险,中国银行业监督管理委员会(现为中国银行保险监督管理委员会)制定了《绿色信贷指引》,在组织管理、政策制度、能力建设、流程管理、内控管理、信息披露、监督检查等方面提出了相关建设要求。2013年,中国银行业监督管理委员会将《绿色信贷指引》相关要求指标化,制定了《绿色信贷实施情况关键评价指标》,要求各银行每年根据该指标体系,开展对本行绿色信贷工作的自评价。截至2019年,绿色信贷评价工作已连续开展六年,自评价结果成为绿色银行总体评价的依据,并纳入人民银行对银行业宏观审慎考核(MPA)内容,有力地推动了银行业金融机构绿色信贷工作。

2. 设立绿色金融改革创新试验区,加快绿色金融改革创新

2017年,中国人民银行等七部委联合发布了浙江、江西、广东、贵州、新疆5地区的绿色金融改革创新试验区总体方案,提出通过构建绿色金融服务体系、发展绿色金融组织机构、创新绿色金融综合业务等促进投资结构和经济发展绿色转型。该方案实施以来,5地区绿色金融改革创新试验区在绿色金融基础设施建设、体制机制创新、产品创新等方面初步形成了可复制、可推广的有益经验。为鼓励绿色金融发展,部分地方政府还出台了有针对性的财政贴息及奖补政策,牵头建立了专业化的绿色基金和绿色担保机制等。

3. 积极推进绿色金融标准体系建设

绿色金融标准是规范绿色金融业务的必要技术基础。2017年,中国人民银行等五部委联合发布《金融业标准化体系建设发展规划》,将绿色金融标准化确定为"十三五"时期金融业标准化工作的重要内容。2019年,国家发改委等七部委联合印发《绿色产业指导目录(2019年版)》及解释说明文件,进一步厘清了绿色产业的边界。

(二)绿色金融发展成效显著

1. 绿色金融市场规模不断扩大

根据人民银行发布的《中国绿色金融发展报告(2018)》,截至2018年年末,中国绿色债券存量规模接近6 000亿元,位居全球前列;全国银行业金融机构绿色信贷余额8.23万亿元,同比增长16%;绿色基金、绿色保险、绿色信托、绿色租赁等绿色金融产品的不断丰富,有效拓宽了绿色项目的融资渠道。

2. 绿色金融的社会和环境效益进一步显现

《中国绿色金融发展报告(2018)》指出,绿色金融在自身快速发展的同时,其社会和环境效益也进一步显现,主要体现在以下三个方面:①为绿色发展和转型升级提供综合性金融服务,有力推进了新旧动能转换和高质量发展;②对畜禽养殖废弃物处置和资源化利用等污染防治领域和重点民生工程的专项支持力度不断增强;③通过支持绿色项目建设,有效提升了能源利用效率和节能减排效果。

3. 广泛深入参与全球绿色金融治理

我国借助G20、中英经济财金对话等多边和双边平台,在全球范围内宣传推广中国绿色金融政策、标准和实践,不断提升国际社会和境外投资者对中国绿色金融市场和产品的认可度。2018年,中国人民银行牵头的G20可持续金融研究小组将发展以绿色金融为核心内容的可持续金融的相关建议写入《G20布宜诺斯艾利斯峰会公报》。此外,由中国等8个国家共同发起成立的央行与监管机构绿色金融网络成员进一步增加,截至2019年4月,网络成员数量已发展到36个。

二、我国绿色金融发展中存在的问题

(一)绿色金融配套激励约束政策有待完善

目前,以节能减排、固废处理为代表的绿色金融项目呈现技术专业性强、项目评估复杂、投资周期长、贷款风险较高等特点,但针对该类项目的融资担保机构、风险补偿基金尚未设立;同时,排污权、水权的评估交易等市场机制建立和完善仍需较长时间。这在一定程度上制约了绿色金融产品的创新。

(二)银行投融资结构的前瞻性调整面临挑战

随着我国产业结构调整以及转型升级的加快,相关部门对重点地区、重点领域、重点行业的环保要求逐步提高,化工、有色、冶炼、造纸等高耗能、高污染企业的环保压力越来越大,部分产业面临行业内部和区域布局的大调整。如何有效防控环保和社会风险、准确把握产业结构调整的方向、前瞻性地调整信贷结构,对银行信贷政策及绿色金融工作均提出较大挑战。

(三)绿色产业的界定较为复杂,绿色金融内涵较单一

绿色产业范围的界定较为复杂,根据《绿色产业指导目录(2019年版)》,绿色产业共包括6大类、30个中类、200多个小类,其中,很多产业须满足一定的行业技术规范标准才属于绿色产业。这给银行界定绿色产业和进行绿

色信贷统计带来了一定难度。

就现阶段发展而言,人们对于绿色金融的关注点仍主要集中在银行业,尤其是银行的信贷业务方面,即绿色金融的内涵和形式仍较单一。同时,在我国的银行业中,现有多家银行继兴业银行之后也成为"赤道银行",这也从侧面反映了我国绿色金融的快速发展。

三、我国绿色金融的特点

结合我国的国情以及绿色金融发展的外部性特征,我国绿色金融具有鲜明的政策主导性。党的十八届五中全会提出了"创新、协调、绿色、开放、共享"的发展理念,其中绿色发展成为五大发展理念之一,绿色金融则在 2016 年被写入《政府工作报告》。自 2016 年以来,我国绿色金融快速发展,相关政策不断出台,相关机构也不断成立,政府、金融机构和企业逐渐形成合力。政府作为公共部门要制定清晰的政策支持绿色金融发展,金融部门包括政策性金融机构和商业性金融机构也要发挥力量推动绿色金融的发展,相关企业要开展新业务和践行绿色金融发展要求,未来我国绿色金融会有突飞猛进的发展。目前,我国绿色金融还处于起步阶段,这也是我国绿色金融显著的特点。与发达国家相比,我国绿色金融的起步较晚,绿色金融在我国部分金融机构还处于探索层面,没有成熟的配套制度,仅绿色信贷形成了较为完整的体系。目前,我国的绿色金融主要应用传统的技术发展绿色经济,亟须投资新领域,发掘潜在投资领域。为了更好地发展我国的绿色金融,我国要加快构建绿色机构投资者网络,引导投资者积极投资绿色项目。

四、我国绿色金融发展展望

(一) 加快制定绿色金融与国际统一标准

目前,国际上关于绿色金融分类标准主要有市场主导、国际组织制定的绿色债券标准和中国与欧盟的绿色分类标准。我国已有三套界定标准,国际上用得比较多的是 ICMA 编制和推广的《绿色债券原则》。发展绿色金融,第一要务是要界定哪些经济活动属于"绿色",从全局来看,推动绿色分类标准趋同将促进绿色国际协调发展,各个国家如果对"哪些经济活动是绿色"这个问题有统一的认知,将推动绿色金融市场互通互联。对"绿色"的界定存在差异,容易导致绿色金融市场碎片化发展。我国绿色经济活动与国际接轨可以借助于"一带一路"的发展,共同推进国际气候治理进程。

(二)拓宽绿色金融市场广度和深度

绿色金融市场可以从标的物、金融资产的发行和流通两个角度进行划分:按照标的物分为绿色保险市场、绿色信贷市场、绿色债券市场和碳交易市场;按照金融资产的发行和流通分为绿色一级市场和绿色二级市场。从标的物分类的角度来看,我国绿色保险的品种并不多,有关气候变化长期的环境风险还未纳入绿色保险范畴内。我国的绿色信贷市场也刚步入发展起步阶段,主要项目集中在绿色经济、低碳经济、循环经济三大领域,还有很大的发展空间。我国的绿色债券主要由非上市公司、央企和国企为主,使绿色债券市场的广度受限。从金融资产的发行和流通角度来看,我国绿色金融市场一级市场尚未开始有效运行,二级市场的形成还处于前期状态。就目前我国绿色金融市场的发展现状,亟须拓宽绿色金融市场的广度和深度,才可以产生更好的环境效益从而支持可持续发展的投融资活动。

(三)深化创新绿色投资新领域

我国传统的绿色金融业务主要分为三类:直接支持绿色产业的金融产品、商业银行开发的与个人节约能源和保护环境相关的金融产品、碳排放交易相关项目。① 目前,这三类业务都是应用传统成熟的技术,我国面临一个更大的挑战,运用传统的技术已不能满足绿色成本下降的要求,为了绿色金融发展的长远性和可持续性,我国必须深化创新绿色投资新领域,推动绿色科技的发展,让绿色产品成本变得更低和更具有竞争力。

(四)加快构建绿色金融的激励机制

过去几年,中国人民银行制定了把绿色评价放入宏观审慎评估系统和

---

① 马骏.国际绿色金融发展与案例研究[M].北京:中国金融出版社,2017.

绿色再贷款两项激励措施,政府部门也批准了在五省区八个市开展绿色金融试点,地方推出了对绿色项目的贴息和担保的激励措施,但目前我国绿色金融还处于起步阶段,发展绿色金融需要来自各方的激励。我国在绿色金融发展过程中还存在激励机制不足的问题,需要加快构建绿色金融的激励机制,激励金融机构更好地发展"绿色金融",从而促进我国经济的可持续发展以及产业结构的调整和升级。

第七章　普惠金融

◎ **学习目标**

(1) 掌握普惠金融的范畴。

(2) 了解全球普惠金融的发展趋势。

(3) 了解从小额贷款、微型金融到普惠金融的发展历史。

◎ **能力目标**

(1) 掌握普惠金融的内涵。

(2) 了解普惠金融发展的现状。

(3) 灵活运用普惠金融知识进行理论与实践探索。

邮储银行:"小贷款"带动"大扶贫"

经过多年实践与摸索,中国邮政储蓄银行(以下简称邮储银行)在充分发挥自身优势基础上,通过采取三级机制、五大模式、定向政策倾斜等措施,推动金融扶贫工作取得阶段性成绩。

"三级机制"即总行统筹、省行负责、市县支行抓落实的工作机制。这种机制主要强化各级行一把手第一责任,在精准扶贫、支持农业产业发展、推进普惠金融服务工作方面取得了实实在在的效果。

在此基础上,邮储银行在内部政策上给予扶贫小额贷款定向倾斜政策:专门建立"三农"金融事业部,下设扶贫业务部,在22个扶贫工作重点分行成立金融扶贫工作领导小组,并对全部金融精准扶贫贷款实行内部资金转移定价五折优惠政策;对全部建档立卡贫困户执行基准利率优惠政策,对扶贫领域小微贷款业务给予专项信贷额度支持;出台差异化政策,允许金融精准扶贫贷款、扶贫小额信贷不良率高出各项贷款不良率年度目标2‰;通过差别化授信政策,拟定金融扶贫尽职免责制度。

邮储银行的小额贷款业务还将扶贫同扶志、扶智相结合,探索形成"五大模式"(精准扶贫模式、平台合作模式、产业引领模式、能人带动模式和建设信用村镇模式),提高了贫困地区和贫困群众的自我发展能力和脱贫致富内生动力,推动普惠金融从"输血"向"造血"转化。

(1)"精准扶贫"模式:针对有劳动能力、有脱贫意愿的建档立卡贫困户,发放"五万、三年、无担保无抵押、执行基准利率"的扶贫小额信贷。

(2)平台合作模式:依靠担保公司、协会、企业等机构平台,实现优势互补、信息共享、风险共担。

(3)产业引领模式:按照"一县一业、一行一品"发展思路,打造贫困地区特色产业,如在陕西针对果业特色,推出果品仓储小额贷款。

(4)能人带动模式:在贫困地区发挥基层党组织的战斗堡垒作用,把村干部、党员、养殖大户作为致富带动能手,培育致富领头雁。

(5)信用村镇模式:以农村信用体系建设为基础,由金融机构对全村农户进行信用评级和"信用村"评定,营造贫困地区良好金融生态环境。

资料来源:董静.邮储银行:赋能普惠金融[J].中国金融家,2018(8):73-74.

 思考

邮储银行如何通过小额信贷助力扶贫?

第一节　普惠金融概述

普惠金融有别于传统金融,它强调要构建一个包容性的金融体系,目标是在任何经济主体有金融服务需求的时候能够为其提供合适的金融服务。中共十九大报告指出,中国特色社会主义进入新时代,我国社会主要矛盾已

经转化为人民日益增长的美好生活需要和不平衡不充分的发展之间的矛盾。这既体现在城乡差距和贫富差距上,也体现在经济发展与社会发展的不平衡上。从实施城乡振兴战略的角度出发,金融业应针对"三农"等领域提供更多的普惠金融服务,普惠金融对我国的经济发展起着至关重要的作用。

一、普惠金融的定义

"普惠金融"一词源于英文"Inclusive Finance"。联合国在2005年宣传小额信贷时明确提出"普惠金融"的概念,将其定义为"一个能够有效地、全方位地为社会所有阶层和群体(尤其是贫困、低收入人口)提供服务的金融体系"。2013年11月12日,中国共产党第十八届中央委员会第三次全体会议通过《中共中央关于全面深化改革若干重大问题的决定》,正式提出"发展普惠金融,鼓励金融创新,丰富金融市场层次和产品"。

2015年政府工作报告指出,普惠金融是指立足机会平等要求和商业可持续原则,通过加大政策引导扶持、加强金融体系建设、健全金融基础设施,以可负担的成本为有金融服务需求的社会各阶层和群体提供适当的、有效的金融服务。普惠金融的服务对象主要是农民、小微企业、城镇低收入人群以及残疾人、老年人等其他特殊群体。

二、普惠金融的内涵和发展目标

普惠金融的内涵主要有以下三个方面。

(1) 普惠金融是一种理念,其实质是信贷和金融融资渠道等的公平性问题。它主张每个人都应该有平等的享受金融服务的权利,无论是穷人还是富人。只有这样,才能每个人都有机会参与经济的发展,社会才能实现共同富裕。

(2) 普惠金融是一种创新。为了让每个人都获得金融服务,金融体系内的制度、机构和产品等都应进行创新。

(3) 普惠金融是一种责任,即它要为传统金融机构服务不到的低端客户提供金融服务,如中低收入者、贫困人口和小微企业。

随着普惠金融核心内涵的逐步明确,普惠金融概念的外延也在不断丰富,目前它已涵盖了包括账户、储蓄、信贷、支付、汇款、保险、养老金、证券等各类金融产品和服务,已逐渐形成一整套涉及金融基础设施建设、金融改革和结构调整等重大问题的发展战略和操作理念。如今,普惠金融被视为国家和全球层面涵盖广泛的一个政策目标。该政策目标是综合性的,包括了一系列产品、消费者群体、金融服务提供者、交付渠道、政府机构以及其他利益相关方。

普惠金融的发展目标主要包括:①增强金融服务的竞争性,为消费者提供多样化的选择;②让家庭和企业能以合理的成本获取较广泛的金融服务;③为确保金融机构稳健运行,接受市场监督和审慎监管;④实现金融业的可持续发展。

三、普惠金融的特点

普惠金融的特点是其所提供的金融服务能够满足服务对象的需求,并以可获得的、可负担的方式提供。同时,这种服务对服务提供商而言是可持续的。

(一) 可获得性

可获得性是普惠金融首要的题中之义,是指普惠金融的服务通道畅通且服务效率高,金融网点或金融产品在地域和空间上的覆盖密度大。

(二) 可负担性

可负担性是指普惠金融产品和服务的定价合适,不存在价格排斥和歧视,即能够让有金融服务需求的消费者可以承担和接受。

(三) 可持续性

可持续性是指金融服务机构或者第三方服务平台要有一定的消费者剩余,即让金融机构或让第三方服务机构成本可负担、有持续经营的能力。

四、普惠金融的意义

发展普惠金融有助于让社会各阶层都能享受到金融服务,是我国全面建成小康社会的必然要求,有利于促进金融业可持续均衡发展,助推经济发展方式转型升级,增进社会公平和社会和谐。我国经济的长期稳定发展离不开普惠金融,普惠金融对我国全面建成小康社会具有重要的影响和意义。

(一)普惠金融助力经济增长

首先,普惠金融可以促进金融资源的合理流动,进一步提高金融资源的利用效率,引导社会储蓄流向最具生产力的领域,从而提高社会生产率,为实体经济发展和产业转型提供高效的金融支持。其次,普惠金融可以促进人力资本的形成与积累,有助于扩大社会总需求,从而提升经济发展的动能。最后,普惠金融可以促进经济实现包容性增长。研究表明,普惠金融指数每增长1,人类发展指数就会增长0.142。

(二)普惠金融促进共同富裕

普惠金融可以满足人民群众日益增长的金融服务需求,特别是让弱势群体能够以平等的机会、合理的价格,便捷、安全地享受到符合自身需求特点的金融服务。此外,普惠金融的发展有利于缩小收入差距、消除区域间的不平衡,有助于进一步贯彻新发展理念,解决发展不平衡、不充分的问题,提升发展的质量和效益,推动实现全社会共同富裕、均衡发展。

(三)普惠金融有利于金融稳定与社会公平

从个体层面来说,普惠金融可以使经济弱势群体享受到基本的金融服务,帮助其获得公平发展的机会和权利,降低流动性风险;从行业层面来说,普惠金融和金融科技相结合,有利于推动金融业整体服务能力的提升和可持续发展,即金融机构通过扩展信贷资产分散风险,维护金融稳定;从整个社会层面而言,普惠金融有助于缩小贫富差距、改善民生,从而促进社会公平稳定、和谐发展。

第二节 普惠金融的发展历史及模式

一、普惠金融的发展历史

在普惠金融的概念形成之前,针对社会弱势群体的金融服务是以小额信贷、微型金融等形式存在的。15世纪,意大利最先成立典当行,为社区穷苦人民提供服务。18世纪初,爱尔兰建立贷款基金体系,重点向没有抵押的贫困农户提供小额贷款。19世纪,欧洲出现了一些规模更大、更加正规的储蓄贷款机构和信贷合作社,致力于为乡村和城市的贫困人口提供金融服务。20世纪70年代,尤努斯在孟加拉国创办乡村银行——格莱珉银行,主要向贫困者发放商业性小额信贷。20世纪80年代,全球小额信贷项目运作良好。实践表明,贫困者有能力负担小额信贷的高利率,而且其还贷信誉较好。

(一)小额信贷

小额信贷旨在通过不同于正规金融机构的技术安排,为无力提供担保抵押品的低端客户提供额度较小的信贷服务。小额信贷打破了传统意义上的扶贫融资模式,为后期微型金融的产生和发展奠定了良好的基础。小额信贷只是提供贷款,而低端客户不仅需要贷款,还需要存款、取款、转账等基础金融服务,于是微型金融应运而生,其内涵较小额信贷更为丰富。

(二)微型金融

20世纪90年代,国际上掀起了一股减贫热潮,推动小额信贷向微型金融转变。微型金融以贫困群体及微小企业为服务对象,服务内容非常宽泛,既包括传统金融机构能提供的存款、租赁、贷款、转账、保险等产品及服务,也包括其他类金融机构及个人开展的微型金融服务。其基本特点是大型商业银行、信用合作社、信贷组织等各类金融机构为社会低端群体提供多样化的金融服务。

(三) 普惠金融

在过去的二十多年里，微型金融获得了巨大的成功，证明了贫困者作为金融机构客户的可行性。但扶贫融资仍未成为一国金融体系主体的必要组成部分，离真正的普惠金融还有很大的差距。普惠金融体系实际上是在总结小额信贷和微型金融发展经验的基础上，将零星的小额借贷产品和机构服务发展成为金融整体发展战略一部分的微型金融产业，即一个系统性的微型金融服务网络体系。这意味着微型金融不再被边缘化，而是融入了更加广泛的金融体系，成为国际金融体系的一部分。

二、国际普惠金融模式借鉴

(一) 差异化普惠金融模式

交易成本的存在使得贷款过程中存在昂贵的交易费用，因此，普惠金融的发展目标之一是设计合理的借贷模式，降低交易成本，使隐形交易成本显性化、显性交易成本缩小化。对此，肯尼亚的 M-PESA 手机银行、巴西的代理银行等模式有较大的借鉴价值。

1. 肯尼亚：M-PESA 手机银行

用户利用手机和身份证便可在任何 M-PESA 代理点完成注册，将现金存入注册账户，即可支付任何费用；如果需要取现和收款，只需向代理点服务人员出示身份证和发放短信。目前，M-PESA 手机银行的业务范围已经扩展到肯尼亚人的日常生活中，高密度分布的代理点使客户更容易获得金融服务。M-PESA 手机银行的发展极大地降低了金融交易过程中的量化显性交易成本和银行运营成本，扩大了贫困地区普惠金融覆盖的范围，助力肯尼亚的账户渗透率达到非洲第一。

2. 巴西：代理银行模式

1999 年以来，巴西政府积极推动代理银行制度发展，在低成本拓展金融覆盖率和提高农村低收入群体资金可得性方面取得了显著的成效。根据巴西中央银行的定义，代理银行制度是一种在缺乏银行分支机构的地区为客户提供基础金融服务的方式和手段。与"金融服务外包"业务相类似，在代理银行模式下,金融机构与彩票投注站、药店、邮局、汽车经销商等商业实体签署协议,通过其商业网点提供部分基础金融服务,从而实现金融服务功能的延伸和拓展。①

(二) 内生规则组织化模式

发展中国家的农村金融体系主要由民间金融和正规金融构成。内生金融是指在客观供求刺激下,由民间组织自发形成的所有非公有经济成分的民间资金融通活动。金融内生机制研究从金融、经济和社会整体运行的视角,运用系统科学的研究方法,从历史演变的角度来论证"金融如何从外在于经济社会的工具转变为内在于经济社会的资源"这一基本理论命题,阐明金融是内在于经济的战略性资源,是现代经济的核心要素。

这一模式的典型代表是孟加拉国的乡村银行模式。穆罕默德·尤努斯(Muhammad Yunus)是孟加拉国银行家,被誉为"微型金融之父",他创办了世界上第一个为底层人提供金融服务的格莱珉银行。在孟加拉语中,"格莱珉"的意思是乡村,因此,格莱珉银行也称乡村银行。格莱珉银行在孟加拉国的81 400个村庄中建立了2 568个支行,服务于893万金融服务需求者。格莱珉银行的还款率为99%,成为金融界的奇迹。同时,格莱珉银行独特的"五人小组""中心会议""社区议题"等模式有效扩展了底层妇女的社会网络,培育了社会资本力量。2006年,穆罕默德·尤努斯与格莱珉银行共同获得了诺贝尔和平奖。

乡村银行模式的主导理念包括:①借贷是人权的一部分,穷人也应拥有这个权利。尤努斯认为,贷款的权利应被视为一种人权,穷人也有按时偿还贷款的能力。②每个人都有自雇的潜力,在绝大多数第三世界国家的多数人是通过自雇谋生的。这种理念重视个人自雇的能动性、创造力与灵活性,其目标是提高穷苦民众的自我发展能力,而不是依靠国际援助和政府的福利救助。③把贷款对象聚焦于妇女。目前,孟加拉国的乡村银行贷款人97%是妇女。因为在孟加拉国,妇女占穷人、失业者、社会弱势群体的大多

---

① 胡国文,帅旭.巴西的代理银行制度[J].中国金融,2012(5):43-44.

数,她们受到制度的歧视更加的严重,比男人面临更为严重的贫困。

孟加拉国的乡村银行模式不仅在本国取得成功,而且在马来西亚、菲律宾等发展中国家也取得成功,甚至它还被成功应用于美国和西欧等发达国家。乡村银行模式以事实证明了小额贷款可以在全世界改变贫困人民的生活。

(三) 保护金融消费者权益模式

1. 秘鲁:SBS信用系统

近年来,秘鲁政府大力发展普惠金融,重点关注保护金融消费者的权益。秘鲁有完善的金融监管框架和消费者保护体系,即SBS信用系统。SBS是秘鲁银行保险和养老金监管局的简称,它是秘鲁核心的国家金融监管机构。SBS下设了金融消费者保护部和养老金监管部,要求金融机构定期披露产品和服务信息,增加金融信息公开透明度。这使得偏远地区的农户更加信赖金融机构。除此之外,SBS还设立了保护竞争与知识产权机构等多个部门,这些部门相互合作与监督,致力于解决因信息不对称而造成的消费者权益受损问题。

2. 俄罗斯:金融扫盲五年计划

俄罗斯政府为了能够使更多的人更好地获得金融知识,在普惠金融的大背景下,于2011年开始实施一项为期5年、拥有1.13亿美金支持的国家工程来支持金融教育和消费者保护。这是世界上首个与世界银行合作开展的兼具规模、创新性和复杂性的金融扫盲项目,其目的是通过协调合作来加强和扩展俄罗斯目前正在进行的各项金融教育项目。俄罗斯的这项金融扫盲五年计划主要是对不同类型的人群制定差异化的金融知识培训计划,对民众进行普及式的金融教育宣传。

(四) 政府参与普惠金融模式

在普惠金融发展中,政府发挥"看得见的手"的作用,有助于解决正外部性、垄断、公共物品缺失和信息不对称所导致的金融市场失灵。政府参与普惠金融发展的主要方式包括:①提供财政和金融政策支持;②鼓励和培育金融市场主体,促进金融业充分竞争;③加强金融、法律、通信等基础设施建设,为普惠金融提供有力保障;④加强普惠征信体系建设,发挥基层政府组织优势,减少和消除信息不对称。

墨西哥从21世纪初起即开启了普惠金融的制度建设。2011年,该国签署普惠金融联盟通过的《玛雅宣言》,正式作出普惠金融承诺。2012—2014年,墨西哥启动全方位的金融改革,通过立法规范和制度建设实现普惠金融的主要目标。其具体做法包括:①丰富银行业金融机构主体,增加供给侧金融资源,促进市场竞争;②确定该国6家政策性银行的运行机制与功能定位,特别是让国家发展银行和国家储蓄与金融服务银行在专门法令的授权下承担起专属服务弱势群体和薄弱领域的职能;③修改金融监管相关法规,强化监管部门推进普惠金融发展的职责,特别体现在数据统计、信息披露和政策研究等方面;④完善关于金融消费者权益保护的法律规定。

第三节 我国普惠金融的发展及面临的问题

一、我国普惠金融的发展

我国的普惠金融发展起步较晚,走的是一条"吸收外部经验,研究局部试点,逐渐放开,自主发展"之路。2006年3月,中国人民银行焦瑾璞在北京召开的亚洲小额信贷论坛上使用了"普惠金融"这个概念。2012年6月,时任国家主席胡锦涛在墨西哥举办的二十国集团峰会上第一次在公开场合正式使用"普惠金融"概念。2013年11月,《中共中央关于全面深化改革若干重大问题的决定》正式提出要发展普惠金融,鼓励金融创新,丰富金融市场层次和产品。我国普惠金融实践可以大致分为四个阶段:公益性小额信贷阶段(20世纪90年代)、发展性微型金融阶段(21世纪初—2005年)、综合性普惠金融阶段(2005—2010年)、创新性互联网金融阶段(2010年之后)。

(一)政府对普惠金融的支持力度不断加大

2013年,中共十八届三中全会集体通过《中共中央关于全面深化改革若干重大问题的决定》,明确提出完善我国金融市场体系,不断丰富金融市场层次和产品。2015年,国务院发布的《推进普惠金融发展规划(2016—2020年)》进一步指出,大力发展普惠金融是我国全面建成小康社会的必然要求,有利于促进金融业可持续均衡发展,推动大众创业、万众创新,助推经济发展方式转型升级,增进社会公平和社会和谐。由此可见,政府对普惠金融的支持力度不断加大,这在很大的程度上为我国普惠金融的发展创造了良好的发展环境。

(二)普惠金融解决了小微企业融资难的问题

普惠金融的范围与以往相比,有了很大的变化,主要表现在以下两个方面:一方面,随着网点的增加,一些小型的银行和保险机构不断进行区域拓展,为更多的客户提供相应的金融服务;另一方面,随着互联网技术的发展,衍生金融产品不断进行创新,其所能提供的服务范围越来越广,从而为客户提供更为优质便捷的服务。

作为解决我国经济就业问题的中坚力量,小微企业由于规模不大,市场一旦发生变化,其反应会快得多,而且它也具有一定的创新优势。然而,小微企业也正是由于规模小,其经营管理理念也相对落后,企业的财务数据也不对外公开,因此,它在获取金融服务上存在很大的阻碍。为了解决我国小微企业的金融需求,近年来很多金融机构对小微企业的扶持力度在不断加大。同时,中央银行也依据各个企业的不同发展状况,对不同的企业实施有差别的政策,在一定程度上解决了小微企业融资难的部分问题。

(三)新兴金融产品发展势头凶猛

随着信息时代的来临,互联网技术在金融行业中的应用越来越广泛,一些新型的金融企业和产品也相继出现在人们的视野中,如支付宝、微信支付、京东金融和平安普惠等。这些新型金融企业和产品的出现在一定程度上弥补了传统金融业的不足,有效地提升了我国金融服务的管理水平,并推动了我国的金融服务创新,促进了普惠金融的可持续发展。

从金融产品创新角度来看,普惠金融已进入了提供综合金融服务阶段,这些金融服务包括支付、存款、汇款、保险、典当等。从金融体系依托的工具角度来看,综合性普惠金融服务呈现出网络化、移动化的发展趋势。

(四) 创新性互联网金融突飞猛进发展

随着互联网和IT技术的革命性突破与大规模普及,普惠金融在我国获得了爆炸式发展。中国金融认证中心发布的《2020中国电子银行调查报告》显示,2020年个人网上银行用户占比达59%,同比增长3%,增速持续放缓。2020年第三季度我国手机银行活跃用户规模为3.5亿户,环比增长6.1%。截至2019年年末,我国农村地区手机银行、网上银行开通数分别为8.2亿户和7.1亿户,同比增长21.9%和16.4%。随着网络在全球的快速发展,网络时代已经到来,网上银行已成为银行最重要的营销渠道。《Fintech视角下金融服务实体经济报告》对我国各省(自治区、直辖市)的普惠金融发展水平进行了度量评估,研究了金融科技视角下金融服务实体经济作用的机理,即金融科技依托互联网,契合"普"与"惠"的精神,具备广泛性及服务成本低的特点。

创新性互联网金融是综合性普惠金融阶段的重要内容,它通过互联网平台,使更多的人享受到互联网支付、互联网借贷以及互联网财富管理的便利。从实际效果看,创新性互联网金融显著降低了信息的不对称性和交易成本,使更多的人能自主参与到网上支付中来,从而使更多的人获得金融服务,特别是传统上不能获得借贷资金的低收入者以及急需借贷资金的人。此外,创新性互联网金融还让更多的人参与到财富管理中来,从而降低了财富管理的门槛,提高了财富管理的服务质量。

二、我国普惠金融发展面临的问题

普惠金融自从进入我国以来,带动了很多新金融机构的发展,在一定程度上扩大了我国的金融服务区域,解决了很多小微企业和低收入群体在融资上的难题。但是,在这发展的过程中,我国普惠金融体系也还存在很多问题亟须解决。

(一) 我国普惠金融体系还须完善

所谓普惠金融体系,其实是一套为社会所有阶层和群体提供金融服务的体系。在实际的运行过程中,一套完整的普惠金融体系应该具备相应的金融基础设备、完善的法律法规以及一大批目标客户。

从自然人角度看，目前我国普惠金融大多以农村贫困人口为服务对象。但贫困人口并不限于农村，城市也有一定比例的低收入阶层，他们同样需要小额信贷服务。从企业角度看，中小企业和微型企业发展一直面临融资难的问题，它们所需的资金多是流动性的，具有金额小、期限短、能够且愿意接受较高利率的特点。因此，小额信贷非常适合它们。但这些企业大多被排除在传统金融的信贷服务范围之外。

从金融服务类型角度看，客户的单一化也使得小额信贷机构无法通过多样化的信贷组合来分散风险。比如，我国城市金融中仅有针对城镇下岗职工这一城市弱势群体的下岗失业担保贷款，且其在实际运作中存在着贷款周期短、银行缺乏积极性、担保基金规模小等不足，成为全社会普惠金融体系中的一条"短腿"。

虽然我国在关于普惠金融的发展规划上明确提出了要建立健全普惠金融的发展机制，但是这方面的法律保障机制还比较欠缺。因为普惠金融的发展不仅需要金融基础设施作为保障，还需要有监管设施。但是在实际的发展过程中，我国金融体系中的这些基础设施相对匮乏，有些基础设施还处于老化状态。这对普惠金融的发展起到了一定的阻碍作用。

（二）我国普惠金融体系存在的风险较多

近几年来，我国很多金融机构中的不良贷款占比一直居高不下，这种趋势也逐渐从传统金融传递到普惠金融中，再加上近几年来国内外经济形势不断变化，普惠金融中的风险不断显现出来。尤其是在落后地区，中小企业和弱势群体的发展基础相对较差，其普惠金融风险的防范任务相对比较艰巨。这具体表现在以下几个方面：贫困落后地区的自然条件、基础设施、产业集群与发达地区相比都处在劣势，信息不对称情况更为明显，金融生态环境较差；有些中小企业存在会计核算不规范、信用记录缺失或不良的情况；在弱势群体中，大多数人受教育程度较低，还有一小部分人安于现状，无发展动力。此外，由于我国的信用建设相对滞后，一些社会成员诚信缺失，从而提高了市场的交易成本，影响和制约了市场机制配置资源作用的正常发挥。

(三) 普惠金融的发展缺乏平衡性

我国普惠金融本来预设的服务对象主要是一些贫困地区的低收入群体。但是在实际的发展过程中,经济发展较快的地区所受到的普惠金融服务明显更多,相反,那些偏远地区享受到的普惠金融服务却很少。以江苏省的普惠金融发展为例,当前普惠金融发展最快的是苏州市,其普惠系数高达0.96,远远高于全省的平均水平;而普惠系数较低的是宿迁市,仅仅为0.13,和全省平均水平相比明显过低。此外,我国在普惠金融的覆盖率上也存在着局限性,普惠金融对农村和小型企业的覆盖还远远不足。

(四) 信用体系有待完善

我国普惠金融要实现可持续发展,必须使信息公开透明化,因为只有完善信用体系,才能在一定程度上降低金融服务的成本,让高信用度的人获得更好的服务。然而,在当前时期,我国在信用体系的建设上还不够完善,对失信人员的惩罚力度还不够,这在很大程度上增加了普惠金融的风险性。例如,目前市场上存在一些不良网贷商家,很多不法分子还打着普惠金融的幌子从事非法的集资。其中所存在的主要问题就是信用体系不够完善,配套的监管制度缺失。

三、促进我国普惠金融发展的措施

(一) 提升普惠金融企业的风险抵御能力

当前,我国普惠金融企业面临的风险呈现出覆盖面广、发生率高的特点。因此,我国应完善金融制度和信用制度,为普惠金融企业的发展创造良好的环境,金融企业也应在控制产品风险的过程中不断总结经验,提高自身抵御风险的能力。同时,随着互联网技术和金融业的融合,普惠金融企业还应提升预警风险的能力,对交易信息进行及时追踪,并大力发展金融科技,将其合理地运用到普惠金融的风险防控中去,建立一套与我国普惠金融体系相匹配的普惠金融风险控制体系。例如,普惠金融服务的提供者应该积极主动地将大数据等先进科技运用到普惠金融业务贷前、贷中、贷后的每个环节中,提高自身的金融风险分析和评估水平,完善风险控制模型,准确识别、预警、防控普惠金融风险。

(二)降低不同地区之间的发展差距

在宏观上,政府应重视农村贫困地区和少数民族地区的经济发展情况,使经济政策在引导普惠金融企业持续发展中发挥积极作用,从而在一定程度上促进我国不同区域的经济发展。随着互联网技术与金融领域不断融合,普惠性金融企业可以根据贫困地区的实际情况推出更具备针对性的金融产品,缩小不同地区的发展差距。此外,政府应进一步细致规划普惠金融的发展,在统筹规划、均衡布局、组织协调、政策扶持等方面做出系统性的布局,建立更具包容性的普惠金融体系,提高金融资源配置效率,使社会效益与经济效益实现有机统一。

(三)加强普惠金融基础设施建设

在普惠金融基础设施方面,首先要加快普惠金融相关法律体系建设的步伐,积极出台普惠金融法律法规,对普惠金融的发展进行规范的同时为其保驾护航;其次要加快普惠金融信用体系和信用平台建设,积极结合金融科技,扩大现有信用体系的覆盖面,缓解普惠金融发展中遇到的信息不对称的问题;最后要加强监管,完善普惠金融监管工具箱,及时打击不法行为,纠正扰乱市场秩序的行为。

(四)注重金融创新,提供产品定制化服务

普惠金融服务提供者应该根据消费者金融需求多样性的特点,加大自主创新力度,结合金融科技,为消费者提供定制化服务。例如,在金融产品品种方面,普惠金融所提供的主要是贷款,但贷款中用于生产经营以及创造价值的只有一部分,而另外一部分消费贷款其实对于推进普惠金融没有实质性的帮助。因此,在贷款方面,银行应该更多地提供一些用于生产经营或者投资性行为的贷款,而不仅仅是为了眼前利益提供消费贷款。同时,普惠金融服务提供者应拓展服务范围,向保险、证券以及其他金融服务方面发展。此外,普惠金融服务提供者应该借助大数据、人工智能等高科技手段降低交易成本,在经济利益和社会利益中找到平衡点,切实为消费者提供"普惠"的金融服务。

(五) 落实征信体系建设,促进信息共享

各个银行都有自己的征信系统,里面包含的信息是非常重要的,但是这些信息的搜集成本较高,而且由于信息壁垒的存在,很多机构拥有重复的信息,很多信息处于一种浪费的状态。对此,政府应该引导并且加强征信体系的建设,将个人的所有信用行为信息进行汇总并且增加信息的可获得性;结合大数据以及互联网对信息进行提炼和分析,促进整个信息成本的降低,增加金融机构的盈利空间,促进普惠金融的内生性发展。

相较于大型企业和国企,小微企业由于其本身的性质,不易从公开渠道获得评级信息。此外,小微企业的财务报告通常不经外部审计,信息数据的真伪性难以鉴定,从而限制了对中小微企业的信用评级。对此,政府应进一步完善征信体系,建立适合小微企业的信用评级体系,优化普惠金融运营环境,为小微企业的发展奠定基础。

(六) 完善金融立法和金融监管体系建设

目前,我国普惠金融方面的规定都没有上升到法律层面,也没有强制性的权利保障。对此,我国应该健全立法,建立一个针对普惠金融的法规体系,注重普惠金融的特性,更加精准地解决普惠金融实践中遇到的问题。同时,相关部门应加强金融监管,不能以放松银行监管为代价来促进普惠金融的发展,否则对金融机构以后的发展是不利的。

在金融监管立法方面,相关部门首先应当注意全局的规划,避免各规范性文件之间的冲突和重叠,增强法律法规之间的衔接性和协调性,提高立法的效率,避免在实践运用中的困难;其次应逐步降低中央银行和国务院各部门制定的规章的比例,提高金融监管所依据法律文件的权威性;然后应当进一步弥补我国在金融监管方面的法律空白,针对新出现的金融产业、金融产品,加快立法,避免其在法外运行,提高金融市场的稳定性和安全性;最后应当进一步修订中国人民银行法、票据法、证券法、证券投资基金法、期货交易管理条例等金融法律法规,推动制定期货法、保险法司法解释。

第四节　全球普惠金融的发展趋势

一、金融业的"优步化"

2015年11月,《华尔街日报》发表文章《货币的"优步化"》(*The Uberization of Money*),认为目前金融业正在经历"优步化"(即去中介化)的过程。其中,以大数据为代表的先进技术起着至关重要的作用。

以2009年9月成立于洛杉矶的ZestFinance公司为例,其主要为无法获得基本信贷服务及信用分不高的两类人群服务。ZestFinance公司的服务过程就是使用大数据技术和智能终端获得服务取代烦琐的程序和多余的人工服务。2016年3月,花旗银行全球视角及解决方案部门发布报告,明确指出因为金融科技对银行经营模式的颠覆性改变,银行业的"优步时刻"即将到来。这里提及的金融科技,不仅包括已经耳熟能详的大数据分析、区块链、支付清算系统,还包括网络安全技术、直接借贷系统、交易平台、新信贷模型、风险模型、合规与反洗钱系统等。

二、数字技术推动普惠金融的发展

随着以互联网和移动技术为代表的数字技术的快速发展和广泛应用,消费者使用数字技术(特别是移动数字技术)成为一种全球化的趋势,从而使金融服务成本大幅度降低,居民金融服务的可得性明显提升。

(一)移动支付低成本服务海量用户

随着智能手机的普及,依托智能技术开发的手机银行业务得到快速发展。移动互联网金融终端的普及不需要传统的物理网点和成本高昂的专业化设备,一部智能手机中相应的应用程序就可以实现智能终端的功能。移动支付的低成本特征进一步推动了普惠金融的发展。

(二)数字征信实现多场景和广覆盖

广泛和低成本的征信服务是金融机构甄别借款人信用风险的重要手

段。对于低收入者和缺少信贷记录者而言,传统的征信模式无法生成其信用报告,金融机构无法准确识别其信用风险,从而降低了其获得信贷的可能性。基于互联网的数字化征信改变了传统征信依靠被动报送的模式,征信机构通过互联网获得的数据来源更广、种类更丰富、时效性也更强,涵盖了个人网购、信用卡还款、互联网理财、租房信息、水电煤缴费、社交等方面的信息。未来,随着互联网在社会生活中的进一步渗透,信息覆盖内容将更加广泛。

(三)数字技术助力大众理财和全民保险

互联网理财产品的门槛较低,为大众提供了更多的理财机会。同时,互联网理财也为广大投资者带来了普惠金融领域的启蒙教育,在一定程度上推动了金融自由化进程。同样,越来越多的保险公司依托于数字化技术设计个性化产品,采取差别化定价模式,为广大保险消费者提供了品类多样、价格相对低廉的保险产品,从而助推了我国保险业的发展。

三、场景金融推动普惠金融健康发展

(一)破解信息不对称问题

要有效破解小微企业融资难、融资贵这一"世界性难题",实现小微金融的市场化、商业化的可持续发展,让经营稳定或暂时遇到困难的小微企业及时得到融资,同时又要守住风险底线,让守信用、讲诚信的小微企业能够得到信用贷款和融资,让金融企业愿意贷、敢于贷,但又不会出现大的信用风险,其关键点在于解决信用领域的信息不对称问题。基于信息科技应用、大数据分析应用、金融场景构建的场景金融,是破解信息不对称问题的出路之一。

(二)场景金融的应用

信息流的场景化促使资金流、物流的可视性、可控性、可靠性与透明度增强。在资产转换、风险定价和资本配置的过程中,异常信息通过大数据、物联网、人工智能等技术在场景的应用中得到准确识别;通过挖掘分析客户行为和交易特点,精准营销服务的有效性得到支持,客户黏性也获得增强。

例如，适应小微企业的小额高频、期短急迫的全线上融资业务的开展可以有效改善"长尾客户"的服务供给。

（三）场景金融的未来发展

未来场景金融的发展不仅体现在昂贵的硬件设备、复杂的算法模型、大量的数据信息以及众多的线下机构网点上，而且更多体现在依靠品牌（信任）、客户（流量和规模）、管理（风控）和信息（数据基础）方面的综合竞争优势上。我们要充分认识到场景金融服务实体经济的功能本质和尊重客户体验的服务本源，从而实现金融普惠性；要高度关注场景金融下的风险新特征，平衡好收益与风险、便捷与安全、创新与合规、数据利用和数据安全及个人隐私保护的关系，从而实现未来场景金融的健康可持续发展。

四、大数据风控助力普惠金融

大数据风控可以利用多维度数据填补传统风控模式的缺口，也可以从更全面的角度进行客户画像和风险评估。随着人工智能、深度学习等技术的发展，大数据风控的科学性、准确性有助于解决传统金融机构在推进普惠金融工作中出现的贷中和贷后的高成本、低效率的控制难题。[1]

（一）建立风险模型大数据实验平台

风险模型大数据实验平台作为支持大数据应用及风险模型管理的基础技术平台，规范了数据挖掘及信用风险模型的开发和验证过程，提高了大数据应用及模型研发的效率，支持了从设计、开发、验证到监测的模型全生命周期管理。回归、聚类、决策树、神经网络等成熟的数据挖掘方法通过搭载SASEG、SASEM等软件得到推广和应用；日常大数据分析的便捷性为业务政策制定、风险预警、客户营销等活动提供了有效支持；模型实验室人员依托风险数据集市引入客户信息、对公信贷、个贷、信用卡等完整数据信息；随着大量风险模型的开发，大数据实验平台积累了丰富的知识和经验，形成了知识库，将高度总结的知识和经验按照卡片式积累，按照统一规范、命名规

---

[1] 陆登强.立足金融科技，大数据智能风控助力普惠金融[EB/OL].（2018-08-14）[2021-08-31].https://www.cebnet.com.cn/20180814/102514131.html.

则存储原始数据、中间数据以及各类文档,便于后续人员查询、学习;实验平台通过"远程开发、集中管理"实现了数据表和文档的精细化以及"按需定制"的访问权限控制。

(二) 基于风险模型应用的中央风险计量引擎

随着人工智能的崛起,机器学习技术得到较快发展。中央风险计量引擎正是建立在机器学习技术的基础上而得以创新实现的。中央风险计量引擎利用海量历史数据训练模型对客观数据进行风险把控,从而提升基于专家规则的风控系统的准确率和覆盖率。同时,中央风险计量引擎结合大数据技术,将风控系统应用在实时反欺诈的金融业务中,并通过低延时、高吞吐量的数据处理能力为实时风控系统尤其是模型训练提供了强有力的支持。

(三) 基于内外部大数据挖掘与分析的集团全面风险预警应用

集团全面风险监测预警平台利用大数据挖掘和分析技术,实现客户财务数据、信贷合同信息、账户资金往来、企业高管个人行为、外部工商、司法、税务、征信等数据的全面扫描和联动分析,并对客户风险事件进行提前预警,提升抗风险能力,及时避免和挽回可能发生的损失。该平台具有以下三个特点。①前瞻性和适用性。对金融客户进行定期扫描,对可能存在的较大风险隐患客户精准识别,为风险应对提供了时间和空间,避免了风险暴露后被动处置的局面。②高效、省时省力。预警平台的建设基于最底层的客户信息、账户信息,与自下而上、人工排查的信息基础是一致的,所不同的是采用了数据挖掘的方式,自上而下,不需要分支机构人员介入,不增加一线员工工作量,提高了效率,也降低了分支机构层层上报过程中因主、客观因素造成疏漏、误判的可能性。③标准化、全面性和灵活性。预警平台将专家的经验标准化和定量化,预警结果与来自专家的判断信息交互印证,实现对公和零售风险信息、账务和业务管理信息、内部和外部信息等一直以来相互隔离的信息碎片的连接和整合,发现其间的关系与规律,还可根据现实风险形势,开展各种维度的定制分析,灵活性强。

(四) 基于神经网络模型的反欺诈应用

企业反欺诈系统以国际一流为标杆,在金融业内率先搭建了覆盖侦测策略、交易预警、事件调查等全流程企业级反欺诈管理平台,通过研发先进的神经网络深度机器学习模型,综合分析卡片历史交易行为等特征,通过机器学习的深度探索,将机器学习算法与客户行为结合,构建行为模型,提高风险感知能力,侦测已知和未知的欺诈行为,实现智能风险监测;每月对信用卡、借记卡金融类交易进行风险过滤、全盘扫描,将研发的神经网络模型部署在反欺诈交易事中实时侦测中,通过对每一笔交易的实时评分,并将评分结果结合侦测规则组合预警,持续提升交易欺诈风险管理平台化、数据化、智能化水平。该系统主要有以下四方面的优势。第一,速度更快。系统首次实现了全渠道可疑欺诈交易完成前的实时侦测拦截,变事后防范为事中拦截,前移防线。第二,策略更准。系统研发先进的神经网络机器学习评分模型,通过欺诈卡片历史交易特征、余额查询非金融交易等组合交易特征分析,精准预警。第三,范围更广。系统对全部信用卡金融类交易进行风险过滤,扫描不留死角。第四,操作更简便。系统可实现在统一平台内冻卡、换卡、短信等的一键快速管控作业,解决了多平台、跨系统的烦琐操作。

第八章　金融危机

◎ 学习目的

（1）掌握金融危机的概念和类型。

（2）熟悉金融危机的防范和治理措施。

（3）了解历史上历次金融危机的原因和过程。

◎ 能力目标

（1）分析金融危机形成的机理。

（2）全面理解金融危机预警系统的机制及不同预警系统的适用场景。

1997 年亚洲金融危机

一、事件发展

1997 年亚洲金融危机首先是从泰铢贬值开始的。1997 年 7 月 2 日，泰国被迫宣布泰铢与美元脱钩，实行浮动汇率制度，当日泰铢汇率狂跌 20%。和泰国具有相同经济问题的菲律宾、印度尼西亚和马来西亚等国迅速受到泰铢贬值的巨大冲击。7 月 11 日，菲律宾宣布允许比索在更大范围内与美元兑换，当日比索贬值 11.5%。同一天，马来西亚通过提高银行利率阻止林吉特进一步贬值。印度尼西亚被迫放弃本国货币与美元的比价，印尼盾在 7 月 2 日至 14 日贬值了 14%。继泰国等东盟国家金融风波之后，中国台湾地区的台币贬值，股市下跌，掀起金融危机第二波。10 月 17 日，台币创下近十年来的新低。相应地，当天台湾股市下跌 165.55 点。10 月 20 日，台币贬至 30.45 元兑 1 美元，台湾股市再跌 301.67 点。中国台湾地区的货币贬值和股市大跌,不仅使东南亚金融危机进一步加剧,而且引发了包括美国股市在内的大幅下挫。10月27日,美国道·琼斯指数暴跌554.26点,迫使纽约交易所9年来首次使用暂停交易制度。10月28日,日本、新加坡、韩国、马来西亚和泰国股市的跌幅分别为4.4%、7.6%、6.6%、6.7%和6.3%。此外,中国香港股市也受到冲击,香港恒生指数10月21日和27日分别下跌765.33点和1 200点,10月28日再跌1 400点,至此,香港股市累计跌幅超过了25%。11月下旬,韩国汇市、股市轮番下跌,形成金融危机第三波。11月,韩元汇价持续下挫,其中11月20日开市半小时就狂跌10%,创下了1 139韩元兑1美元的新低。至11月底,韩元兑美元的汇价下跌了30%,韩国股市跌幅也超过了20%。与此同时,日本金融危机也进一步加深,11月,日本先后有数家银行和证券公司破产或倒闭,日元兑美元也跌破130日元兑换1美元大关,日元较年初贬值17.03%。从1998年1月开始,金融危机的重心又转到印度尼西亚,形成金融危机第四波。1998年1月8日,印尼盾对美元的汇价暴跌26%。1月12日,在印度尼西亚从事巨额投资业务的香港百富勤投资公司宣告清盘。同日,中国香港恒生指数暴跌773.58点,新加坡、中国台湾、日本股市分别下跌102.88点、362点和330.66点。直到2月初,金融危机恶化的势头才初步被遏制。

二、主要原因

1997年亚洲金融危机的爆发有多方面的原因,包括直接触发因素、内在基础性因素和世界经济因素等。

1. 直接触发因素

(1) 国际金融市场上游资的冲击。在全球范围内大约有7万亿美元的流动国际资本。国际炒家一旦发现在哪个国家或地区有利可图,马上就会通过炒作冲击该国或地区的货币,以在短期内获取暴利。

(2) 亚洲一些国家或地区的外汇政策不当。它们为了吸引外资,一方面保持固定汇率,一方面又扩大金融自由化,给国际炒家提供了可乘之机。

(3) 为了维持固定汇率制,这些国家长期动用外汇储备来弥补逆差,导致外债的增加。

(4) 这些国家或地区的外债结构不合理。在中期、短期债务较多的情况下，一旦外资流出超过外资流入，而本国的外汇储备又不足以弥补其不足，这个国家的货币贬值便是不可避免的了。

2. 内在基础性因素

(1) 透支性经济高增长和不良资产的膨胀。保持较高的经济增长速度，是发展中国家的共同愿望。当高速增长的条件变得不够充足时，为了继续保持速度，这些国家转向靠借外债来维护经济增长。但由于经济发展的不顺利，到20世纪90年代中期，亚洲有些国家已不具备还债能力。在东南亚国家，房地产吹起的泡沫换来的只是银行贷款的坏账和呆账。

(2) 市场体制发育不成熟。一是政府在资源配置上干预过度，特别是干预金融系统的贷款投向和项目；另一个是金融体制特别是监管体制不完善。

(3) "出口替代"型模式的缺陷。"出口替代"型模式是亚洲不少国家或地区经济成功的重要原因。但这种模式也存在着三方面的不足：一是当经济发展到一定的阶段，生产成本会提高，出口会受到抑制，引起这些国家或地区国际收支的不平衡；二是当这一出口导向战略成为众多国家或地区的发展战略时，会形成它们之间的相互挤压；三是产品的阶梯性进步是继续实行出口替代的必备条件，仅靠资源的廉价优势是无法保持竞争力的。亚洲这些国家或地区在实现了高速增长之后，没有解决上述问题。

3. 世界经济因素

(1) 经济全球化带来的负面影响。经济全球化使世界各地的经济联系越来越密切，但由此而来的负面影响也不可忽视，如民族国家间利益冲撞加剧，资本流动能力增强，防范危机的难度加大等。

(2) 不合理的国际分工、贸易和货币体制，对第三世界国家不利。在生产领域，仍然是发达国家生产高技术产品和高新技术本身，产品的技术含量逐级向欠发达、不发达国家下降，最不发达国家只能做装配工作和生产初级产品。在交换领域，发达国家能用低价购买初级产品和垄断高价推销自己的产品。在国际金融和货币领域，整个全球金融体系和制度也有利于金融大国。

三、后果及危害

1. 后果

(1) 亚洲各国和地区的外汇市场和股票市场发生剧烈动荡。比较1998年3月底与1997年7月初的汇率,各国股市都缩水三分之一以上,各国货币对美元的汇率跌幅在10%~70%。其中,受打击最大的是泰铢、韩元、印尼盾和新元,分别贬值39%、36%、72%和61%。

(2) 亚洲金融危机导致大批企业、金融机构破产和倒闭。例如,泰国和印尼分别关闭了56家和17家金融机构;在韩国排名居前的20家企业集团中有4家破产;日本则有包括山一证券在内的多家全国性金融机构出现大量亏损和破产倒闭,信用等级普遍下降。泰国在发生金融危机一年后,破产停业公司、企业超过万家,失业人数达270万;印度尼西亚失业人数达2 000万。

(3) 亚洲金融危机导致资本大量外逃。据统计,印度尼西亚、马来西亚、韩国、泰国和菲律宾私人资本由1996年的净流入938亿美元转为1998年的净流出246亿美元,仅私人资本一项的资金逆转就超过1 000亿美元。

(4) 受亚洲金融危机影响,1998年日元剧烈动荡,6月和8月日元兑美元两度跌至146.64日元,为近年来的最低点,造成西方外汇市场的动荡。

(5) 亚洲金融危机演变成经济衰退并向世界各地区蔓延。在金融危机冲击下,泰国、印尼、马来西亚、菲律宾四国经济增长速度从危机前几年的8%左右下降到1997年的3.9%,1998年,上述四国和韩国甚至日本的经济都呈负增长。东亚金融危机和经济衰退同时引发了俄罗斯的金融危机并波及其他国家,如巴西资金大量外逃,哥伦比亚货币大幅贬值,进而导致全球金融市场剧烈震荡,经济增长速度放慢。

2. 危害

这次金融危机对亚洲各国产生了程度不同的影响,其负面作用是巨大的。马来西亚处于风暴的中心,马币兑美元汇价频创新低,股汇两市在1997年内的损失约等于其当年国内生产总值的2.5倍。由于货币大幅贬值,通货膨胀压力加大,多种日常消费品涨价,企业界进入困难时期,建筑业和汽车业深受打击,更多企业降低生产和裁减员工,或是冻结加薪及至减薪或是关门,失业问题随之出现。经济学家普遍认为,1998年对泰国来说是痛苦的一年,泰国人几乎是在一夜之间感觉自己明显变穷了:他们的货币一夜之间失去了1/5的国际购买力。伴随抛售泰铢、抢购美元的狂潮,大批工厂开始倒闭,公司纷纷裁员,物价大幅上涨,城市居民的生活水平急剧下降。印度尼西亚盾与美元的汇率在东南亚金融风暴开始时为2 631∶1,后跌破10 000∶1大关,跌幅在东亚、东南亚受冲击国家中是最大的。到1997年年底,印度尼西亚已关闭16家私人银行。人们在等待观望之时,越来越不相信政府的有关政策措施,国内银行美元储户纷纷挤提现款,外国银行不承认印尼银行开具的信用证。在这种情况下,印尼盾就变得异常敏感和脆弱,人们争相抢购美元,抛售印度尼西亚盾。新加坡受印度尼西亚局势的影响,新加坡元兑美元的汇率在1998年1月8日下跌到了1美元兑1.805新元的低点,比1997年7月2日的1美元兑1.480新元下挫了26.18%。在汇市一片恐慌之时,新加坡股市跌至九年以来的最低点。但由于新加坡外汇储备充足,经济基础健全、稳固,而且经济较为国际化,出口市场早已延伸至欧美、日本等经济发达国家,因而尽管金融危机对其造成了一定的破坏,但并没有对其经济造成致命的打击。1997年是韩国人难忘的一年,财力显赫的大企业一个接一个倒闭,老百姓辛辛苦苦积攒起来的钱在两三个月内贬值近半,惊心动魄的金融危机如同疾风骤雨一般袭来。在巨额短期外债压力下,政府被迫以沉重的代价接受国际金融机构的援款,按照政府同国际货币基金组织签署的协议,韩国1998年必须实行高强度的紧缩性财政政策和货币政策,对金融机构和企业进行大幅度的整顿。这意味着大批企业破产,失业人口激增,税收增加,物价上涨,实际收入减少。

资料来源:傅冰.货币国际化进程中的金融风险与对策研究[D].上海:上海社会科学研究院,2012.

第一节 金融危机概述

一、金融危机的概念及特征

金融危机的内涵十分丰富,《新帕尔格雷夫经济学大辞典》将金融危机定义为:全部或部分金融指标,如短期利率、资产(证券、房地产、土地)价格、商业破产数和金融机构倒闭数的急剧、短暂的和超周期的恶化。货币主义的代表密尔顿·弗里德曼和施瓦茨在著名的《美国货币史(1867—1960)》一书中对金融危机是这样叙述的:"在暂时的金融市场管理中,政府必须保证没有'头寸危机',金融机构能够有机会获得现金。'头寸危机'将会损害信心,引起不必要的混乱,甚至造成金融危机,金融危机将产生或加剧货币紧缩效应的银行业恐慌。"国际货币基金组织对金融危机的定义为:金融危机是指社会金融系统中爆发的危机,集中表现为金融系统运行过程中金融资产价格等金融指标在短期内发生急剧变化的现象,这些指标主要包括货币汇率、短期利率、证券资产价格、房地产价格、金融机构倒闭数目。简而言之,金融危机是指一系列金融指标的恶化,是金融脆弱性达到一定程度以及金融风险积累到一定程度导致的整个金融体系或局部金融体系的混乱和动荡。

金融危机一旦爆发,会对爆发国和世界其他国家的经济都造成一定程度的冲击。下面这些影响体现了金融危机的主要特征。

(一) 马太效应

金融危机中的马太效应主要是指金融危机爆发后产生的信用危机,人们对国家经济迅速失去信心。金融危机导致的信用危机与经济生活中的其他风险不同,它不会只在小范围内产生,而是会随着信用基础的破坏快速扩散。一旦某种情况下出现了一些存款不能及时兑付的现象,客户对金融行业的信心就会产生动摇。

(二)连锁效应

在现代化信息技术如此发达的网络时代,全球贸易关系日益密切。资本在全球各国之间的流动有利于资本在全球范围内实现优化配置,从而促进参与贸易国家经济的发展。但同时,经济全球化现象的普及也使得一国经济的发展很容易受到国际整体经济的影响。因此,金融危机在一国范围内爆发也会导致系统性风险在全球蔓延。

(三)破坏效应

金融部门是一个国家资源配置机制运转的核心部门,同时,金融部门又有很强的负外部性。这使得金融危机一旦发生,不仅会使金融部门直接陷入困境,也会对整个国家经济体系的正常运转产生重大的冲击,从而影响人民投资预期和投资行为,甚至引发国家政治危机。

二、金融危机的类型

金融危机的表现形式有很多种,根据金融危机的性质与内容,我们可将金融危机划分为以下五种类型。

(一)货币危机

货币危机又称货币市场危机,是指由于投机冲击导致一国货币大幅度贬值,迫使该国金融当局因保卫本币而动用大量国际储备或急剧提高利率而出现的危机。它既包含对该国货币的成功冲击,也包括对其未成功的冲击。这种危机一般出现在实行固定汇率或盯住汇率制的国家。这些国家的汇率由于没有根据国内经济的变化进行相应的调整,导致货币内外价值脱节,引发投机冲击。市场参与者在外汇市场上大量抛售本币,使本国国币面临严重的贬值压力。货币危机的典型代表是1992—1993年的欧洲货币体系危机。

(二)资本市场危机

资本市场危机是指一个国家的资本市场由于国内或国外的原因,证券交易在短期内出现大幅度下降而形成的危机。在一些国家的证券市场中,由于证券泡沫成分过高、发生投机冲击或受国际证券市场下挫的影响,投资者的信心会发生动摇,如 20 世纪 90 年代的日本经济衰退就是首先从股票危机开始的。

(三) 银行业危机

银行业危机也称金融机构危机,是指实际或者潜在的银行运行障碍或者违约导致的银行突然中断其负债的内部转换,引发储户因对银行丧失信心而产生银行挤兑现象,导致银行最终破产或倒闭。一家银行的危机发展到一定程度,可能波及其他银行,从而引起整个银行体系的危机。银行危机的典型代表是在 20 世纪 90 年代初,日本和东南亚各国发生的金融机构危机。

(四) 外债危机

外债危机是指一国的支付系统严重混乱,在国际借贷领域中的大量负债已经超过其自身偿还能力,从而导致延期偿债现象的产生。债务危机多发生在发展中国家,如 1982 年墨西哥宣布不能偿还到期债务。

(五) 综合性危机

综合性危机又称全面金融危机。事实上,现实中的金融危机越来越多地表现为多种危机的混合,令人很难严格区分危机到底属于哪种类型,不同类型的危机不断演变叠加,形成综合性危机。例如,在 1997 年亚洲金融危机中,泰国首先爆发了货币危机,然后引发了资本市场危机、银行业危机,并迅速扩散到有关国家的金融市场,最后形成综合性金融危机。

第二节 金融危机理论

一、货币危机理论

货币危机理论主要研究货币危机爆发的动因和根源、危机的特点以及危机的防范措施。从 20 世纪 70 年代开始,货币危机理论形成了比较完善且独立的体系。货币危机理论的发展按照时间顺序大致可以分为以下三个阶段:第一阶段是以克鲁格曼-弗拉德-戈博模型为主的第一代货币危机理论;第二阶段是从20世纪80年代中期开始,以奥布斯特费尔德的预期自我实现型货币危机模型为代表的第二代货币危机理论;第三阶段是1997年亚洲金融危机之后,以麦金农金融发展理论和克鲁格曼模型为代表的第三代货币危机理论。

(一) 第一代货币危机理论

保罗·克鲁格曼在1979年发表的 *A model of Balance-of-Payments Crises* 一文中构造了货币危机最早的理论模型。他认为,扩张性的宏观经济政策导致了巨额财政赤字,政府为了弥补财政赤字只能增加货币供给量,同时为了维持汇率稳定而不断抛出外汇储备。但是一旦外汇储备减少到某一临界点时,投机者就会对该国货币发起冲击,在短期内将该国外汇储备消耗殆尽。于是,政府要么让汇率浮动,要么让本币贬值。最后,固定汇率制度崩溃,货币危机发生。许多经济学家后来对这一理论模型进行了改进和完善,最终形成了第一代货币危机理论。该理论从一国经济的基本面解释了货币危机的根源在于经济内部均衡和外部均衡的冲突;如果一国外汇储备不够充足,财政赤字的持续货币化会导致固定汇率制度的崩溃并最终引发货币危机;当宏观经济状况不断恶化时,危机的发生是合理的,而且是不可避免的。它比较成功地解释了20世纪七八十年代的拉美货币危机。

(二) 第二代货币危机理论

该模型认为,一国政府在制定经济政策时存在多重目标,经济政策的多重目标导致了多重均衡,政府既有捍卫汇率稳定的动机,也有放弃汇率稳定的动机。在外汇市场上,中央银行和广大的市场投资者根据对方的行为和已掌握的信息,不断修正自己的行为选择,这种修正又影响着对方的下一次修正,形成了一种自我促成。随着公众预期和信心偏差的不断累积,当维持稳定汇率的成本大于放弃稳定汇率的成本时,中央银行就会选择放弃汇率稳定,从而会导致货币危机的发生。

以奥布斯特菲尔德为代表的学者在强调货币危机的自我促成时,仍然重视经济基本面的情况。他认为,如果一国经济基本面的情况比较好,公众的预期就不会发生大的偏差,就可以避免危机的发生。与此同时,另一些研究者则认为货币危机与经济基本面的情况无关,可能纯粹由投机者的攻击导致,即投机者的攻击使市场上广大投资者的情绪、预期发生了变化,进而通过"传染效应"和"羊群效应",导致危机的爆发。

第二代货币危机理论较好地解释了1992年英镑危机——当时,英国政府面临着提高就业与维持汇率稳定的两难选择,结果英国政府放弃了有浮动的固定汇率制。

(三)第三代货币危机理论

该理论以1997年亚洲金融危机为研究对象,强调金融机制的作用,在前两代理论的基础上,重点研究资本流动和货币危机形成的机理。

该理论认为,发达国家扩张性的货币政策导致超额流动性的增加,而发展中国家放松资本管制和利率较高等因素导致发达国家的资本迅速流入,但是由于发展中国家的金融配套设施不完善、银行监管不力,这些国家将会出现过度投资、资产价格泡沫、关联贷款和短期债务增加等现象,从而加剧其金融的脆弱性。

该模型强调了第一代和第二代货币理论所忽视的一个重要现象,即发展中国家普遍存在着道德风险问题。普遍的道德风险源于政府对企业和金融机构的隐性担保,以及政府同这些企业和机构的裙带关系。这种道德风险可能导致该国在经济发展过程中的投资膨胀和不谨慎,大量资金流向股票和房地产市场,从而形成金融投资过度和经济泡沫,而泡沫破裂或行将破裂所致的资金外逃将引发货币危机。

二、银行业危机理论

(一)货币政策失误理论

货币政策失误理论是由美国著名的货币主义者米尔顿·弗里德曼提出的。弗里德曼认为,金融动荡的根本原因是货币政策失误。由于货币乘数是相对稳定的,货币需求是一个稳定的函数,货币政策的失误可以使一些小规模的、局部的金融问题发展为剧烈的、全面的金融动荡。

第八章 金融危机

(二) 金融不稳定假说

作为当代研究金融危机的权威,海曼·明斯基对金融的内在脆弱性进行了系统分析,并于1936年提出了"金融不稳定假说"。他认为,以商业银行为代表的信用创造机构和贷款人的相对特征使金融体系具有天然的内在不稳定性,投资者怎样形成和运作现金流是关键,如果现金流不能正常运作,金融体系就会不稳定,就会导致金融危机。

(三) 货币存量增速理论

货币学派的布拉纳尔和梅尔泽尔提出了货币存量增速将导致银行业危机的理论,即货币存量增速理论。他们认为,货币存量增速对金融业有巨大影响,一旦因中央银行对货币供给的控制不当而导致货币过分紧缩,即使在经济平稳运行时,金融危机也会产生。因为突发性大幅度货币紧缩会迫使银行为维持足够的流动性而出售资产以保持其所需的储备货币,资产价格会因此而下降并导致利率的上升,这又将增加银行的筹资成本并降低银行的偿付能力,同时,存款人信心也将受到打击,从而引发挤兑危机和金融危机。

(四) 银行体系关键论

诺贝尔经济学奖获得者詹姆斯·托宾1981年提出了银行体系关键论,其核心思想是银行体系在金融危机中起着关键作用。在企业过度负债的状况下,其在扩张中积累的风险会增大并显露出来,银行可能因此遭受损失,银行为了控制风险,必然提高利率或减少贷款。银行的这种行为会使企业投资减少,或引起企业破产,从而直接影响经济发展;或者使企业被迫出售资产以清偿债务,从而造成资产价格急剧下降。他还认为,在债务通货紧缩的情况下,债务人财富的边际支出倾向往往高于负债人。因为在通货紧缩、货币升值的状况下,债务人出售的资产将贬值,而且其拥有的资产也会贬值。因此,在债权人预期物价继续走低的情况下,其变卖资产还债的倾向必然提前。

(五) 银行挤兑论

戴尔蒙德和荻伯威格认为,银行体系的脆弱性主要源于存款者对流动性要求的不确定性以及银行的资产较之负债缺乏流动性。他们在1983年提出了银行挤兑论,其基本思想是:银行作为一种金融中介机构,其基本的功能是将不具有流动性的资产转化为流动性资产,即将存款人的不具流动性的资产转化为流动性资产,以"短借长贷"的方式实现资产增值。在正常情况下,依据大数定理,所有存款者不会在同一时间取款。但当经济社会中某些突发事件出现时,银行挤兑就会发生。

(六) 道德风险理论

麦金农是著名的发展经济学家,他认为,由于存款保险制度的存在,政府和金融监管部门在关键时候扮演着"最后贷款人"的角色。这一方面会使银行产生道德风险,从事具有更高风险的投资,从而增加存款人受损害的可能性;另一方面也会造成存款者不对银行实施监督的结果。世界银行和国际货币基金组织对65个国家在1981—1994年发生的银行危机做的计量测试也表明,设有存款保险制度的国家发生金融危机的概率要高于没有设立存款保险制度的国家。

三、外债危机理论

(一) 债务—通货紧缩理论

欧文·费雪提出的债务—通货紧缩理论认为,企业在经济上升时期为了追逐利润而"过度负债",而当经济陷入衰退时,企业盈利能力减弱,逐渐丧失清偿能力,引起连锁反应,导致货币紧缩,形成恶性循环,金融危机就此爆发。其传导机制如下:①企业为清偿债务和偿付银行贷款而廉价出售资产,从而引致存款货币的收缩和货币流通速度的下降;②在资产被廉价出售的情形下,存款货币的收缩和货币流通速度的下降引起价格水平的下降,也就是货币的购买力上升;③由于没有外来"再通胀"的外生性干预,企业的资产净值必然会出现更大的下降,从而加速企业的破产和利润的下降;④陷入营运亏损的企业会减少产出、交易和雇佣劳动力;⑤企业的亏损、破产以及劳动力的失业必然引发市场的悲观情绪和信心丧失,这反过来又会导致货币的"窖藏行为"和存款货币流通速度的进一步下降;⑥在以上变化发生以后,利率也会产生复杂的变动,即名义利率下降和真实利率上升,从而导致资金充足者不愿意贷出、资金短缺者不愿意借入。

（二）资产价格下降理论

沃尔芬森的资产价格下降理论认为，当债务人过度负债时，在银行不愿提供贷款或减少贷款的情况下，债务人将被迫降价出售资产，从而造成资产价格的急剧下降。这将产生两方面的效应：一是债务人的资产负债率提高，二是债务人拥有的财富减少。债务欠得越多，债务人的资产变卖得就越多，资产变卖得越多，资产就越贬值，其债务负担就越重，从而形成恶性循环。

（三）综合性国际债务理论

苏特从经济周期角度提出的综合性国际债务理论认为，随着经济的繁荣和国际借贷规模的扩张，中心国家的资本为了追求更高的回报而流向资本不足的边缘国家，于是边缘国家的投资外债增多，而债务的大量积累导致债务国偿债负担加重，当经济周期进入低谷时，由于边缘国家赖以还债的初级产品的出口收入下降，其逐渐丧失偿债能力，最终边缘国家爆发债务危机。

随着金融业的不断发展和完善，关于金融危机的研究已经建立了较完善的理论体系。但是经济运行机制具有复杂性，诱发金融危机的因素不断增多，使得关于金融危机的预测、防范和治理的有关研究还需要继续深入和完善。我们应加大对金融外部环境及其本身发展的认识，重新审视和研究金融危机，防患于未然，以保障我国国民经济的健康发展。

第三节　金融危机预警系统

金融危机预警系统是指运用某种统计方法预测某经济体在一定时间范围内发生货币危机、银行危机以及股市崩溃可能性的宏观金融监测系统。该系统除了指标体系，还包括主要的法律框架和组织结构等制约安排。研究和构建金融风险预警系统，可以规避和防范金融风险，防止金融风险转化为系统性金融危机。

一般来说,风险预警系统大致可分为三个层次,即国家宏观预警系统、中观预警系统、微观预警系统。

一、建立金融危机预警系统的必要性

(一)建立金融危机预警系统可以避免和降低经济损失

金融危机一旦发生,将给危机国造成巨大损失,这种损失不仅表现在金融系统内部,而且会延伸至其他各行业。除此之外,金融危机还会加重经济萧条,阻碍国民储蓄流向最有生产力的领域,限制货币政策的操作空间。因为金融是资源配置的核心,金融体系一旦出现动荡,不仅会使金融部门陷入瘫痪,而且会影响整个经济体系的正常运转,甚至引发社会动荡和政治危机。因此,防范金融风险、保持金融稳定的意义非常深远。

(二)建立金融危机预警系统可以防止和降低国外金融危机的冲击

经济全球化和金融一体化是不可逆转的趋势,随着全球经济贸易关系日益紧密和资本自由流动日益加速,当一个国家发生金融危机时,其他国家也必将受到影响。因此,我国首先要保持自身经济健康运行,其次要建立"防火墙",即金融危机预警系统。

(三)建立金融危机预警系统可以防范和化解自身金融风险

随着我国经济的高速增长,经济和金融领域的不确定因素也在增加。一方面,我国金融机构资产质量差、激励机制不健全、市场纪律约束不力和监管力量薄弱等问题在短期内尚不能完全得到解决;另一方面,在世界贸易组织框架下,我国对外开放程度加大,体制性风险也在增加。由此可见,我国现实经济和金融活动风险正在积聚,如果不加以及时防范,完全有爆发危机的可能。因此,我国迫切需要立足自防自救,建立有效的金融危机预警系统。

二、构建金融风险预警指标体系的原则

(一)科学性原则

科学性原则是指金融风险预警指标体系的设计要符合金融体系和经济运行的特点。因为该系统是客观反映一个国家金融安全状况的关键,所以

该体系应以科学性原则为依据。因此,我们应参考现代金融风险理论、系统工程理论以及虚拟经济理论,并结合经济发展状况和金融系统发展的程度,进行金融风险预警指标体系的设计。

(二) 系统性原则

金融安全是一个系统性的概念,是一个多层次、多因素的有机整体。因此,金融风险预警指标体系的构建必须将各个层次有机结合起来,形成一个完整、全面、有序、层次分明的系统,以反映复杂的金融安全状况。

(三) 可比性原则

对于经济体系与金融系统的发展在不同地区之间存在较大差异的国家而言,为了实现指标的综合,指标之间应该具有可比性。因此,我们在构建金融风险预警指标体系时,应该选取统计口径范围、统计方法均较为一致的指标,以实现指标的可比性。

(四) 可操作性原则

为了保证金融风险预警指标体系的构建以及综合评价的顺利进行,首先,我们应该尽量选取可量化的指标群,对于无法量化或很难量化的指标可通过间接衡量的方式进行选择;其次,数据来源必须准确可靠,以保证评价的顺利进行。

(五) 开放性原则

当今世界是一个开放的世界,金融风险预警指标体系的设计在保持稳定的同时,应该还有一定的可调节范围。这是因为金融系统尚且不够完善的国家与发达国家相比,其金融系统本身发展时间较短,基础数据不够完善,而且随着经济的快速发展,各国的金融系统发展速度较快,这导致了金融指标体系不够稳定。为了使金融风险预警指标体系能够紧跟金融的发展,更加准确地描述金融安全状况的变化,我们在指标体系的构建过程中应尽量保持指标体系的开放性。

(六) 主客观相结合的原则

对于转轨过程中的国家而言,其金融体系与经济发展一样,是一个不断变迁的系统,其稳定性较差。在这样的条件下,我们在构建金融风险预警指标体系时,应将客观的定量分析方法与主观的评价方法相结合,即不仅要满足科学性原则,更要符合实际情况。

三、金融预警指标临界值确定的原则

金融风险预警指标体系中临界值的设定是保障预警系统有效性的重要环节,也是难点所在。当该指标体系中的一项或几项数值偏离其正常水平并超过某一临界值时,就表示金融危机即将发生,需要密切关注。

确定金融风险临界值的总体原则是:将发生金融危机而没能发出预报的概率与发生错误预报的概率相等时的数值作为阈值。在实际操作中,临界值的确定既可以参照本国在金融稳定时期各项指标的数值,也可以参照经济金融背景相似的国家在金融稳定时期各项指标的数值。

四、我国金融风险预警系统的建立与完善

随着我国社会主义市场经济的快速发展,我国出现了几次局部性的金融风波,加之亚洲金融危机、美国次贷危机的影响,我国加强了对金融风险预警的理论研究和实践探索。一方面,有关专家和学者借鉴国外有关理论,结合中国实际,在金融危机风险预警的方法论、指标体系构架以及预警检验等方面取得了一些阶段性成果;另一方面,有关金融机构结合自身的业务特点和性质分别探索并构建了自身的风险预警系统。

笔者认为,建立我国金融预警系统需要解决以下几个问题。

(1) 努力提高全社会金融风险防范意识,构筑金融风险预警系统的微观基础。

(2) 迅速制定和完善与金融风险预警有关的各项制度,通过制度的约束来确保预警系统的正常运作。

(3) 加大非现场监管力度,严密监测各类金融机构的风险动态。非现场监管是金融风险预警工作的重要组成部分。

(4) 为了保证金融风险预警系统的有效运作,必须迅速建立我国的金融监管信息网络。

（5）加强与国际金融监管机构的合作，广泛吸取世界各国在金融预警领域的成功经验。随着经济全球化的进一步深入，一个国家一旦发生金融危机，势必会波及其他国家和地区。因此，世界各国应联合起来，建立全球性的金融危机预警系统。

延伸阅读

世界上历次金融危机

一、1637 年"郁金香泡沫"事件

16 世纪中期，郁金香从土耳其被引入西欧，不久，人们开始对这种植物产生了狂热。到 17 世纪初期，一些郁金香珍品被卖到了不同寻常的高价，而富人们也竞相在他们的花园中展示最新和最稀有的品种。1637 年的早些时候，当郁金香还在地里生长时，价格就已上涨了几百甚至几千倍。一棵郁金香可能是 20 个熟练工人一个月的收入总和。这被称为世界上最早的经济泡沫事件。

二、1720 年"南海泡沫"事件

18 世纪，英国经济兴盛，私人资本集聚，社会储蓄膨胀，投资机会却相应不足。当时，拥有股票还是一种特权。1720 年，英国南海公司接受投资者分期付款购买新股，该公司股票供不应求，价格一度上升到 1 000 英镑以上。后来《反金融诈骗和投机法》通过，南海公司股价一落千丈，"南海泡沫"破灭。

三、1837 年经济大恐慌

1837 年，美国的经济恐慌引起了银行业的收缩，由于缺乏足够的贵金属储备，银行无力兑付发行的货币，最终多家银行倒闭，大量人员失业。这场恐慌带来的经济萧条一直持续到 1843 年。

四、1907 年银行危机

1903—1907 年，美国经济飞速发展，市场对于资金的需求不断地增加，资本的巨大需求促使美国机构与个人投资者过度举债，其中就诞生了一个金融机构——信托投资公司。纽约一半左右的银行贷款都被以高利息回报著称的信托投资公司作为抵押投在高风险的股市和债券上,没有监管的信托公司将金融泡沫越吹越大,整个金融市场陷入极度投机状态。1907年10月,美国银行危机爆发。

五、1929年股市大崩溃

1922—1929年,美国空前的繁荣和巨额报酬让不少美国人卷入到华尔街狂热的投机活动中,股票市场急剧升温,最终导致股灾,引发全球经济大萧条。

六、20世纪70年代经济滞涨

20世纪70年代,中东战争引起阿拉伯国家用自己掌握的石油资源来报复西方国家。欧佩克石油垄断组织两次大幅度提高石油价格,这增加了石油进口国国民与企业的负担。由石油危机造成的供给冲击导致以美国为代表的石油进口国出现经济停滞、高通货膨胀、失业率增加以及其他行业不景气同时存在的经济现象。

七、1987年"黑色星期一"

1987年,不断恶化的经济预期和不断紧张的中东局势,造成了华尔街的大崩溃,标准普尔指数下跌了20%。这是华尔街有史以来形势最为严峻的时刻。

八、1994年墨西哥金融危机

1994—1995年,墨西哥发生了一场比索汇率狂跌、股票价格暴泻的金融危机。受其影响,不仅拉美股市暴跌,欧洲股市指数、远东指数及世界股市指数也出现了不同程度的下跌。

九、1997年亚洲金融危机

1997年7月2日,泰国宣布实行浮动汇率制,当天,泰铢兑换美元的汇率下降了17%,引发了一场遍及亚洲的金融风暴。这使得许多东南亚国家和地区的汇市、股市轮番暴跌,金融系统乃至整个社会经济受到严重创伤。

十、2007年美国次贷危机

次贷危机源于美国"零首付"的买房政策,2007年8月次贷危机开始席卷美国、欧盟和日本等世界主要金融市场。美国次贷危机掀起的浪潮使得美国金融体系风雨飘摇,世界经济面临巨大压力。

第九章　金融安全

◎ 学习目标

(1) 了解金融安全产生的背景。

(2) 掌握金融安全的概念。

(3) 熟悉金融运行四种态势。

◎ 能力目标

(1) 掌握"五支柱"金融安全网的内涵。

(2) 树立金融安全意识。

假冒手机银行App诈骗

某日,王某收到一则短信,内容为××银行网银升级,提醒用户升级手机银行App,并提供了下载链接地址。王某没有丝毫怀疑,点击短信中的链接下载安装了App。安装完成后,王某发现该App操作界面和之前使用的手机银行界面一模一样,于是王某按提示登录账号,并填写手机号、银行卡、身份证号等信息。但不久之后,王某在银行网点查询卡内余额时发现卡内已没有钱了,他才意识到自己"中招"了。

诈骗手段:不法分子将"手机木马"伪装到常见银行的手机客户端,放在不安全的软件市场、论坛上引诱用户下载;或是通过伪基站发短信引诱用户点击短信中的链接下载安装。

不法分子获取信息后,此"木马"将隐藏图标,在后台偷偷拦截并转发短信验证码。这样不法分子就可以利用"找回密码"修改中招手机用户银行交易密码,将用户银行卡内的钱财洗劫一空。

安全提示:

(1) 在银行网点或正规渠道下载手机银行客户端。

(2) 切勿轻信未经认证的软件市场,或是论坛、短信里的下载链接,不要随意点击。

(3) 不要将大额现金的银行卡绑定手机银行,设置银行卡转账限额。

资料来源: 广西工会.如何预防假冒手机银行 App 诈骗[EB/OL].(2019-09-30)[2021-09-09].https://www.sohu.com/a/340740755_664628.html.

网络贷款陷阱

2019 年 5 月 16 日,赵某在某 QQ 群看到一则无抵押贷款广告,遂在网上向放贷人申请贷款 1 000 元。放贷人让赵某打了 1 200 元的欠条,扣除利息 200 元后,在网上付给他 1 000 元。赵某由于各种原因无法按期还款,原放贷人便让赵某再次借款还贷,并向他推荐一名新的放贷人,而第二个放贷人也需要扣掉相应的利息。就这样,赵某陷入了和之前一模一样的借贷套路。等到他还不起时,第三个、第四个和第五个放贷人会陆续登场……经过利滚利、本金滚本金,再加上违约金、滞纳金等,赵某需要偿还的贷款越滚越多,最后高达 100 多万元。此时,所有的放贷人都要求赵某还钱,并恐吓他要向法院起诉,拍卖他的房屋和车辆。

诈骗手段: 不法分子从一开始就以非法占有借款人的财产、房产为目的,利用借款人社会经验不足的弱点,处心积虑地通过"双倍借条"或"平账"等手段,将原来的小额借款变成难以偿还的债务,进而逼迫当事人抵押房产或签订长期租房合同,一环套一环骗取受害人的房产。

安全提示:

(1) 到正规的金融机构或平台贷款。

(2) 不要被"无须抵押,快速房贷"等广告诱惑,应详细了解后再做决定。

(3) 如不幸受骗,应第一时间向公安机关报案,并保留好相关的借款合同以及微信、短信的转账及聊天记录等证据,及时提交给公安机关。

资料来源: 贵州省人民政府发展研究中心.金融网络安全典型案例[EB/OL].(2020-04-15)[2021-09-09].http://jgz.app.todayguizhou.com/news/news-news_detail-news_id-11515115214348.html.

第一节　金融安全概述

中共十九大以来,我国金融业对外开放步伐不断加大,如放宽金融机构外资持股比例上限、放宽境外机构和投资者准入条件、持续推进信用评级行业对外开放等,这一系列举措释放了我国金融业深化改革、扩大开放的强烈信号。与此同时,我国经济运行中的一些深层次矛盾和国际政治经济引发的金融市场变化,都会对我国的金融安全产生巨大影响。金融是国家重要的核心竞争力,金融安全是国家安全的重要组成部分,是世界各国都关注的重要经济现象,是经济平稳健康发展的重要基础。防范和化解金融风险特别是防止发生系统性金融风险,是金融安全工作的根本性任务。

一、金融安全的概念

金融安全是金融经济学研究的基本问题,在经济全球化加速发展的今天,金融安全在国家经济安全中的地位和作用日渐加强。金融安全作为一个国家金融体系稳定运行的保障,包含了金融市场的方方面面,是一个综合程度极高的概念。学术界对金融安全的理论研究,多集中于对其核心概念的界定上。

在国外的文献研究中,金融安全这一概念较少被使用,国外学者通常习惯于用金融稳健、金融主权、金融稳定、经济安全等一些相关的概念。我们从概念的多样化中能够看出,国外学者在对金融安全进行概念界定这一问题上存在着较大的分歧,甚至有的学者认为对金融安全进行明确的概念界定是没有必要的,因为金融安全与国家利益密切相关,如果只是宽泛地对金融安全进行概念界定，则没有实际意义；若是对其概念的定义过于狭窄，又容易造成一些重要话题的缺失。

我国学者对金融安全的研究和探讨是从1997年亚洲金融危机之后开始的。有的学者从金融实质的角度出发，认为金融安全是指货币资金融通的安全，即只要是涉及货币流通和信用的日常经济活动都在金融安全的范围内，一个国家或者地区的国际收支和资本流动对金融安全有直接影响。有的学者站在国际关系学的立场上，认为金融安全就是维护"核心金融价值"，即维护金融财富安全，维持金融制度和金融体系的稳定运行和发展。由于各种各样的经济问题并不会在一开始就显露出来，它们首先会潜藏在金融领域之中，并不断累积，当经济问题逐渐累积到金融系统无法容纳时，它们就会突然间爆发出来，摧毁一个国家或者地区的金融体系。因此，金融安全程度的高低取决于一个国家或者地区政府防控风险爆发的能力，以及金融市场是否认同政府拥有这种能力。由此，国家金融安全的概念开始出现，它是指一国在面临内外突发状况的冲击时，维护金融体系的正常运转，避免本国经济、金融遭受巨大损失的能力，以及对这种维护能力的信心。也有的学者从金融结构的视角看待金融安全，认为金融安全是金融发展历程中一种特殊的总体性状态。

笔者认为，概括地说，金融安全就是指一国金融发展与实际经济结构相互协调，金融机构和金融市场在金融监管部门的监管和政府的调控下具备正常运转的能力，以及在开放条件下具备对来自内外部的威胁、冲击加以有效防范、化解和自我修复的能力，从而保持金融体系健康发展，确保金融主权不受侵害的一种状态。首先，金融发展与实际经济结构相互协调是指金融发展要以实体经济为基础，在经济发展中寻求金融安全，在金融安全中促进经济发展。其次，金融机构和金融市场具备正常运转的能力，一方面是指金融机构自身通过改善治理结构、完善内控制度等措施，具备应付正常时期运营和波动的能力；另一方面是指金融机构和金融市场在国家监管部门的监督和引导下实现稳健运转的状态。最后，金融安全是一个持续的动态概念，既包含对金融日常安全的维护，也包含对金融不安全的治理。

二、金融安全状态分级

（1）金融安全：无明显风险。各项风险指标均在安全区内，金融市场稳定，金融运行有序，金融监管有效，金融业稳健发展。

（2）金融基本安全：轻度风险。金融信号基本正常，部分指标接近预警值；不良资产占总资产比重低于10%；有正常的金融机构倒闭，但所占比重很小；货币有贬值的压力；金融运行平稳。

（3）金融不安全：严重风险。大部分金融指标恶化；大多数金融机构有程度不同的不良资产问题，不良资产占总资产比重超过10%；有较多的金融机构倒闭；货币较大幅度贬值；金融动荡，经济衰退。

（4）金融危机：风险总爆发。货币危机和银行危机爆发，货币大幅度贬值，大批金融机构倒闭；金融崩溃，经济倒退，社会动荡。

三、金融风险与金融危机

（一）金融风险

金融风险是指与金融有关的风险，如金融市场风险、金融产品风险、金融机构风险等。金融机构在具体的金融交易活动中出现的风险，有可能对该金融机构的生存构成威胁，也有可能对整个金融体系的稳健运行构成威胁。系统风险一旦发生，金融体系的运转就会失灵，从而必然会导致全社会经济秩序的混乱，甚至引发严重的政治危机。

金融风险通常包括信用风险、市场风险、国家风险。金融风险是金融行为的结果偏离预期的可能性，是金融结果的不确定性，这种可能性存在于一切金融活动之中，包括银行业的资金交易活动、证券市场的融资和资产价格的变动以及保险业务。也就是说，只要有金融活动，就必然存在金融风险。显然，金融风险的存在是经济运行的常态状况。

金融风险与金融安全密切相关，金融风险的产生对金融安全构成威胁，金融风险的积累和爆发对金融安全造成损害，对金融风险的防范就是对金融安全的维护。金融风险主要从金融结果的不确定性角度来探讨风险的产生和防范问题,金融安全则主要从保持金融体系正常运行与发展的角度来探讨风险来自何方及如何消除。国内一些学者认为,金融安全就是没有金融风险的状态,金融风险一定会导致金融的不安全。但实际上,如果金融风险被控制得好,那么在广泛金融风险中也有金融安全的态势,而且金融不安全并不等于金融风险。金融风险是与金融活动相伴而生的,只要从事金融活动,就存在着金融风险。因此,金融风险并不意味着金融不安全。

一般来说,在国际经济活动中,金融风险的大小与该国对外依存度的高低是成正比的,即对外依存度越低,则该国面临的风险就越小;反之,对外依存度越高,则该国面临的风险就越大。这是经济国际化发展过程中的客观规律,是不以人们的意志为转移的。然而,金融风险的大小、金融安全程度的高低取决于该国防范和控制风险的能力,即一国防范和控制风险的能力越强,则该国面临的风险就越小、金融安全程度就高;反之,一国防范和控制风险的能力越弱,则该国面临的风险就越大、金融安全程度就低。显然,随着一国对外依存度的提高,其防范金融风险、抵御外部冲击、维护金融安全的责任和压力也随之增加。

(二)金融危机

金融危机是指与金融资产、金融机构、金融市场有关的危机。金融危机的发生往往伴随着企业大量倒闭、失业率提高、经济萧条等现象,有时候甚至会引起社会动荡或国家政治层面的动荡。

简单地讲,金融危机即发生在货币与信用领域的危机。在西方经济学中,人们对金融危机的含义有多种表述,但最具代表性的是著名的《新帕尔格雷夫经济学大辞典》对金融危机的定义:"全部或大部分金融指标——短期利率、资产(证券、房地产、土地)价格、商业破产数和金融机构倒闭数的急剧、短暂和超周期的恶化"。金融危机的特征是人们基于预期资产价格下降而大量抛出不动产或长期金融资产,将其换成货币。这与金融繁荣或景气时的特征——基于预期资产价格上涨而大量购置不动产或长期金融资产正好相反。金融危机包括货币危机、债务危机、金融市场危机与银行危机等具体的危机。

马克思认为,金融危机大多都是经济危机的征兆,金融恐慌是经济危机的初始阶段。金融危机的根源在于制度,即生产的社会性与资本主义私人占有制之间的矛盾。当这一基本矛盾达到难以调和的地步时,经济危机就会爆发,从而使社会生产力受到巨大的破坏。

马克思在《资本论》中指出:"乍看起来,整个危机好像只表现为信用危机和货币危机,而事实上的问题在于汇票能否兑换为货币。因为这种汇票多数是代表现实买卖的,而现实买卖的扩大远远超过社会需要的限度这一事实,归根到底是整个危机的基础。"

当然,马克思也并不否认独立金融危机的存在,因为货币信用金融活动有一定的独立性,如信用的过度扩张、银行的迅速发展和投机活动的高涨等都有可能导致危机的发生。因此,货币危机可以单独发生,金融领域也有自己的危机。

金融安全的反义词是金融不安全,但其绝不是指金融危机的爆发。我国有些学者将金融安全的实质描述为金融风险状况,而金融不安全的表现主要是金融风险与金融危机。实际上,金融危机是指一个国家的金融领域已经发生了严重的混乱和动荡,并在事实上对该国的银行体系、货币金融市场、对外贸易、国际收支乃至整个国民经济造成了灾难性的影响。它往往包括全国性的债务危机、货币危机和金融机构危机等。这说明金融危机是金融不安全状况持续积累后爆发的结果。

四、金融安全的基本特征

(一)金融安全具有公共产品性

从某种意义上说,金融安全是一种社会公共产品,即社会个体对其有共同的消费需求,而个体又无法排除他人的单独消费。同时,金融的外溢性使金融企业广泛存在过度经营甚至是违规经营行为,忽视了对金融安全的维护。

(二)金融安全具有相对性

金融安全与金融风险是相对的,各个国家在各个时期的金融安全标准是不一样的,而金融安全衡量标准的渐进性决定了实现金融安全是一个长期的、不断发展的过程。金融安全的相对性具有外生关联性和内生关联性相统一的特征:外生关联性是指金融安全对经济发展有至关重要的影响和作用,金融安全不能在静态中求得,必须要在金融和经济的健康持续发展中才能求得;内生关联性是指政府一方面要支持金融创新,另一方面又要对其加以监管,以防范风险、维护金融安全。

(三)金融安全具有高度综合性

金融安全不是一个独立的问题,也不是一门独立的学科,它与经济学、政治学、国际关系学等很多学科都有着千丝万缕的联系,金融安全问题的解决需要多门学科的理论知识作支撑,并需要协调方方面面的力量,它具有较强的"蝴蝶效应"。

金融安全的高度综合性加大了我们研究的难度和复杂程度,而它固有的"蝴蝶效应"又使之成为关系全球局势稳定发展的十分重要的问题。因为金融危机一旦发生,其危害将不堪设想。这也是许多国家都开始重视金融安全问题的原因。

(四)金融安全具有动态性

世界上没有绝对的安全,安全与危险是相对而言的。因此,金融安全具有明显的动态性特征。经济运行的态势是一种连续不断的变化过程,而在这一过程中,金融运行往往处在一种连续的压迫力和惯性之中。在经济快速增长时期,银行会不断扩张信贷,其结果有可能导致不良资产增加;在经济衰退时期,经营环境的恶化迫使银行收紧信贷,其结果又使经济进一步衰退。这种状况可用现代金融危机理论中的金融体系脆弱性来解释。因此,金融安全是基于信息完全、对称及其反馈机制良好的运行基础上的动态均衡,安全状态的获得是在不断调整中实现的。例如,对于市场基础良好、金融体系制度化、法律环境规范化且监管有效的一些国际金融中心来说,没有人担心金融工具的创新会使银行处于不安全状态;而对于不良资产比例过高、十分脆弱的商业银行来说,新的金融工具带来金融风险的可能性就会比较大。

金融安全是特定意义上的金融稳定。金融安全是一种动态均衡的状态,这种状态往往表现为金融稳定发展。但金融稳定与金融安全在内容上仍有不同:金融稳定侧重于金融的稳定发展,不发生严重较大的金融动荡,强调的是静态的概念；而金融安全侧重于强调一种动态的发展态势，包括金融对宏观经济体制、经济结构调整变化的动态适应。

五、金融安全的重要性

金融是现代经济的核心，金融安全是国家经济安全的核心内容。随着金融活动的发展和金融功能的深化，金融对经济的反作用越来越显著，金融安全已成为直接影响经济能否平稳运行的重要因素。历次国际金融危机表明，在金融自由化和全球化的进程中，金融危机对一个国家政治、经济和社会的伤害不亚于一场战争，其波及面可能是整个地区乃至全球。因此，在经济全球化的大趋势下，在参与国际合作与竞争中，如何提高自身抵御金融风险的能力、维护国家的金融安全和经济安全，是国际社会特别是发展中国家亟须解决的重要课题。

"金融活，经济活；金融稳，经济稳。"这一论述形象地概述了金融与经济的关系以及金融的能动作用。把金融安全置于国家安全、经济安全系统中去认识，强调金融的活与稳，注重在运动中保持平衡、在稳定中保持活力，这就是积极的金融安全观。同时，这也意味着金融发展应确立更高的定位、格局和责任，更多地从社会经济发展、全球经济格局和新常态逻辑框架中去谋划、培育金融安全的根基，避免自我循环式的扩张。经济强，则金融强。没有经济的支撑，金融的发展就缺乏根基。一国金融的强弱，并非单单看资产规模，还要看金融体制的灵活性、在国际金融市场上动员资本的能力以及金融服务实体经济的能力。

第二节　金融安全网

金融安全网是指为了保障金融安全，中央银行、金融监管当局和银行同业组织共同"编织"的具有公共安全性质的安全保护系统。一般认为，金融安全网的三大支柱是微观审慎监管、存款保险制度和最后贷款人制度。笔者认为，从维护金融市场的信心和秩序以及维护金融稳定的视角出发,在三大支柱的基础上,金融安全网还应增加金融行为监管和宏观审慎管理两大支柱。

一、微观审慎监管

微观审慎监管是指监管部门为防范个体金融风险,通过制定市场准入、资本/净资本、偿付能力、流动性、资产质量、关联交易等审慎监管制度,定期组织现场检查,监测、评估风险,及时进行风险预警、处置,防范风险,以维护金融体系稳定的一系列行为。

(一)准入环节:强化股东管理,强调持牌经营

许多高风险机构的背后都存在股东严重违法违规的问题,如大股东通过隐匿股权架构突破持股比例限制和参控股机构数量限制,牢牢控制并恶意掏空金融机构,最终形成大的金融风险。对于这种情况,相关部门应加强对股东资质的穿透审查、识别,充分利用金融科技、大数据等技术手段提升监管水平,防止单一股东持股比例过高。我国在金融业不断开放的过程中,应强化跨境金融服务的准入监管,即金融业必须持牌经营,金融牌照必须有国界。任何机构都不能拿着境外牌照在我国"无证驾驶"。当前,不少境外金融服务提供商及不法分子通过互联网渠道和数字平台无限拓展边界,突破监管要求,损害我国消费者和投资者的权益。相关金融监管部门必须守土有责,严查重罚跨境机构在我境内的"无证驾驶"行为及其涉及的跨境非法金融广告,外汇管理部门必须继续严惩跨境资金流动中的违法违规行为。

(二)持续监管环节:不断提高监管的有效性

1. 运用监管科技,提高对关联交易的识别率和集中度监管

部分金融机构为规避监管要求,通过一系列复杂操作开展关联交易,对单一客户及其关联子公司的授信额度远超监管要求,对于此类问题,监管部门往往很难及时发现,这也是全球范围内长时间普遍存在的难题。例如,花旗银行自1812年建立后的多年间,一直是股东商业帝国的融资机器,直到成立150多年后才逐步建立起完善的公司治理框架。我国应充分吸收和借鉴国外的经验,借助金融科技手段,通过大数据等工具提取关联信息乃至资金

流向,完整识别关联交易,以提升监管的有效性。

2. 健全公司治理,避免内部人控制

一些出险金融机构的股权较分散,公司治理"形似而神不似",导致高管大权独揽,形成内部人控制。以国内某银行为例,在风险暴露前,该银行股权高度分散,董事长长期把持内部控制权,公司治理和经营管理混乱,股东违规占款问题严重,资产质量存在明显问题。又如,2015 年被关闭的美国 Capitol 城市银行也是由于行长权力过于集中,关键业务集中在少数与行长关系密切的内部圈子,导致该行经营风险偏好高,信贷标准宽松,贷款高度集中于房地产行业且拨备不足,随着经济形势和房地产市场的逆转,该银行的资产质量快速恶化,最终由于资本严重不足于 2015 年被美国政府关闭,由联邦存款保险公司接管。国际和国内的风险案例表明,金融机构完善公司治理任重而道远。

3. 提升数据质量,强化数据真实性监管

真实可靠的数据是审慎监管的基础,也是相关部门对金融机构开展监管评级的基本前提。但目前,我国中小金融机构的数据真实性仍有待提高。数据造假,特别是不良贷款数据造假问题多次出现在监管部门查处的案件当中。上例中的美国 Capitol 城市银行也同样存在贷款分类标准严重不准确的问题,该银行采用还款递延、借新还旧、循环贷款等多种形式掩盖不良贷款的真实质量,导致拨备计提不足,风险累积,最终被接管、关闭。

4. 强化流动性监管

相当一段时间以来,我国不少中小银行通过同业业务迅速扩张做大资产负债规模,导致同业负债、同业资产的占比过高,流动性风险突出,脆弱性显著增强。相关部门应强化流动性审慎监管指标的持续性监测,强化流动性压力测试,针对潜在风险较高的机构及时采取干预措施。

5. 强化货币错配和汇率风险监管

货币错配是新兴经济体融入国际金融体系必须要面对的一个问题。从新兴市场历次金融和债务危机来看,货币错配不仅是危机产生的重要原因,它还限制了新兴经济体为应对危机采取货币政策的调控空间,影响了汇率机制的作用发挥,加剧了宏观经济金融不稳定和跨境资本流动的风险,大大增加了危机的应对成本。

随着改革开放的不断推进,我国经济更深地融入全球经济,人民币汇率市场化的波动幅度持续加大,跨境资本流动更加自由、便利,汇率风险管理对市场主体越来越重要。因此,监管部门应不断强化货币错配和汇率风险监管,防范跨境风险。具体建议如下:①加强外币领域监管信息共享与监管合作,定期交换跨境收支、金融市场、货币错配、汇率风险等监管指标和监测指标信息、检查处罚信息,及时沟通市场问题,形成监管合力;②完善外币流动性风险监管、外币最低资本要求等审慎监管框架;③加强非金融企业货币错配和汇率风险的监测和监管。

二、存款保险制度

存款保险制度是全球很多国家为了保护存款人利益、防范化解金融风险、维护金融体系稳定而采用的重要基础性制度安排。我国于2015年建立存款保险制度,《存款保险条例》明确了对每名储户50万元的最高偿付限额。除了《存款保险制度》,我国也建立了行业保障基金体系,包括2004年建立的保险保障基金、2005年建立的证券投资者保护基金以及2014年建立的信托业保障基金。

我国存款保险制度采用风险最小化模式,该模式具有信息收集、现场核查、风险警示、早期纠正、风险处置等功能。存款保险制度在运行过程中通过两种手段实现了对风险的早干预、早处置。一是实行风险差别费率,通过奖优罚劣(风险高的银行费率高,风险低的银行费率低),用市场化手段促使银行审慎经营。二是开展早期纠正,做到风险早发现和少发生,主要手段包括补充资本、控制资产增长、控制重大交易授信、降低杠杆率等。

三、最后贷款人制度

最后贷款人制度是中央银行的一项职责,是指银行体系在遭遇不利冲击引起流动性需求大大增加但其本身又无法满足这种需求时,中央银行向银行体系提供流动性以确保银行体系稳健经营的一种制度安排。广义来看,最后贷款人包括国内最后贷款人和国际最后贷款人。

(一)国内最后贷款人

大多数学者认为,国内最后贷款人职能只能也必须由中央银行来履行。但实际上,央行充当最后贷款人有着严格的介入条件:①只针对可能引发系统性风险的金融机构;②只针对流动性风险,而不是资不抵债的信用风险;③贷款人必须提供全额合格抵押品,央行不承担损失。

对于资不抵债问题,股东、各类债权人等应当依法按清偿顺序承担损失,充分发挥行业保障基金和地方政府作用,以严肃市场纪律、防范道德风险。

(二)国际最后贷款人

国际最后贷款人的职能是给外币流动性紧张或陷入货币危机、债务危机的经济体提供国际救助,是最后贷款人职能在国际范围的延伸。国际最后贷款人职能的履行,有助于改善危机国清偿力,节约储备,稳定汇率,平抑金融市场恐慌。

按提供救助的主体划分,国际最后贷款人可分为以下三种典型类型。

1. 全球型国际最后贷款人

这种类型的典型代表是国际货币基金组织(IMF)。IMF可通过向成员国发放短期紧急贷款的形式向危机国提供救助,但通常会辅以结构性改革条件。在亚洲金融危机中,IMF履行了主要国际最后贷款人的职能。

2. 区域型国际最后贷款人

这种类型的典型代表有欧洲稳定机制、金砖国家应急储备安排、清迈多边机制。以欧洲稳定机制为例,在应对欧债危机过程中(2010—2018年),欧洲稳定机制及其前身欧洲金融稳定基金共向成员国拨付2 950亿欧元贷款,救助规模是IMF的2.5倍,而且它的最长贷款期限超过40年,远超IMF常规贷款最长5年的期限。这对恢复欧债危机国经济长期增长起到了重要作用。

3. 国家型国际最后贷款人

这种类型的典型代表是美国联邦储备系统(简称美联储)。例如,2020年上半年因疫情影响国际金融市场出现大幅波动期间,美联储推出多项措施来缓解全球美元流动性紧张问题,实际上充当了国际最后贷款人的角色。相关措施主要包括降低美元互换利率和拓展货币互换范围。例如,美联储将与欧洲、英国、日本、加拿大、瑞士等 5 家央行的美元互换利率下调 25 个基点,并新增对澳大利亚、新西兰、丹麦、挪威、瑞典、韩国、新加坡、巴西和墨西哥等 9 家央行共计 4 500 亿美元的互换额度。互换资金最高周均使用量为 4 487 亿美元,远超欧债危机时的使用量,为 2008 年全球金融危机期间最大周均使用量的约 80%。

从另一个角度看,我国也应适度履行国际最后贷款人的职能。人民币国际化初期,我国与其他国家开展双边货币互换主要是为了便利双边的贸易和投资。随着人民币国际化水平不断提高,我国也应逐步重视履行国际最后贷款人职能,必要时满足相关国家对人民币流动性需求,维护其金融稳定,进而在维护国际金融稳定中发挥作用。

四、金融行为监管

(一) 金融行为监管概述

金融行为监管是指监管部门对金融机构的具体经营行为进行监督管理,包括打击操纵市场和内幕交易行为、规范信息披露要求、保护个人金融信息安全、反不正当竞争和垄断、解决消费争议等,以维护公平、公正、有效竞争的市场秩序。金融行为监管既规范金融机构和自然人消费者之间的交易行为,也规范不同金融机构之间、金融机构与非金融企业之间的交易行为。加强金融行为监管不仅有助于维护消费者对金融市场的信心,而且有助于维护金融稳定。

金融行为监管包括对金融批发市场和零售市场的行为监管。从批发市场看,其主要不端行为包括操纵利率、汇率等领域市场价格以及内幕交易等行为,涉及同业市场、债券市场、外汇市场、黄金市场、大宗商品市场等多个领域。2014 年以来,发达国家明显加大了对金融批发市场的监管力度,数家国际大型银行因以抢先交易、自营交易、超额买卖、"猎杀止损"等方式操纵伦敦同业拆借利率汇率或开展欺诈交易等被重罚近 200 亿美元。一些金融批发市场还存在资金空转套利、脱实向虚、自我循环等问题。从金融零售市场看,金融行为监管面临的风险和挑战主要包括金融机构隐瞒产品信息、销售误导及欺诈、信息泄露、严重侵害消费者和投资者权益等。

(二) 加强行为监管和金融消费者保护的必要性

从经济学角度看,监管者需要为金融消费者提供有效平衡的保护。金融消费者在交易中处于弱势地位,其合法权益在客观上需要得到保护。虽然市场机制下的自由竞争、优胜劣汰从某种程度上可以为金融消费者提供一种保护,但其无法从根本上解决金融消费者保护问题。因此,监管者要不断提高消费者保护的有效性,防止监管失灵,以及防止消费者发生逆向选择和道德风险。

从法理视角看,立法思想不断向保护个体消费者方向扩展和深化,是人类文明进步的表现。在手工作坊和简单物物交换时期,消费者和经营者之间的博弈力量基本均等,当时的政策取向是丛林法则、自由竞争。在全球化分工、社会化大生产、数字经济时代,由于个体消费者与公司法人经营者之间的博弈力量严重不对等,各国的立法思想从形式公平向实质公平演化、从契约自由向契约公平和契约正义演化,即向保护个体消费者的方向扩展、深化,这也是人类文明进步的表现。

(三) 完善金融行为监管体系

金融行为监管体系的完善应该从法律、监管、机构和消费者四方面出发,不断增强行为监管的效能,更好地保护各类市场主体的合法权益。

从法律角度看,针对金融消费领域专门性法律法规缺失,以及争端解决过程中消费者举证责任过重等问题,相关部门应坚持以人为中心,加强消费者保护,研究出台保护金融消费者的相关法律。

从监管角度看,金融监管部门应采取以下举措:重视行为监管,强化金融业行为监管能力建设,增配更多有法律背景的监管骨干力量,增加行为监管在机构准入、业务准入、高管准入等事项上的发言权;建立分级监管模式,重点加强对高市场占有率机构、高风险业务的监管;建立全国性呼叫中心,便利消费者咨询和纠纷解决,把矛盾化解在基层,化解在早期阶段;建立对举报揭发的奖励机制,充分发挥人民群众的监督力量;强化监管协同,探索行政、民事与刑事的有效对接、合作；加大对违法违规行为的处罚力度；在防范风险的前提下，降低市场准入门槛，促进市场良性竞争。

从金融机构角度看，部分金融机构在考核导向上有偏差，存在重业绩、轻合规以及风控文化缺乏等方面的问题。相关部门需要在公司治理层面强化行为风险管理体制机制，科学设定业绩考核目标，制定执行绩效薪酬延期支付和追回制度。

从金融消费者角度看，消费者和投资者的财产安全权、知情权、自主选择权、公平交易权、依法求偿权和个人信息都需要得到保护。因此，金融机构应重视金融知识普及，在消费者中树立"收益自享、风险自担"的责任意识；要有效防范逆向选择和道德风险。此外，金融机构存在欺诈、误导消费行为的，必须依法承担赔偿责任。

五、宏观审慎管理

宏观审慎管理是与微观审慎监管相对应的一个概念，是对微观审慎监管的升华。微观审慎监管关注个体金融机构的安全与稳定，宏观审慎管理则更关注整个金融系统的稳定。宏观审慎管理可以分为两个维度。一是要求金融机构在系统性风险积累时建立风险缓冲，以减缓周期性波动带来的冲击。主要工具包括逆周期资本缓冲、针对特定行业的附加资本要求、动态拨备要求、杠杆率、贷款价值比和贷款收入比等。二是从结构性维度重点关注系统重要性金融机构与金融体系的关联度，主要工具包括识别及监管系统重要性金融机构、制定恢复和处置计划、要求场外衍生品交易通过中央对手方交易等。

第三节 我国金融安全面临的挑战与对策

一、我国金融安全面临的挑战

（一）资本的非法流动对我国金融安全的影响

对外开放促进了我国经济和金融的国际化发展，对外依存度的提高表明我国利用国际资源和国际市场的水平有了很大的提高。同时,我国参与国际分工和国际竞争能力的进一步增强,对提高我国国民经济的总体水平具有极其重要的作用。

但是,作为发展中国家,我国在对外开放过程中,有很多因素对我国的金融安全造成了严重的负面影响,其中最重要的一点就是资本的非法流动,对我国正常的金融秩序造成了不利的影响,增加了宏观金融调控的难度,降低了货币政策的有效性,容易造成金融泡沫、增加金融风险。

(二)经济全球化对我国金融安全的影响

在经济全球化趋势下,我国传统金融企业落后的运营模式在同国外先进的金融运营模式的竞争中明显处于劣势,而且现有的宏观调控手段也很难达到全球经济一体化发展的要求。因此,我国的经济、金融对外开放是一项复杂的系统工程,应在大力提高国内宏观经济、金融调控能力的基础上循序渐进。

(三)加入世界贸易组织对我国金融安全的挑战

(1)对于尚未完全走向企业化经营的国有商业银行系统,尽管其分支机构众多,但它们在服务质量、工作效率、经营能力、技术条件等方面无法与发达国家实力雄厚的大银行竞争,一旦允许外资银行大量进入并放开人民币业务的限制,四大国有商业银行将面临一些优质客户流失的严重问题。

(2)在金融开放条件下,市场利率必然要取代官方利率,现行的非市场化汇率决定机制也必将面临考验。

(3)随着货币市场、资本市场和外汇市场的不断开放,资本的自由流动将给我国经济、金融宏观调控和金融监管带来许多难题,大量短期资本的流入和流出都会对我国的金融安全构成极大威胁。

(四)资本账户开放对我国金融安全的冲击

加入世界贸易组织后,我国对资本转移限额的要求必将放宽,对外商企业属于资本项目的外汇收支管制将放松,对居民在国外持有的外汇资产额度管制也将放松,这些无疑都会增加对资本账户管理的难度。因为一旦长期资本大量流入,迅速增加的资源如果不能得到有效配置和利用,再加上银行体系流动性的增加,金融资产价格将会过度上涨,进而促使经济泡沫化,最终导致整个金融体系的脆弱化甚至崩溃。

(五)国际游资对我国金融安全的影响

据国际货币基金组织估计,每天国际金融资产交易量约为贸易交易量的80倍,带有游资性质的短期资本已经超过10万亿美元,即每天有相当1万亿美元的游资在全球资本市场上寻找归宿。在我国,由于金融法规还尚未健全、安全监管能力还不足以应付外界风险,一旦大量的国际游资冲击我国金融市场,势必会造成金融秩序的混乱,引发金融恐慌。

(六)网络金融对我国金融安全提出新的课题

随着全球计算机科技的迅猛发展,网上银行和网上金融时代已经到来。在国际互联网上,银行与客户可以不用见面便能完成日常业务往来,它消除了时间和地域的差异,改变了传统金融业务的运作模式,提高了服务质量和效率。但同时,互联网因具有全球开放性,其安全性正日益受到来自各方面的威胁,近些年,世界上很多国家的网上银行系统都受到了不同程度的侵袭。这些事实都清楚地告诉我们,高科技时代的金融安全问题更加突出。

(七)金融装备落后的重大隐患

目前,我国银行金融电子化的设备和平台大部分是从国外引进的,这从根本上来说是不安全的。因为这些平台软件并未公开源代码,其风险防范能力的强弱也无从得知。我国在发展金融电子化的初期,和其他行业的设备引进过程一样,都是"以市场换技术"的思路,但在金融电子化的过程中,无论是整个金融系统内的操作平台,还是电子支付系统等核心技术,对国外技术的依赖性都越来越大,这种结果导致我国金融安全的基础极其脆弱。造成这种后果的原因在于,金融设备一般是各大银行和金融机构直接引进的,故他们关注的是消费技术,而不是研制开发和设备技术。因此,我国今后应扶持和加强自己的金融设备研制开发和生产力量。

(八)金融监管还不能适应金融安全的需要

目前,从我国经济、金融国际化进程的实际情况来看,我国金融监管的能力还不能完全适应对外开放的需要。例如,金融监管的组织机构、人才队伍、技术手段等都与现代金融监管的要求还有差距;金融监管制度、监管水平还不能完全适应我国金融安全的需要。

(九) 金融法制建设与要求不完全相适应

金融方面的法律法规是我国实施金融监管和保障金融安全的法律依据,也是金融监管规范化、法制化的根本保证。近年来,我国颁布了《中华人民共和国中国人民银行法》《中华人民共和国商业银行法》《中华人民共和国保险法》《中华人民共和国证券法》等一系列法律法规,在实践中起到了积极作用。但我国在某些立法方面明显滞后,还不能满足我国金融改革和金融安全的要求。从各国金融实践来看,随着全球以金融自由化、国际化、一体化为特征的金融变革不断发展,各国在金融立法上尤其重视监管力度和尺度的把握。亚洲一些新兴国家在发展过程中,正是没有意识到在利率自由化和开放国内金融市场的基础上应借助法律手段和力量对金融机构进行有效监管,从而使整个国家经济缺少必要的"防火墙",暴露出金融法制尤其是监管法规上的严重缺陷,这些缺陷在遭受冲击时会成为引致整个金融危机的机制性因素。我国在发展过程中必须正视这一问题,应通过大力加强金融立法实现金融有效监管,规避机制性风险,保障金融安全。

二、中央对维护国家金融安全的要求

维护金融安全,归根到底是要提高金融业的竞争能力、抗风险能力和可持续发展能力。中共中央总书记习近平在主持中共中央政治局第四十次集体学习时强调,金融安全是国家安全的重要组成部分,是经济平稳健康发展的重要基础。维护金融安全是关系我国经济社会发展全局的一件战略性、根本性的大事。在该次会议上,习近平总书记对维护金融安全提出了六项要求:一是深化金融改革,完善金融体系,推进金融业公司治理改革,强化审慎合规经营理念,推动金融机构切实承担起风险管理责任,完善市场规则,健全市场化、法治化违约处置机制。二是加强金融监管,统筹监管系统重要性金融机构,统筹监管金融控股公司和重要金融基础设施,统筹负责金融业综合统计,形成金融发展和监管的强大合力,补齐监管短板,避免监管空白。三是采取措施处置风险点,着力控制增量,积极处置存量,打击逃废债行为,控制好杠杆率,加大对市场违法违规行为的打击力度。四是为实体经济发展创造良好的金融环境,疏通金融进入实体经济的渠道,积极规范发展多层次资本市场,扩大直接融资,加强信贷政策指引,鼓励金融机构加大对先进制造业等领域的资金支持,推进供给侧结构改革。五是提高领导干部的金融工作能力。领导干部特别是高级干部要努力学习金融知识,熟悉金融业务,把握金融规律,既要学会用金融手段促进经济社会发展,又要学会防范和化解金融风险,强化监管意识,提高监管效率。六是加强党对金融工作的领导,提高金融决策科学化水平,形成全国一盘棋的金融风险防控格局。这六个方面体现了金融安全的问题导向和改革导向,纲目清晰,为筑牢我国金融安全根基指明了政策方向。

三、维护金融安全的具体措施

(一)增强风险防控意识

近些年来,我国金融业改革不断深入,取得了存贷款利率管制放开、人民币成为国际储备货币等一系列重大历史性突破,为我国经济的稳定健康发展提供了有力支撑。然而,我国金融业在蓬勃发展的同时也出现了隐患,我们必须增强风险防范意识,准确判断风险,这是保障金融安全的前提。因此,面对我国市场机制不完善下的低利率风险、资产和负债的期限错配风险以及各类金融机构功能异化风险等,提升金融监管力度势在必行。

(二)加强监管部门的协调与沟通

我国特有的"一行两会"金融监管制度,在其履行职能过程中,暴露了很多问题。例如,在分业监管的体制下,各个金融机构的资金流动难以掌控,金融风险难以判断。其根本原因是我国的金融机构之间信息沟通不对称,各个机构之间难以协调。在实践中,某些跨国机构利用此项漏洞,在我国建立了独立的金融网络,最为典型的就是荷兰国际集团。如今,我国仍在实行分业监管,我们必须在现有的金融监管机制下打破监管机构部门各自主导的局面,形成监管合力,消除"脱实向虚"的高风险金融业务,建立统一的统计信息平台,准确判断宏观风险,防止"金融巨鳄"的出现,各机构之间应该共同建设金融安全的法治环境,保障国家金融体系的完善。

(三) 扩大监管范围

我国在金融创新过程中产生了大量的跨行业、跨市场的金融产品,如果监管存在空白,监管标准不统一,极易滋生新的风险。我们要把防范跨行业、跨市场的交叉性金融风险作为维护金融稳定的重要领域,特别是资产管理和理财产品横跨银行、证券、信托、债券等多个领域,难免会出现底数不清、风险不明的情况,相关部门对其应重点排查,实现穿透式监管。

(四) 完善监管机构的法律责任

监管机构在行使监管权力时必须有法律的明确授权,不得任意扩大监管范围,应坚持法无规定不可为的原则,切实保障监管权的有效合法实施。同时,监管机构要把防控风险与金融反腐融为一体,一旦金融机构有犯罪行为,对其主管人员与直接负责人要进行处罚。金融监管机构必须有其独立性,即不受任何其他机关的干涉,独立行使监管职能。由于金融活动往往具有长期性,监管机构必须对金融活动的全过程进行监管,并对监管过程进行全方位了解。此外,监管机构要重视对信息的公开,保障社会公众的知情权,防止监管滥用,这也有助于吸引更多的金融主体参与到市场经济中来。

(五) 完善金融安全监管法律

金融安全涉及社会公众的权益,关乎国家的长治久安,现有的法律法规、规章制度已经不能满足国家对金融安全的需要。同时,金融安全涉及宪法、民法、行政法、经济法等多个法律部门,金融主体也在不断扩大。因此,我国应建立系统完善的法律体系,以确保金融市场的健康发展。金融安全监管的立法作为国家层面的上位法,应当具有稳定性、长期性、有效性和普遍适用性。在执法上,监管主体对进入金融领域的产品具有准入权,包括金融准入管制、金融交易数量管制、金融交易品种管制、金融交易空间管制等。监管主体应提高准入门槛,把金融机构的经营"信用"作为重点考察的因素,设立专门的金融安全执行机构,按照法律的原则和要求承担业务指导、信息管理等责任,建立高效、边界清晰的监管协调机制。在司法上,监管机构要灵活运用法律手段加大对市场违法违规行为的打击力度,对利用法律制度中监管盲点和空白点实行经济犯罪的行为,必须严惩不贷。

第十章　金融监管

◎ 学习目标

（1）了解金融监管的内涵。

（2）熟悉我国金融监管的发展历程。

（3）了解我国金融监管面临的问题。

◎ 能力目标

（1）了解我国金融监管内容和金融监管的意义。

（2）掌握金融监管的各项措施。

海南发展银行倒闭案

一、案例概述

1998年6月21日，中国人民银行发表公告称关闭刚刚诞生2年10个月的海南发展银行。这是新中国金融史上第一次由于支付危机而关闭一家有省政府背景的商业银行。海南发展银行成立于1995年8月，是海南省唯一一家具有独立法人地位的股份制商业银行，其总行设在海南省海口市，并在其他省份设有少量分支机构。它是在先后合并原海南省5家信托投资公司和28家信用社的基础上建立和壮大的，成立时的总股本为16.77亿元，海南省政府以出资3.2亿元成为其最大股东。海南发展银行关闭前有员工2 800余人，资产规模达160多亿元。

1997年年底，海南发展银行按照省政府意图兼并28家有问题的信用社之后，公众逐渐意识到问题的严重性，开始出现挤兑行为。随后几个月的挤兑行为耗尽了海南发展银行的准备金,而其贷款又无法收回。为保护海南发展银行,国家曾紧急调拨 34 亿元资金救助,但这只是杯水车薪。为控制局面、防止风险蔓延,国务院和中国人民银行当机立断,于 1998 年 6 月 21 日宣布关闭海南发展银行,同时宣布从关闭之日起至正式解散之日前,由中国工商银行托管海南发展银行的全部资产负债,其中包括接收并行使原海南发展银行的行政领导权、业务管理权及财务收支审批权;承接原海南发展银行的全部资产负债,停止海南发展银行新的经营活动;配合有关部门实施清理清偿计划。对于海南发展银行的存款,则采取自然人和法人分别对待的办法,自然人存款即居民储蓄一律由工商银行兑付,而法人债权则先进行登记,待海南发展银行全部资产负债清算完毕以后,再按折扣率进行兑付。6 月 30 日,原海南发展银行各网点开始了原海南发展银行存款的兑付业务,由于公众对中国工商银行的信任,兑付业务开始后并没有造成大量挤兑,大部分储户只是把存款转存工商银行,现金提取量不多,没有造成过大的社会震动。

二、案例发生原因分析

海南发展银行从开业之日起就步履维艰,不良资产比例大,资本金不足,支付困难,信誉差。海南发展银行倒闭的主要原因有如下两点。

(一) 不良资产比例过大

自 1992 年开始,海南房地产市场火爆,1993 年 5 月以后,国家加大金融宏观调控力度,房地产热逐步降温,海南的众多信托投资公司由于将大量资金压在房地产上而出现了经营困难。在这个背景下,海南省政府决定成立海南发展银行,将 5 家已存在严重问题的信托投资公司合并为海南发展银行。据统计,这 5 家机构合并时的坏账损失总额已达 26 亿元。有关部门认为,公司合并后的规模经济和制度化管理可以使它们的经营好转、信誉度上升,从而摆脱困境。1997 年年底,遵循同样的思路,有关部门又将海南省内 28 家有问题的信用社并入海南发展银行,从而进一步加大了其不良资产的比例。

(二) 违法违规经营

海南发展银行建立起来以后,并没有按照规范的商业银行机制进行运作,而是进行大量违法违规的经营,其中最为严重的是向股东发放大量无合法担保的贷款。海南发展银行是在1994年12月8日经中国人民银行批准筹建,并于1995年8月18日正式开业的,成立时的股本为16.77亿元。但仅在1995年5月到9月间,该银行就已发放贷款10.60亿元,其中股东贷款9.20亿元,占贷款总额的86.79%,而且绝大部分股东的贷款都属于无合法担保的贷款,许多贷款的用途不明确,实际上是用于归还用来入股的临时拆借资金。据调查,许多股东的贷款发生在其资本金到账后的1个月内,入股单位实际上是"刚拿来,又带走;拿来多少,带走多少"。这种不负责任的行为显然无法使海南发展银行走上健康发展的道路。

资料来源: 赵杰.商业银行非破产市场退出法律问题研究[D].哈尔滨:黑龙江大学,2020.

第一节 金融监管概述

一、金融监管的含义

所有监管的本质都是由于市场的不完全性,政府或其他部门需要对市场参与者进行管理,金融监管也不例外。金融是现代经济的核心,随着现代科技的发展和金融创新的不断涌现,各种金融业务之间的界限不断被打破,金融业正朝着混业经营方向不断发展,金融国际化趋势导致国际资本流动加快,与此同时,金融领域的风险也在急剧增大。由于金融业的特殊性和金融在经济体系中的地位显著增强,政府通过监管保证金融业的稳健运行日益成为经济和社会健康发展的关键。

金融监管的含义有广义和狭义之分。狭义的金融监管是指当金融市场运行出现偏差时,一个国家或地区的金融管理当局作为主体,根据国家的法律法规,运用各种行政手段、法律手段和市场手段,对整个金融业(包括金融机构及其在金融市场上的业务活动)实施监督和管理,使其能够健康、平稳、安全运行的所有行为的总和。广义的金融监管是指除金融管理当局外,金融机构自身、行业自律性组织、社会中介组织也充分发挥监督和管理职能,分别从内部控制与稽核、外部引导和管控两条路径维护整个金融业的正常运行。

金融监管作为一种制度,旨在维护一个国家的金融安全和经济安全,降低系统性风险对国家经济的影响,防止危机对金融市场的破坏。在世界各国的金融业发展历史中,金融监管始终存在,它从最初的低限度的、简单的监管逐渐发展完善,时至今日已涉及金融的各个领域,如对银行业的监管、对证券业的监管、对保险业的监管和对其他金融机构的监管。随着互联网移动终端技术的发展,金融监管还涉及对互联网金融的监管。

二、金融监管的要素

一般来说,一个有效的金融监管体系必须具备三个基本的要素,即监管的主体(监管当局)、监管的客体(监管对象)和监管的工具(各种方式、方法、手段)。其中,一个国家和地区的金融体系是金融监管的客体,中央银行或其他金融监管当局是金融监管的主体,金融监管的工具将金融监管的主体和客体联系起来。

(一) 金融监管主体

金融监管主体即金融监管当局,是指对金融业实施监管的政府机构和准政府机构。从国际范围来看,由于各国采取了不同的金融监管模式,各国金融监管当局的构成也各不相同,既没有统一的模式,也不是一成不变的。

20世纪初,中央银行对货币发行的逐渐统一使金融监管的职责很自然地主要落在了中央银行的身上。这一时期,各国除了通过传统上的专门机构,如证券管理委会员等对证券市场进行管理,金融监管的主体就是中央银行。20世纪30年代之后,中央银行作为金融监管主体的地位进一步加强。二战后,中央银行的职能越来越多地集中于制定和实施货币政策和进行宏观调控。伴随金融自由化的发展和新兴金融市场的不断涌现,金融监管的主体出现了分散化、多元化的趋势。近年来,混业经营的发展催生了一批综合化经营的超级金融机构,2008年爆发的国际金融危机深刻揭示出相关部门对超级金融机构监管不严引致系统性金融风险的巨大危害性和破坏力。为此,中央银行在系统性金融风险管控中的总牵头人和总协调人作用得到了一定强化,主体地位得到加强。与此同时,世界主要国家纷纷设立专门的金融消费者保护机构,以便更好地普及金融知识,保护金融消费者的合法权益。

(二)金融监管客体

金融监管客体是指依照法律法规应当接受金融监管当局监管的企业、组织、单位和个人,包括金融中介机构、工商企业、基金组织、投资者和金融活动的关系人等。

传统的金融监管客体主要是商业银行,因为商业银行本身具有存款和贷款的功能,它对经济的影响也就比非银行金融机构大得多,而且在传统的金融体系中,商业银行的资产负债规模、业务量等也占绝对的优势,非银行金融机构的比重和影响都微不足道。但在现代金融体系中,金融结构日趋复杂化,非银行金融机构不但种类、数量不断增加,资产负债规模大幅度扩张,而且随着其存款性业务和创新业务的增加,货币定义变得模糊不清,这些非金融机构甚至在总的业务量或市场占有率方面接近或超过了商业银行。因此,从非银行金融机构的经济影响和货币供给两方面考虑,金融监管当局都不得不重视和加强对证券机构、保险机构、信托机构等非银行金融机构的监管。此外,随着金融市场种类的增多,尤其是金融衍生产品类市场的膨胀,金融监管的客体进一步丰富。

三、金融监管的必要性

金融作为一国经济的中枢,一直发挥着资源配置的重要作用,并引导着国家经济产业布局,因此,金融安全是国家经济安全的核心。金融为社会带来巨大财富的同时,也存在着大量的风险,如果金融业不能正常运行,那么局部的金融问题就会转化为金融危机,从而带来经济的全面衰退,甚至影响到政局的稳定。因此,世界各国无不重视金融监管。

1. 金融业的外部性是金融监管的必然要求

外部性是指一个人或一群人的行动和决策使另一个人或另一群人受损或受益的情况。外部性又分为正外部性和负外部性,其中,正外部性是指某个经济行为个体的活动使他人或社会受益,而受益者无须付出代价;负外部性是指某个经济行为个体的活动使他人或社会受损,而造成负外部性的人却没有为此承担成本。因此,人们都鼓励产生正外部性的经济行为,并且通过各种管制办法消除产生负外部性的经济行为,或是降低该经济行为产生的负外部性。

金融领域中的负外部性主要表现在单个金融机构的破产可能会殃及行业中其他运行状况较好的金融机构,从而导致整个行业大面积陷入困境并引发大规模破产倒闭,如单个银行的破产可能会使其他银行陷入挤兑的困境中。近年来,随着经济和金融全球一体化的发展,跨国银行和金融机构也日益增多,很多大的银行、保险、证券等金融机构的业务中相当大的一部分是国际业务,一国金融市场发生的问题会传染和影响到其他国家的金融市场,甚至是全球的金融市场,如亚洲金融危机和美国次贷危机都是单个地区出现的金融危机扩散至全球。因此,为减少这种负外部性在一国金融市场和国际金融市场上的扩散和影响,相关部门对金融业进行监管是必要的。

2. 信息不对称是金融监管的客观需要

信息不对称是指在市场交易中,市场的一方无法观测和监督另一方的行为、无法获知另一方行动的完全信息或者观测和监督的成本高昂,即交易双方所掌握的信息处于不对称状态。信息的不对称性会衍生出两个问题,即逆向选择和道德风险。逆向选择是指在信息不对称条件下,信息优势方的行为人可能会故意隐藏信息,以求在交易中获取最大收益,而信息劣势方则可能受损。在保险市场上最容易发生逆向选择,很多积极购买保险的人,其出险的概率都高于其他人,这就导致保险公司的赔付率不断上升。道德风险通常是指契约的一方在对方不知情的情况下所做出的有损对方利益的故意或恶意行为,即在道德层面上做出不利于对方财富最大化的选择。道德风险的存在使得购买保险的人故意采取某种行为导致保险事故发生,然后向保险公司索赔。在金融市场上,信息不对称问题造成的影响远远超过产品市场结构失衡造成的后果,因为金融交易中涉及的不确定性因素更多,交易各方更易于隐藏自己的动机和行为,而且监督成本高,信息的搜集、获取、甄选、辨别成本高,信息不对称的具体表现形式更是复杂。因此,金融市场中信息不对称问题的存在使金融监管非常必要。

3. 金融市场的脆弱性是金融监管的内在需求

金融市场具有脆弱性,当突发事件出现时,市场参与者的信心会受到冲击,从而引发市场波动,甚至严重扰乱金融秩序,出现金融危机。金融市场脆弱性的根源在于各个市场参与者的行为是非理性的,他们的从众行为是使金融体系遭受系统性风险的重要因素之一。人们在判断金融资产价格时往往具有一定的盲目性,这就导致了人们的投资行为具有"羊群效应",这种跟风操作会导致金融资产价格的剧烈波动。此外,在投资高潮期,人们盲目乐观地从事高风险投资;当出现金融危机时,人们无法辨别所获信息的真伪;等危机过后,人们虽掌握大量关于经济长期发展趋势的信息,却依然不能做出正确的投资决策。这些市场参与者的非理性行为都会导致金融资产价格出现意外性的波动,从而使金融市场的运行存在着一定的脆弱性。

四、金融监管的目的

总体上来讲,金融监管的目的是通过纠正市场失灵、限制外部因素和保护弱势方等方式改善金融体系的运作。鉴于金融业在经济增长中的中心地位,金融监管长期以来的重点是关注金融机构的系统性风险。因为许多国家的经济危机都是由金融机构的危机引发的。当商业银行、国有银行等大型金融机构出现问题时,它们将波及更广泛的社会经济和金融体系。因此,金融监管的目的是维护金融业的健康运行,最大限度地减少银行业的风险,保障存款人和投资者的利息,促进银行业和经济的健康发展。

五、金融监管的原则

(一)依法监管与严格执法原则

依法监管与严格执法是各国金融监管当局共同遵守的一项原则,即金融监管必须依据现行的金融法规,保持监管的严肃性、权威性、强制性和一贯性。坚持这一原则具体要做到以下两点:一是金融监管当局及其工作人员在执行监管公务时,包括在办理金融机构的市场准入、性质确定、业务范围核准、经营项目界定、金融新产品审批以及理性检查、违规处理等公务的过程中,应依法办事、严肃执法;二是金融监管工作者自身应遵守各种法规,学法、知法、懂法,坚持执法的连续性、一贯性和不可例外性。

(二)不干涉金融机构内部管理原则

不干涉金融机构内部管理原则是指监管机构要按金融监管的规律进行监管,不能对金融机构的内部管理以正规的或非正规的方式进行干预。时间证明,干预金融业内部管理的行为对监管双方都会产生消极的影响。

(三)综合性与系统性监管原则

综合性与系统性监管原则的内容包括:经济手段、行政手段、法律手段等各种金融监管手段要综合运用,以实现有效监管;金融监管的方式、方法或工具要综合运用,即监管工具要现代化、系统化,日常监督与重点监督、事前监督与事后监督要同时运用;金融监管体制和方案要科学化、系统化、最优化,确保金融监管的优质高效。

(四)公平、公正、公开原则

公平、公正、公开原则要求监管对象不论其性质、规模、背景如何,都必须在相关规则下展开合理竞争;金融监管当局也要按照统一、公正、公平的监管标准和监管方式对金融机构实施监管。只有这样,才能从根本上规范金融机构的市场行为,保证金融市场良好有序地运行。

(五)有机统一原则

有机统一原则要求金融监管工作应做到如下几方面的统一:一是各级金融监管机构要统一监管标准和口径;二是宏观金融监管与微观金融监管要统一,微观金融政策、措施等不能与宏观金融政策制度相矛盾;三是国内金融监管与国际金融监管要统一,尤其是在各国国内经济与世界经济逐步接轨的情况下,国内金融监管政策、法规、措施也要与国际接轨。

(六) 内控与外控相结合的原则

由于世界各国传统不同,各国的金融监管方式也不尽相同,如自律模式、法制化模式和政策干预模式等。

(七) 监管适度与合理竞争原则

监管适度与合理竞争原则的内容包括:通过适度的金融监管,形成和保持金融业适度竞争的环境和格局,促进社会经济顺利发展;允许金融企业进行有利于金融业发展的公平、适度竞争,允许有利于经济发展的金融业务创新,以便扩大金融市场和满足客户需求。

(八) 稳健运行与风险预防原则

目前,世界各国共同坚持的监管原则之一是确保金融机构安全稳健运行,而金融机构的安全稳健运行与风险预防及风险管理是密切相连的,因此,金融监管技术手段指标体系应着眼于金融业安全稳健运行及风险预防管理,以满足社会发展的需要,促进社会经济稳健协调地发展。

(九) 兼顾成本与效率原则

监管并非不计成本,不计定价。以最低的监管成本获得最佳监管效果是金融监管的重要原则之一。在很多国家,金融监管的费用都是由被监管者承担的,这迫使监管者尽可能节约一切监管资源,减少监管成本,提高监管效率,否则监管者将受到被监管者的质疑和投诉。

第二节 我国金融监管体制改革的演进路径

一、我国金融业经营体制模式的发展演变

从 20 世纪 80 年代到现在,中国金融业经营体制模式经历了"混业—分业—业务融合"的发展阶段,即从低效率的混业经营模式到安全的分业经营模式,再到分业监管下的金融业务间相互交叉和融合。

我国金融监管体制的变迁是与经济发展和金融体制改革紧密联系在一

起的,并且是政府主导型的、主动的体制变迁模式。其发展历程大致可分为以下五个阶段。

(一) 初始阶段:嵌入计划经济中的"大统一"管理(1949—1978年)

改革开放以前,与计划经济体制相适应,我国实行高度集中的"大统一"金融管理体制,全国基本上只有一家金融机构,即中国人民银行。当时,中国人民保险公司和中国银行对内是中国人民银行的一个职能部门,中国农业银行"三起三落"(即三次成立三次被撤销,其业务并入中国人民银行),中国建设银行是财政部的内设机构。

这一阶段的金融体系以银行业为主,主要经营活动是计划拨款、贷款和存款等,较少涉及证券、保险、外汇等业务。中国人民银行的职能包括制定货币政策、进行金融经营和管理等,其工作重心在改革和完善信贷资金管理体制、加强中央银行宏观控制上,不存在现代通行的"金融监管"概念。客观地说,在当时的经济体制与金融发展水平下,这样一种以中国人民银行为单一主体的金融集中管理体制,虽然其金融监管作用不明显,但它保证了国家金融体系的统一与高效,也为日后以央行监管为主导的金融监管提供了一定的经验。

(二) 过渡阶段:以银行监管为主的集中监管体系初步建立(1979—1991年)

改革开放以后,为了提高金融市场的资源配置效率、促进金融市场发展,也为了使得金融体制能够为其他经济部门改革提供支持,政策当局把金融系统改革提上了日程。

1979年1月,为了加强对农村经济的扶植,中国农业银行恢复成立。同年3月,中国银行成为国家指定的外汇专业银行;同时设立的还有国家外汇管理局。此后,政策当局又恢复了国内保险业务,重新建立了中国人民保险公司,各地还相继组建了信托投资公司和城市信用合作社,形成了金融机构多元化和金融业务多元化的局面。在这种背景下,加强金融业的统一管理和综合协调被提上日程,由中国人民银行来专门履行中央银行的职能成为完善金融体制、更好发展金融业的紧迫议题。

1983年9月,国务院决定由中国人民银行专门履行中央银行的职能,正式成为我国的货币金融管理当局。1984年,中国工商银行成立,中国人民银行成为现代意义上的中央银行,负责货币政策的制定和金融监管。从此,银行、信托、保险、证券等所有金融业务都归中国人民银行监管,我国形成了以银行监管为主的集中监管体系。事实上,当时中国人民银行对金融业的监管是在摸索中不断改进的,许多重要的监管决策都是由国务院决定。因此,当时的集中监管并不是成熟的集中监管。

(三) 发展阶段:"一行三会"金融分业监管体制确立(1992—2003年)

1990年和1991年上海和深圳两大证券交易所的建立,大大推动了我国证券业的发展。但是,随着证券业的快速发展,由中国人民银行负责股票和债券的发行以及上市的审批和交易监管已经不能适应证券业的需求。1992年10月,国务院决定成立国务院证券委员会和中国证券监督管理委员会,由其负责股票发行上市的监管,中国人民银行仍然对债券和基金实施监管。

1995年颁布的《中华人民共和国中国人民银行法》第二条规定:"中国人民银行在国务院的领导下,制定和实施货币政策,对金融业实施监督管理。"这是我国第一次从立法角度明确了金融监管的主体。

1997年受亚洲金融危机的影响,全国金融工作会议提前召开,会议决定健全证券市场的"集中统一"监管体系。1998年6月,国务院决定将证券委员会并入证监会,将中国人民银行的证券职能全部移交证监会。同年11月,国务院决定成立中国保险监督管理委员会(简称保监会),将中国人民银行的保险监管权分离出来,由保监会统一行使。中国人民银行专门负责货币政策的制定和对银行业的监管。至此,我国金融分业监管体制格局初步形成。

2003年3月10日,关于组建中国银行业监督管理委员会(简称银监会)的方案在中共十届全国人大一次会议上被审议通过,4月28日银监会正式挂牌运作。这标志着我国"一行三会"金融分业监管体制正式形成。

（四）完善阶段：分业监管体制的进一步发展和完善（2004—2014 年）

2004 年以来，我国金融分业监管体制得到了进一步巩固与完善，监管协调与国际合作也有了新的发展。在 2008 年全球金融危机之后，我国加强了宏观审慎监管的尝试，逐步推进其他改革探索。这一阶段的金融监管改革与发展，与金融全球化、金融创新、混业化经营以及金融危机的挑战密切相关。在此阶段，我国"一行三会"金融分业监管体制在以下几个方面得到了进一步的发展和完善：一是法律体系进一步完善，对《中华人民共和国证券法》《中华人民共和国公司法》等多部法律进行了修订；二是加强监管执法和丰富监管内容，对现场检查、行政许可、行政处罚、行政复议等行为进行了规范，并加强了对金融创新和部分跨国金融领域的监管；三是各类金融监管机构之间加强了协调配合，建立起联席会议制度；四是审慎性监管和功能型监管被提到监管当局的监管改革议事日程上。

（五）加强监管协调阶段："一委一行两会"的金融监管体系的形成（2015 年至今）

2008 年全球金融危机后，随着金融全球化、自由化和金融创新的迅猛发展，金融业混业经营趋势日渐明朗，但监管机制却相对滞后，明显不适应金融发展形势的要求。2015 年 11 月，中共十八届五中全会通过了"十三五"规划建议，提出"加强金融宏观审慎管理制度建设，加强统筹协调，改革并完善适应现代金融市场发展的金融监管框架，健全符合我国国情和国际标准的监管规则，实现金融风险监管全覆盖"的要求。2017 年 11 月，国务院成立金融稳定发展委员会，旨在加强金融监管协调，补齐监管短板。

二、国务院金融稳定发展委员会的职能

国务院金融稳定发展委员会的主要职能包括以下四个方面。

（1）让金融回归本源，服从服务于经济社会发展。金融要把为实体经济服务作为出发点和落脚点，全面提升服务效率和水平，把更多金融资源配置到经济社会发展的重点领域和薄弱环节，以更好满足人民群众和实体经济多样化的金融需求。

(2) 优化结构,完善金融市场、金融机构、金融产品体系。坚持质量优先,引导金融业发展同经济社会发展相协调,促进融资便利化,降低实体经济成本,提高资源配置效率,保障风险可控。

(3) 强化监管,提高防范化解金融风险的能力。以强化金融监管为重点,以防范系统性金融风险为底线,加快相关法律法规建设,完善金融机构法人治理结构,加强宏观审慎管理制度建设,加强功能监管,更加重视行为监管。

(4) 发挥市场在金融资源配置中的决定性作用。坚持社会主义市场经济改革方向,处理好政府和市场的关系,完善市场约束机制,提高金融资源配置效率。加强和改善政府宏观调控,健全市场规则,强化纪律性。作为国务院统筹协调金融稳定和改革发展重大问题的议事协调机构,金融稳定发展委员会的作用重在统筹和协调。无论在机构定位还是职责定位上,金融稳定发展委员会都高于"一行三会",发挥着统筹协调金融改革发展与监管作用。

2018年3月,中共十三届全国人大一次会议表决通过了《国务院机构改革方案》,对金融监管体制改革做出了重大部署,将银监会和保监会的职能整合,组建中国银行保险监督管理委员会(简称银保监会)。同时将银监会和保监会拟订银行业、保险业重要法律法规草案和审慎监管基本制度的职责划入中国人民银行。银保监会和证监会专职于微观监管职能,包括金融机构的微观审慎监管以及消费者保护等行为监管。宏观监管与微观监管之间,以及"一行两会"与其他有关部门间的协调则由金融稳定发展委员会负责,自此形成了"一委一行两会"的金融监管体系。

三、中国人民银行的职能

(1) 拟订金融业改革、开放和发展规划,承担综合研究并协调解决金融运行中的重大问题、促进金融业协调健康发展的责任。牵头国家金融安全工作协调机制,维护国家金融安全。

(2) 牵头建立宏观审慎管理框架,拟订金融业重大法律法规和其他有关法律法规草案,制定审慎监管基本制度,建立健全金融消费者保护基本制度。

(3) 制定和执行货币政策、信贷政策,完善货币政策调控体系,负责宏观审慎管理。

(4) 牵头负责系统性金融风险防范和应急处置,负责金融控股公司等金融集团和系统重要性金融机构基本规则制定、监测分析和并表监管,视情责成有关监管部门采取相应监管措施,并在必要时经国务院批准对金融机构进行检查监督,牵头组织制定实施系统重要性金融机构恢复和处置计划。

(5) 承担最后贷款人责任,负责对因化解金融风险而使用中央银行资金机构的行为进行检查监督。

(6) 监督管理银行间债券市场、货币市场、外汇市场、票据市场、黄金市场及上述市场有关场外衍生产品;牵头负责跨市场跨业态跨区域金融风险识别、预警和处置,负责交叉性金融业务的监测评估,会同有关部门制定统一的资产管理产品和公司信用类债券市场及其衍生产品市场基本规则。

(7) 负责制定和实施人民币汇率政策,推动人民币跨境使用和国际使用,维护国际收支平衡,实施外汇管理,负责国际国内金融市场跟踪监测和风险预警,监测和管理跨境资本流动,持有、管理和经营国家外汇储备和黄金储备。

(8) 牵头负责重要金融基础设施建设规划并统筹实施监管,推进金融基础设施改革与互联互通,统筹互联网金融监管工作。

(9) 统筹金融业综合统计,牵头制定统一的金融业综合统计基础标准和工作机制,建设国家金融基础数据库,履行金融统计调查相关工作职责。

(10) 组织制定金融业信息化发展规划,负责金融标准化组织管理协调和金融科技相关工作,指导金融业网络安全和信息化工作。

(11) 发行人民币,管理人民币流通。

(12) 统筹国家支付体系建设并实施监督管理。会同有关部门制定支付结算业务规则,负责全国支付、清算系统的安全稳定高效运行。

(13) 经理国库。

（14）承担全国反洗钱和反恐怖融资工作的组织协调和监督管理责任，负责涉嫌洗钱及恐怖活动的资金监测。

（15）管理征信业，推动建立社会信用体系。

（16）参与和中国人民银行业务有关的全球经济金融治理，开展国际金融合作。

（17）按照有关规定从事金融业务活动。

（18）管理国家外汇管理局。

（19）完成党中央、国务院交办的其他任务。

（20）职能转变。具体包括：完善宏观调控体系，创新调控方式，构建发展规划、财政、金融等政策协调和工作协同机制，强化经济监测预测预警能力，建立健全重大问题研究和政策储备工作机制，增强宏观调控的前瞻性、针对性、协同性；围绕党和国家金融工作的指导方针和任务，加强和优化金融管理职能，增强货币政策、宏观审慎政策、金融监管政策的协调性，强化宏观审慎管理和系统性金融风险防范职责，守住不发生系统性金融风险的底线；按照简政放权、放管结合、优化服务、职能转变的工作要求，进一步深化行政审批制度改革和金融市场改革，着力规范和改进行政审批行为，提高行政审批效率；加快推进"互联网＋政务"服务，加强事中事后监管，切实提高政府服务质量和效果；继续完善金融法律制度体系，做好"放管服"改革的制度保障，为稳增长、促改革、调结构、惠民生提供有力支撑，促进经济社会持续平稳健康发展。

四、中国银行保险监督管理委员会的职能

（1）依法依规对全国银行业和保险业实行统一监督管理，维护银行业和保险业合法、稳健运行，对派出机构实行垂直领导。

（2）对银行业和保险业的改革开放和监管有限性开展系统研究。参与拟定金融业改革发展战略规划，参与起草银行业和保险业重要法律法规草案以及审慎监管和金融消费者保护基本制度。起草银行业和保险业其他法律法规草案，提出制定和修改建议。

（3）依据审慎监管和金融消费者保护基本制度，制定银行业和保险业审

慎监管与行为监管规则。

（4）依法依规对银行业和保险业机构及其业务范围实行准入管理，审查高级管理人员任职资格。制定从业人员管理规范。

（5）对银行业和保险业机构的公司治理、风险管理、内部控制、资本充足状况、偿付能力、经营行为和信息披露等实施监管。

（6）对银行业和保险业实行现场检查和非现场检查，开展风险与合规评估，保护金融消费者合法权益，依法查处违法违纪行为。

（7）负责统一编制全国银行业和保险业监管数据报表，按照国家有关规定予以发布，履行金融业综合统计相关工作职责。

（8）建立银行业和保险业风险监控、评价和预警体系，跟踪分析、监测、预测银行业和保险业运行状况。

（9）会同相关部门提出存款类金融机构和保险业机构紧急风险处置的意见和建议并组织实施。

（10）依法依规打击非法金融活动，负责非法集资的认定、查出和取缔以及相关组织协调工作。

（11）根据职责分工，负责指导和监督地方金融监管部门相关业务工作。

（12）参加银行业和保险业国际组织与国际监管规则制定，开展银行业和保险业的对外交流与国际合作业务。

（13）负责国有重点银行金融机构监事会的日常管理工作。

（14）完成党中央、国务院交办的其他任务。

（15）职能转变。具体包括：围绕国家金融工作的指导方针和任务，进一步明确职能定位，强化监管职责，加强微观审慎监管、行为监管与金融消费者保护，守住不发生系统性金融风险的底线；按照简政放权要求，逐步减少并依法规范事前审批，加强事中事后监管，优化金融服务，向派出机构适当转移监管和服务职能，推动银行业和保险业机构业务和服务下沉，更好地发挥金融服务实体经济功能。

五、中国证券监督管理委员会的职能

（1）研究和拟订证券期货市场的方针政策、发展规划；起草证券期货市

第十章 金融监管

场的有关法律、法规,提出制定和修改的建议;制定有关证券期货市场监管的规章、规则和办法。

(2)垂直领导全国证券期货监管机构,对证券期货市场实行集中统一监管;管理有关证券公司的领导班子和领导成员。

(3)监管股票、可转换债券、证券公司债券和国务院确定由证监会负责的债券及其他证券的发行、上市、交易、托管和结算;监管证券投资基金活动;批准企业债券的上市;监管上市国债和企业债券的交易活动。

(4)监管上市公司及其按法律法规必须履行有关义务的股东的证券市场行为。

(5)监管境内期货合约的上市、交易和结算;按规定监管境内机构从事境外期货业务。

(6)管理证券期货交易所;按规定管理证券期货交易所的高级管理人员;归口管理证券业、期货业协会。

(7)监管证券期货经营机构、证券投资基金管理公司、证券登记结算公司、期货结算机构、证券期货投资咨询机构、证券资信评级机构;审批基金托管机构的资格并监管其基金托管业务;制定有关机构高级管理人员任职资格的管理办法并组织实施;指导中国证券业、期货业协会开展证券期货从业人员资格管理工作。

(8)监管境内企业直接或间接到境外发行股票、上市以及在境外上市的公司到境外发行可转换债券;监管境内证券、期货经营机构到境外设立证券、期货机构;监管境外机构到境内设立证券、期货机构,从事证券、期货业务。

(9)监管证券期货信息传播活动,负责证券期货市场的统计与信息资源管理。

(10)会同有关部门审批会计师事务所、资产评估机构及其成员从事证券期货中介业务的资格,并监管律师事务所、律师及有资格的会计师事务所、资产评估机构及其成员从事证券期货相关业务的活动。

(11)依法对证券期货违法违规行为进行调查、处罚。

(12) 归口管理证券期货行业的对外交往和国际合作事务。

(13) 承办国务院交办的其他事项。

第三节 我国金融监管体制面临的挑战与改革建议

一、我国金融监管体制面临的挑战

从监管体制的效力分析,分业监管体制下的监管效率最高,监管责任明晰。在2008年全球金融危机中,我国各级金融监管部门充分发挥了各自的监管职能,确保了我国金融体系的整体稳定。应该说,我国金融监管体制框架是基本合理的,监管工作也是卓有成效的。但随着经济的不断发展,资产管理和财富管理行业快速发展,混业经营规模不断扩大,金融结构也变得日益复杂,对现行金融监管的有效性提出了严峻的挑战。

(一) 分业监管体制存在缺陷

对我国现有的金融发展阶段而言,分业监管体制是有效的。在监管资源和经验有限的条件下,该体系通过专业分工让监管者专注于各自明确的金融领域,从而提高了监管绩效。但在这种监管模式下,各个监管机构自成体系,缺乏一套监管联动协调机制,金融监管支持系统薄弱,监管效率较低。

1. 分业监管中缺乏一套合理有效的协调机制

由于各个监管机构的目标、指标体系、操作方法不同,各监管机构的监管结果可能存在很大的差别。例如,从金融监管的主体角度来看,银保监会和证监会及其派出机构是平级的,若一家金融机构经营不同业务,如既从事银行业务又从事保险或证券业务,那么当该金融机构的某项业务发生风险时,在确定由哪家监管机构牵头、哪家监管机构最后决定等方面就存在一定的现实困难。也就是说,各监管部门之间协调难度较大,这导致监管效率低下。

2. 分业监管易产生"监管真空"和"监管套利"

金融业的创新发展使各金融机构和金融业务的界限越来越模糊,即人们很难区分它们究竟属于何种类型机构以及何种类型业务。因此,各金融机构往往利用监管盲区逃避监管或利用监管程度差异进行"监管套利"。此外,分业监管模式不利于不同的监管机构明确其监管职责,也容易造成监管机构之间的相互推诿,这也使得监管对象有可乘之机,出现业务交叉中的"监管真空"。

3. 分业监管易导致重复监管,增加监管成本

金融监管成本既包含维护监管活动费用的直接成本,也包括被监管行业的执行成本以及监管活动对金融行业效率影响的间接成本。在分业监管制度下,多个监管机构会增加机构设立的行政成本与相互合作的信息成本,不利于实现规模经济与范围经济,使金融机构受到重复监管和交叉监管。此外,金融机构需要与多个监管机构打交道,提起多次授权审批程序,遵循多套监管规则,接受多轮监督,这会降低金融业的效率,增加管理的成本支出,从而降低社会整体福利。

(二)难以对金融控股公司进行有效监管

金融控股公司下属机构交叉持股导致法人结构复杂化,集团规模大和跨国经营导致内部管理部门层次复杂化,集团业务涉及多种金融业务使经营复杂化。以上这些状况涉及多个行业的监管机构,而各监管机构的监管目的、方法和重点也各不相同,这就加剧了信息的不对称性,给金融控股公司的外部监管造成了困难,易形成"监管真空"。同时,即使每个监管主体都能够有效控制各自监管对象的风险,但由于不同监管主体之间信息交换不畅,易形成信息阻塞,使监管机构金融控股公司整体的风险状况也难以掌握。

(三)金融监管的法律体系仍存在空白领域

目前,我国金融监管的法律体系已初步建立,但还有一些与金融发展相关的重要法律法规未能出台。例如,金融机构市场退出制度仍未推出;互联网金融相关领域的法律文件仍未出台;私募基金、产业基金的法律法规尚不完善。

(四)难以对金融创新进行有效监管

目前,相关机构难以对金融创新进行有效监管的原因在于:一是金融创新往往是从无到有,现行的监管法规及制度设计很难进行事前的预见及防范;二是新的金融工具应用后的优势和弊端往往需要经过一段时期后才能显现,这使得金融监管只能是事后监管,难以事前预判;三是金融创新的风险管理并不属于监管当局的直接监管范畴,更多的是金融机构自己的责任。

除此之外,我国现行的金融监管体制在某种程度上也存在着对金融创新的抑制,尤其是2008年全球金融危机的爆发更加加深了监管当局对金融创新的顾虑。这使得我国金融业的创新步伐放缓,甚至在某种程度上处于停滞状态。如果这种情况不加以改变的话,我国金融业的整体竞争力势必会受到影响。

二、我国金融监管体制改革建议

中共十八届五中全会指出,现行监管框架存在着不适应我国金融业发展的体制性矛盾,要求"加强金融宏观审慎管理制度建设,加强统筹协调,改革并完善适应现代金融市场发展的金融监管框架"。"十三五"规划纲要进一步明确要求"加强金融宏观审慎管理制度建设,构建货币政策与审慎管理相协调的金融管理体制。统筹监管系统重要性金融机构、金融控股公司和重要金融基础设施,统筹金融业综合统计,强化综合监管和功能监管"。2017年第五次全国金融工作会议强调要"强化人民银行宏观审慎管理和系统性风险防范职责"。因此,坚持问题导向、明确我国金融监管体制改革的目标和主要原则、改革并完善适应现代金融市场发展的金融监管体制、加强金融宏观审慎管理制度建设,已成为我国经济下行期推进供给侧结构性改革中防范系统性金融风险的必要条件。

(一)完善宏观审慎监管框架,加强对系统性风险的监管

随着混业经营的发展和金融体系的进一步开放,我国金融体系的系统性风险特征将会与发达国家尤其是欧盟国家趋同。与此相适应,我国监管当局应关注金融业经营模式变化、金融行业关联性、宏观经济对金融体系的

影响及金融风险的新特点,将金融体系视为一个整体,强化宏观审慎监管理念和方法,应对各种可能出现的复杂情况。

(二)完善自律性监管和监管体系的自身建设

建立规范、系统、可靠的内控体系,通过金融机构内部约束机制的保障,加之同业监督机制,确立起以银行内部控制为基础的自律性监管组织体系,这是国外银行监管的成功经验。我国目前的银行监管过多依靠中国人民银行对商业银行的外部监管,而商业银行内部的监管、银行业协会的同业自律以及来自社会中介的外部监管明显薄弱。因此,为达到预防性监管目的,我们必须发挥行业自律组织的作用,实现金融从业人员自律、金融机构自律和协会自律。

具体来讲,我国应采取以下措施:一是加快金融监管体系自身的建设。其中,金融监管当局的能力建设需要放在更加突出的位置,监管能力应与金融业务、金融创新的发展保持动态的协调。二是加快金融监管法规、制度和机构建设,严防出现严重的"监管真空"和"监管死角"。三是加强金融机构监管能力建设和人才储备,特别是要尽快提高监管当局对资产负债、投资策略和资产配置等的监管能力和对风险的预警、防范和控制能力。四是逐步升级监管技术和改善监管方法,运用现代的科技手段与技术对金融风险进行甄别、防范和处置。

(三)重点加强对大型金融机构和金融控股集团的风险管理

随着大型金融机构实力的增强以及大型金融控股集团的形成,我国金融业已经呈现出混业经营的基本格局,因此,加强对大型金融机构的风险管理就显得更加重要和紧迫。监管当局要强化大型金融机构的资产负债管理,严防其杠杆率过度上升,确保大型金融机构的安全性;要建立相应的信息收集、风险评估和预警系统,定期或不定期地对大型金融机构进行风险评估,防范系统性风险。

(四)建立金融机构市场退出机制,保护消费者合法权益

为了保护消费者和投资者的合法权益,我国必须尽快健全金融体制,特别是金融机构市场退出机制。在此情况下,建立和完善存款保险制度就显

得日益重要。存款保险制度可以解决监管过程中出现的风险承担问题,这是国际上银行监管的通行做法,不但是维护存款人对银行信心的保障手段,也是解决银行市场退出问题的有效措施。目前,美国、日本等国都通过加强存款保险机构的作用等方式来防范道德风险。因此,我国应尽快完善存款保险制度,以便中央银行作为"最终贷款人"在提供救助资金时,可以通过存款保险机构所特有的约束机制来达到防范道德风险、保护投资者和消费者利益的目的。

(五) 建立与国际接轨的金融监管制度,积极参与国际金融监管合作

在2008年全球金融危机爆发之后,国际金融监管合作又一次成为国际经济事务中的热点议题。尽管现阶段我国金融机构和企业对于国际金融市场的参与程度仍然非常有限,但是随着经济发展和金融体系的进一步开放,我国将面临更大程度的"传染性"系统风险,对这类风险的防范与处置也越来越依赖于国际金融监管的协调与合作。因此,我国需要积极地参与国际金融监管合作,在为全球金融稳定作出贡献的同时,提高自身应对金融风险的经验和能力。

第四节　我国金融监管的探索与发展

一、商业银行监管

(一) 市场准入监管

《中华人民共和国商业银行法》(以下简称《商业银行法》)规定,设立商业银行应当具备的条件包括:有符合《商业银行法》和《中华人民共和国公司法》(以下简称《公司法》)规定的章程;有符合本法规定的注册资本最低限额;有具备任职专业知识和业务工作经验的董事、高级管理人员;有健全的组织机构和管理制度;有符合要求的营业场所、安全防范措施和与业务相关的其他设施。《商业银行法》中规定了商业银行可以经营的业务范围包括:

吸收公众存款；发放短期、中期、长期贷款；办理国内外结算；办理票据承兑与贴现；发行金融债券；代理发行、代理兑付、承销政府债券；买卖政府债券、金融债券；从事同业拆借；买卖、代理买卖外汇；从事银行卡业务；提供信用证服务及担保；代理收付款项及代理保险业务；提供保管箱服务；经国务院银行业监督管理机构批准的其他业务。

（二）市场经营监管

1. 资本充足率监管

根据2010年12月公布的《巴塞尔协议Ⅲ》的规定，我国在考虑国内金融市场发展现实情况的基础上，于2012年6月8日发布了《商业银行资本管理办法(试行)》，分别对商业银行的监管资本要求、资本充足率计算、资本定义、信用风险加权资产计算、市场风险加权资产计算、操作风险加权资产计算、商业银行内部资本充足评估程序、资本充足率监督检查和信息披露等进行了规范。

2. 资产质量监管

我国《商业银行资本管理办法(试行)》规定在贷款损失准备监管方面建立两项基本制度。一是建立贷款拨备率和拨备覆盖率监管标准。贷款拨备率是指银行计提的贷款损失准备金占贷款余额的比例，原则上应不低于2.5%；同时不良贷款拨备覆盖率原则上应不低于150%。二是建立动态贷款损失准备制度。监管部门将根据经济发展不同阶段、银行业金融机构贷款质量差异和盈利状况的不同，对贷款损失准备监管要求进行动态化和差异化调整。

3. 流动性监管

根据《流动性覆盖率和流动性风险监测标准》，2013年原中国银监会公布了《商业银行流动性风险管理办法(试行)》，其中规定的具体流动性风险监控指标包括流动性覆盖率、存贷比和流动性比例。该办法要求，商业银行应当在法人和集团层面，分别计算未并表和并表的流动性风险监控指标。

4. 银行内部控制监管

为促进商业银行建立和健全内部控制，有效防范风险，保障银行体系安全稳健运行,2014年,当时的银监会公布《商业银行内部控制指引》,明确规定了包括商业银行在内的银行业金融机构的内部控制职责、内部控制措施、内部控制保障、内部控制评价、内部控制监管。

(三)市场退出监管

我国关于商业银行市场机制方面的法律法规包括《中华人民共和国中国人民银行法》《商业银行法》《公司法》《中华人民共和国企业破产法》《中华人民共和国外资金融机构管理条例》《金融违法行为处罚办法》《金融机构撤销条例》等。这些法律法规对商业银行的接管、解散、清算、撤销、破产都进行了规定。

此外,银行业中信托投资公司的设立要遵循《信托投资公司管理办法》,金融租赁公司的设立要遵循《金融租赁公司管理办法》,金融资产管理公司的设立要遵循《金融资产管理公司监管办法》,汽车金融公司的设立要遵循《汽车金融公司管理办法》。这些管理办法不但规定了金融机构的设立要求,还对经营范围进行了相应规定。

2016年,为全面提高银行业金融机构的风险管理水平,促进银行业体系安全稳健运行,我国发布了《银行业金融机构全面风险管理指引》,要求银行业金融机构制定风险限额管理的政策和程序,建立风险限额设定、限额调整、超限额报告和处理制度。同时,在风险限额临近监管指标限额时,银行业金融机构要启动相应的纠正措施和报告程序,采取必要的风险分散措施,并向银行业监督管理机构报告。银保监会发布的《商业银行内部审计指引》进一步提升了商业银行内部审计的独立性和有效性,发挥了内部审计作为风险管理"第三道防线"的作用。2017年,《中国银监会关于银行业风险防控工作的指导意见》发布,要求明确银行业风险防控工作的目标原则和银行业风险防控的重点领域,在全国范围内进一步加强银行业风险防控工作,切实处置一批重点风险点,消除一批风险隐患,严守不发生系统性风险底线。

二、互联网金融监管

在互联网金融中,货币资金以数字化的方式在网络内流动,金融交易虚拟化程度高,不受时间和地域的限制。这导致金融监管的难度加大,也使金融风险的传播速度加快,风险波及范围也较传统金融业大。因此,为了保护我国金融安全,相关部门必须加强对互联网金融业务的风险防范与管理。

2013年是我国互联网金融呈现井喷式发展的一年,被称作"中国互联网金融元年"。各个监管单位及机构陆续出台各项政策对互联网金融进行监管,监管要求和规范也在根据实际业务需要不断进行更新调整。同年,中共十八届三中全会颁布了《中共中央关于全面深化改革若干重大问题的决定》,其中提到"要发展普惠金融,鼓励金融创新,丰富金融市场层次和产品;在监督方面,突出健全民主监督、法律监督、舆论监督机制,运用和规范互联网监督",这标志着互联网金融首次进入决策范围。

2014年,《关于加强影子银行监管有关问题的通知》发布,将互联网金融企业纳入影子银行进行监管;《关于加强商业银行与第三方支付机构合作业务管理的通知》也对商业银行与第三方支付机构合作业务进行了规范。保监会发布了《互联网保险业务监管暂行办法(征求意见稿)》,以维护互联网保险消费者权益,保障互联网保险交易信息和消费者信息安全。银监会发布了《私募股权众筹融资管理办法(试行)(征求意见稿)》,规定了股权众筹平台的业务范围和运行方式,其中明确指出股权众筹平台不得兼营个人网络借贷(即P2P网络借贷)或网络小额贷款业务。上海市政府颁布《关于促进本市互联网金融产业健康发展的若干意见》,这是全国首个省级地方政府为促进互联网金融发展出台的相关规定。

2015年银监会宣布进行机构调整,成立普惠金融局并将P2P网贷纳入普惠金融。中国人民银行等十部门联合印发了《关于促进互联网金融健康发展的指导意见》,为互联网金融不同领域的业务指明了发展方向,按照"依法监管、适度监管、分类监管、协同监管、创新监管"的原则,确立了互联网支付、网络借贷、股权众筹融资、互联网基金销售、互联网保险、互联网信托和互联网消费金融等互联网金融主要业态的监管职责分工,落实了监管责任,明确了业务边界。其中,人民银行负责互联网支付业务的监管,银监会负责网络借贷业务、互联网信托业务和互联网消费金融业务的监管，证监会负责股权众筹融资和网络基金营销业务的监管，保监会负责互联网保险业务的监管。最高人民法院公布了《关于审理民间借贷案件适用法律若干问题的规定》。

三、金融科技监管

2019年以来，金融服务与科技进一步深度融合，特别是数字货币、开放银行等领域进展瞩目。与此同时，各经济体金融管理部门着力完善对金融科技活动的监管，在明确技术指引、提高监管标准、完善监管手段等方面进行了积极探索。在借鉴国际监管经验的基础上，我国应以创新监管工具为基础，以监管规则为核心，以数字化监管为手段，加快完善符合我国国情的金融科技监管框架。

（一）金融科技监管最新国际进展

总体来看，各经济体金融管理部门对金融科技活动的监管日趋完善，在明确技术指引、提高监管标准、完善监管手段等方面进行了积极探索。为鼓励创新并防控风险，金融管理部门支持金融科技公司进入市场以弥补当前金融服务的薄弱环节，同时对从事金融活动仍然设置较高的门槛。

1. 加强对技术的约束和引导

近年来，国际社会在人工智能等底层技术应用方面已初步形成技术安全、伦理道德等方面的基本共识。在此基础上，有关经济体金融管理部门进一步就金融业技术运用出台相关的规范性指引，涉及应用原则、技术要求、风险防控和数据安全等方面。例如，荷兰中央银行于2019年7月发布《金融行业人工智能应用一般原则（征求意见稿）》，提出稳健、问责、公平、道德伦理、专业、透明等六方面技术应用原则。俄罗斯中央银行于2019年2月发布《生物特征识别系统的信息安全建议》，督促金融机构降低生物识别技术的数据泄露与滥用风险。欧洲银行管理局于2019年2月出台《外包协议指引（修订版）》，要求银行、支付机构、电子货币机构等金融机构必须具备监督管理外包业务风险的能力。

2. 完善监管框架，注重风险防控

大多数经济体金融管理部门基于功能监管和行为监管的原则建立金融科技监管框架。一是坚持持牌准入制度。例如，新加坡、中国香港金融管理部门设立了专门的数字银行牌照，要求申请机构满足一定标准并遵守基于风险的资本要求。二是明确监管细则。例如，英国要求从事开放银行业务的机构遵守《支付服务修订法案（第二版）》规定，银行须按照客户要求将客户账户、交易数据开放给客户授权的第三方支付服务商，第三方支付服务商则须在金融管理部门登记备案。三是发布风险警示，打击非法交易。对加密资产交易等潜在风险较高的业务，大多数经济体金融管理部门持审慎态度。

3. 灵活运用"监管沙盒"等创新监管工具

2015年，英国金融行为监管局（FCA）提出"监管沙盒"的概念，旨在为金融科技创新企业提供一个安全的测试环境。截至2020年5月，FCA已开展了5批测试，参与企业累计118家。经过五年多的实践，FCA的沙盒模式愈加成熟。一是为测试企业提供灵活、多样的政策支持，包括限制性牌照、个别指导、规则豁免、无异议函等；二是对原有沙盒进行升级，FCA计划推出跨部门沙盒，为企业提供多个监管部门联合监管的测试。此外，在FCA倡议下，世界银行、国际货币基金组织与FCA等机构于2019年1月共同推出跨国监管沙盒"全球金融创新网络"，计划为企业提供跨国测试。与此同时，澳大利亚、新加坡、韩国等经济体也采用监管沙盒对金融科技进行创新测试。

4. 积极开发监管科技，提升风险防控能力

监管科技指监管当局使用大数据、机器学习等技术实现数据收集、分析、判断等，应用于事前预警、事中监管、事后监督等阶段。近年来，监管科技的作用也从技术辅助逐步转向智能监管，在监管决策和自主分析方面更加智能。例如，澳大利亚证券投资委员会建立市场分析和情报系统，从股票和衍生品交易中提取实时数据，以监测异常情况并提供实时预警。

（二）我国金融科技监管探索

1. 打造包容审慎的创新监管机制

针对金融科技创新发展新形势，我国金融管理部门积极探索符合新事

物内在发展规律、高度适配我国国情的金融科技监管路径,全面提升监管效能。一是划定刚性底线,以现有法律法规、部门规章、基础性标准规则等为准绳,明确创新红线。二是设置柔性边界,平衡好安全与效率的关系,运用信息披露、公众监督等方式,让人民群众参与金融科技治理,为金融科技创新营造良好的发展环境。三是预留创新空间,在固守安全底线基础上包容合理创新,使持牌金融机构享有平等参与创新的机会。

2. 有序开展金融科技创新监管试点

2019年12月,北京市率先启动金融科技创新监管试点。2020年,上海市、成渝地区、粤港澳大湾区、河北雄安新区、杭州市、苏州市等地扩大试点。截至2020年8月末,已推出60个试点项目,既有商业银行、清算机构等持牌金融机构牵头申请,也有电信运营商、金融科技公司等科技企业直接申报。试点项目呈现出金融科技多元融合、多向赋能的特点,聚焦人工智能、大数据、区块链、物联网、5G等前沿技术,涵盖数字金融、普惠金融、供应链金融等场景,纾解小微民营企业"融资难、融资贵"、金融服务"最后一公里"等痛点难点。

3. 加快完善金融科技监管框架

金融管理部门将做好统筹与协同,强化监管顶层设计和整体布局,加快完善符合我国国情的金融科技监管框架。一是以创新监管工具为基础,在总结金融科技创新监管试点经验基础上,完善风险监控体系,适时发布白皮书,尽早推出符合我国国情、与国际接轨的金融科技创新监管工具。二是以监管规则为核心,及时出台针对性的监管规则,确保金融科技业务在业务合规、技术安全、风险防控等方面有章可循,解决因规则滞后带来的监管空白和监管套利等问题。三是以数字化为手段,建设数字监管报告平台,采用人工智能技术实现监管规则形式化、数字化和程序化,加快数字监管能力建设,提升监管穿透性和专业性。

参考文献

[1] 李忠杰.全面把握制度与治理的辩证关系[N].经济日报,2019-11-20(012).

[2] 魏革军.金融治理若干问题的思考[J].中国金融,2020(9):21-23.

[3] 张礼卿.全球金融治理面临的八个问题[J].中国外汇,2021(7):6-10.

[4] 焦国成.论伦理——伦理概念与伦理学[J].江西师范大学学报(哲学社会科学版),2011(1):22-28.

[5] 陈四清.完善金融治理体系提升金融治理能力[J].中国金融,2020(1):66-67.

[6] 汪苗苗,王喆.浅析银行从业人员职业道德建设[J].经济研究导刊,2014(6):166-167.

[7] 朱贻庭.应用伦理学词典[M].上海:上海辞书出版社,2013.

[8] 汲昌霖.资本市场中的金融伦理体系构建——基于演化金融学的视角[J].现代经济探讨,2015(6):60.

[9] 孙英,等.经济伦理学[M].北京:首都经济贸易大学出版社,2005.

[10] 丁瑞莲,等.金融伦理的层级结构及其演化机制[J].华东经济管理,2005(9):124-126.

[11] 李刚,等.金融伦理缺失:我国农村金融效率低下的根源[J].开发研究,2007(6):136-137.

[12] 区志娟.金融安全维护的现状、问题及法律对策[J].法治与社会,2011(10):155-156.

[13] 田文军.道德的中庸与伦理的中庸[J].武汉大学学报:哲学社会科学版,2004(5):32-33.

[14] 卿定文.金融伦理及运行机制初论[J].伦理学研究,2009(1):56.

[15] 刘学锋.浅析金融职业道德的特性及内涵[J].技术与市场,2015(6):321.

[16] 王倩.互联网金融发展的伦理规制[J].互联网金融,2016(2):41-43.

[17] 王琦.当代金融活动中的儒教伦理探析[J].浙江金融,2006(12):20-22.

[18] 全国人大常委会预算工委,全国人大财经委调研组.关于金融企业国有资产管理情况调研报告[J].中国人大,2019(3):51-55.

[19] 俞勇.推进人才管理机制市场化,提升上市国有金融企业竞争力[J].清华金融评论,2019(9):75-78.

[20] 金敬仙.我国保险行业发展现状及趋势研究[J].中国市场,2010(22):66-67.

[21] 张丽华.加强国有商业银行资本充足性管制的探讨[J].中国金融.2004(6):37-39.

[22] 刘钊宏,付华.国有金融企业怎样推进混合所有制改革[J].人民论坛,2017(30):96-97.

[23] 任腾飞,高蕊.2019中国大企业发展分析报告:从世界500强和中国500强看中国企业高质量发展进程[J].国资报告,2019(9):50-56.

[24] 严金国.关于中央金融企业国有资本经营预算问题的几点思考[J].财政研究,2015(5):93-96.

[25] 王占峰.以加强党建统领国有金融企业高质量发展[N].人民日报,2019-9-19(13).

[26] 张嘉昕,王庆琦.新时代我国银行业深化开放与风险防范研究——基于程恩富"金融业对等开放"原则[J].海派经济学,2018(4):20-21.

[27] 周冰,等.科创板运行中相关风险点与防范研究[J].证券市场导报,2020(1):12-15.

[28] 温源.推动设立科创板并试点注册制[N].光明日报,2019-2-28(02).

[29] 林毅夫.新结构经济学[M].北京:北京大学出版社,2014.

[30] 苏昱冰.供给侧结构性改革的金融支持——基于金融结构视角[D].天津:天津财经大学,2018.

[31] 林毅夫,章奇,刘明兴.金融结构与经济增长:以制造业为例[J].世界经济,2003(01):3-21+80.

[32] 杨伟中.金融供给侧改革实践思考[J].中国金融,2019(22):31-33.

[33] 郭万福,孟山月.供给侧改革背景下中小企业融资问题研究[J].中国经贸导刊,2020(2):80-81.

[34] 王勇.深化金融供给侧改革的着力点[J].中国金融,2021(5):93-94.

[35] 巴曙松.巴塞尔新资本协议框架中的市场约束[J].财经问题研究,2003(4):34-38.

[36] 曹廷求,朱博文.货币政策、银行治理与风险承担[J].金融论坛,2012(12):4-12.

[37] 王晓晗,杨朝军.我国银行业市场约束有效性的实证分析——基于银行融资来源的

比较研究[J].上海交通大学学报(哲学社会科学版),2014(4):105-112.

[38] 段海涛.我国银行监管的市场约束研究[D].上海:华东师范大学,2012.

[39] 陈玉婵,钱利珍.货币政策与银行风险承担[J].金融论坛,2012(4):14-20.

[40] 许友传.信息披露、市场约束与银行风险承担行为[J].财经研究,2009(12):118-128.

[41] 彭建刚,钟海,李关政.对巴塞尔新资本协议亲周期效应缓释机制的改进[J].金融研究,2010(9):184-197.

[42] 谢懿.资本要求、监督检查与市场约束的交互关系[J].系统工程,2014(8):44-51.

[43] 杨军战.我国实施巴塞尔协议的最新进展[J].时代金融,2013(17):69-70.

[44] 张强,李立华,佘桂荣.银行监管中的最优市场约束研究[J].中南财经政法大学学报,2009(4):64-69.

[45] 张留禄.金融科技导论[M].上海:上海财经大学出版社,2019.

[46] 余丰慧.金融科技:大数据、区块链和人工智能的应用与未来[M].杭州:浙江大学出版社,2018.

[47] 林子雨.大数据技术原理与应用[M].2版.北京:人民邮电出版社,2017.

[48] 林子雨.大数据导论——数据思维、数据能力和数据伦理[M].北京:高等教育出版社,2000.

[49] 华为区块链技术开发团队.区块链技术及应用[M].北京:清华大学出版社,2019.

[50] 张婉莹.我国金融科技监管模式的选择[J].现代商业,2019(2):165-166.

[51] 周雷,张玉玉,陈音.金融科技概念辨析、发展历程梳理及前景展望[J].江苏经贸职业技术学院学报,2020(1):20-23.

[52] 谢楠.浅谈金融科技与金融风险防范[J].经贸实践,2018(9):147-148.

[53] 田维琳.大数据伦理失范问题的成因与防范研究[J].思想教育研究,2018(8):107-111.

[54] 朱孔村.大数据发展现状与未来发展趋势研究[J].大众科技,2019(1):115-118.

[55] 安同信,侯效敏,杨杨.中国绿色金融发展的理论内涵与实现路径研究[J].东岳论丛,2017,38(06):92-100.

[56] 马骏.绿色金融:中国与G20[J].海外投资与出口信贷,2016(6):3-10.

[57] 李小燕,王林萍,郑海荣.绿色金融及其相关概念的比较[J].科技和产业,2007(7):82-85.

[58] 安伟.绿色金融的内涵、机理和实践初探[J].经济经纬,2008(5):156-158.

[59] 杨亚林,马如飞.环境外部性与我国绿色金融发展[J].湖湘论坛,2017,30(01):88-91.

[60] 孙工声.构建绿色金融体系促进低碳经济发展[J].纵横金融,2010(7):3-5.

[61] 刘传江.低碳经济与绿色金融发展[J].今日财富(金融版),2009(7):19.

[62] 李研妮.中欧绿色分类标准比较分析[J].金融纵横,2020(10):26-3.

[63] 殷红.全球绿色分类标准及发展[J].中国金融,2020(9):65-67.

[64] 王信.推动我国与全球主要绿色金融标准趋同[J].中国金融,2019(22):57-59.

[65] 王清容.中国绿色金融的特点和未来展望[J].中国银行业,2020(Z1):106-108.

[66] 王昆鹏.互联网金融助力中小企业发展研究[J].时代金融,2018(6):114.

[67] 曹秀丽.互联网金融助力中小企业发展研究[J].产业与科技论坛,2017,16(24):18-19.

[68] 何宗樾,宋旭光.数字金融发展如何影响居民消费[J].财贸经济,2020,41(08):65-79.

[69] 王刚贞,刘婷婷.数字普惠金融对农村居民消费的异质性影响研究[J].山西农业大学学报(社会科学版),2020(5):74-83.

[70] 韩祺.加快完善新型投融资服务平台体系.精准助力中小企业融资纾困[J].中国经贸导刊,2020,969(10):65-66.

[71] 周代数,张俊芳,马宁.科技金融助力中小企业创新发展的机理分析与实践启示——基于成都模式的研究[J].全球科技经济瞭望,2020(4):27-32.

[72] 陈建波.商业银行普惠金融可持续发展模式研究[J].中国经贸,2018(24):131-132.

[73] 戎海滨.商业银行普惠金融可持续发展模式研究[J].经济师,2020(4):119-120.

[74] 顾军.发展普惠金融,优化银行业服务实体经济能力[J].中国产经,2020(22):83-84.

[75] 徐子威,徐宏喆.网络金融助力我国普惠金融发展、服务实体经济探究[J].边疆经济与文化,2020(6):43-45.

[76] 朱太辉,马晓.金融科技企业如何在开放金融中创新发展[J].银行家,2020(3):129-132.

[77] 董丹丁,等.普惠金融贷款与财政支出促进经济增长的空间计量分析[J].河北金融,2020(1):19-23.

[78] 鲍勤,孙艳霞.网络视角下的金融结构与金融风险传染[J].系统工程理论与实践,2014,34(9):2202-2211.

[79] 吴成颂.我国金融风险预警指标体系研究[J].技术经济与管理研究,2011(1):19-24.

[80] 梁永礼.我国金融系统安全评价与风险预警研究[D].北京:北京交通大学,2018.

[81] 陈守东,杨莹,马辉.中国金融风险预警研究[J].数量经济技术经济研究,2006,23(7):36-48.

[82] 林谦,王宇.金融风险预警系统及发展[J].统计与决策,2007(14):50-53.

[83] 陈松林.金融风险监测与预警研究[J].经济科学,1997(3):28-36.

[84] 张丽哲,刘传哲.金融危机预警系统及对我国的实证分析[J].统计与决策,2000(3):12-14.

[85] 刘建波.金融学概论[M].北京:清华大学出版社,2015.

[86] 王雯.金融学概论[M].北京:清华大学出版社,2017.

[87] 王维安.经济发展中的金融安全[M].北京:社会科学出版社,2000.

[88] 陈松林.中国金融安全问题研究[M].北京:中国金融出版社,2002.

[89] 赵智.金融开放下的中国金融安全[D].成都:四川大学,2006.

[90] 郭田勇.金融监管学[M].北京:中国金融出版社,2014.

[91] 李成.金融监管学[M].北京:高等教育出版社,2016.

[92] 张维.金融安全论[M].北京:中国金融社,2016.

[93] 张炳辉.金融安全概论[M].北京:中国金融出版社,2018.

[94] 魏文静,牛淑珍.金融学[M].上海:上海财经大学出版社,2011.

[95] 马宇,辛波.金融学[M].北京:中国金融出版社,2015.

[96] 刘沛,卢文刚.金融安全的概念及金融安全网的建立[J].国际金融研究,2001(11):50-56.

[97] 王元龙.关于金融安全的若干理论问题[J].国际金融研究,2004(5):11-18.

[98] 李秋玉.浅析我国金融安全网的构建[J].西北工业大学学报(社会科学版),2017,37(02):35-37.

[99] 陈世渊.金融泡沫理论的研究[D].厦门:厦门大学,2001.

[100] 曾祥仁.金融安全的辨证思考[J].金融与经济,2002(2):41-42.

[101] 田勇.金融监管学[M].4版.北京:中国金融出版社,2020.

[102] 韩汉君.金融监管[M].上海:上海财经大学出版社,2003.

[103] 舒心.新时代我国金融监管体制变革:回顾、反思与展望[J].我国地质大学学报(社会科学版),2019,19(1):1-10.

[104] 刘鹏.我国市场经济监管体系改革:发展脉络与现实挑战[J].我国行政管理,2017(11):26-32.

[105] 陆岷峰.坚持和完善我国特色金融治理体系[J].长春市委党校学报,2020(2):9-12.

[106] 王灿,喻平.金融创新、金融监管与经济增长[J].统计与决策,2020,36(07):137-141.

[107] 陈学彬.金融监管学[M].北京:高等教育出版社,2003.

[108] 李健.金融学[M].3版.北京:高等教育出版社,2018.

[109] 赵楠,谭惠文.人工智能技术的发展及应用分析[J].中国电子科学研究院学报,2021,16(7):737-740.

[110] 苗逢春.引领人工智能时代的教育跃迁:2019年北京国际人工智能与教育大会综述[J].电化教育研究,2019(8):5-14.

[111] 江丰光,熊博龙,张超.我国人工智能如何实现战略突破——基于中美4份人工智能发展报告的比较与解读[J].现代远程教育研究,2020,32(1):3-11.

[112] 王乾.智能风控在商业银行普惠金融中的应用[J].银行家,2021(5):122-124.

[113] 程琬清,孙明春.人工智能技术在金融业的应用与挑战[J].现代金融导刊,2021(2):7-13.